高等职业教育电梯工程技术专业

U0691074

电梯法规与标准

第三版

马幸福 主编 周 献 副主编
程一凡 杜新明 主审

化学工业出版社

·北京·

内容简介

本书分为五个模块，主要内容包括特种设备法规体系概述、中国特种设备法规标准体系、《中华人民共和国特种设备安全法》释义解读、垂直升降类电梯法规与标准、自动扶梯和自动人行道法规与标准。书后附有电梯土建井道图和电梯安全技术规范检验表格。

本书注重法规原理的解析，采用释文解析、案例分析的编写方式，既保证电梯法规与标准内容的完整性，也避免法规与标准学习的枯燥性。本书配套电子课件，可登录化工教育网站免费下载使用。

本书不仅可以作为高职高专电梯专业及相关专业的教材，也适合电梯从业人员岗前培训，对电梯从业人员熟练掌握电梯的基本法规与标准，参与电梯安装维修、管理使用具有指导意义。

图书在版编目（CIP）数据

电梯法规与标准 / 马幸福主编；周献副主编 . —3
版 . —北京：化学工业出版社，2024.7（2025.7 重印）
ISBN 978-7-122-45509-3

Ⅰ.①电… Ⅱ.①马… ②周… Ⅲ.①电梯–安全管理–法规–汇编–中国–教材②电梯–标准–汇编–中国–教材 Ⅳ.①D922.297.9②TU857-65

中国国家版本馆 CIP 数据核字（2024）第 082442 号

责任编辑：葛瑞祎　刘　哲　　　　文字编辑：宋　旋
责任校对：刘　一　　　　　　　　装帧设计：张　辉

出版发行：化学工业出版社
　　　　　（北京市东城区青年湖南街 13 号　邮政编码 100011）
印　　装：北京云浩印刷有限责任公司
787mm×1092mm　1/16　印张 11¼　字数 278 千字
2025 年 7 月北京第 3 版第 3 次印刷

购书咨询：010-64518888　　　　售后服务：010-64518899
网　　址：http://www.cip.com.cn
凡购买本书，如有缺损质量问题，本社销售中心负责调换。

定　　价：39.00 元　　　　　　　版权所有　违者必究

第三版前言

本书自出版以来，得到了电梯行业、职业院校相关专家的肯定与指正，专家也给予了相应的修改意见。随着电梯科学技术的高速发展，新技术、新产品、新工艺层出不穷，电梯相关的技术规范与标准也在不断更新。例如，国家标准化管理委员会批准 GB/T 7588.1—2020《电梯制造与安装安全规范　第 1 部分：乘客电梯和载货电梯》、GB/T 7588.2—2020《电梯制造与安装安全规范　第 2 部分：电梯部件的设计原则、计算和检验》于 2023 年正式实施；在电梯检验检测改革试点的基础上，市场监管总局制修订了新版检验规则 TSG T7001—2023《电梯监督检验和定期检验规则》和新版检测规则 TSG T7008—2023《电梯自行检测规则》，为平稳有序做好电梯检验、检测工作，实施过渡期为 1 年。

基于上述原因，本书进行了再次修订，主要规范了一些名词术语，按照新的技术标准更新了相关章节内容；完善了教材编写体例，增加了"模块描述""同步测试""案例分析""拓展阅读""知识贴士"等，突出电梯安全教育；补充了相应图片资源，增加了"特种设备的基本分类""我国特种设备基本情况"等内容。

本书包含五个模块：特种设备法规体系概述、中国特种设备法规标准体系、《中华人民共和国特种设备安全法》释义解读、垂直升降类电梯法规与标准、自动扶梯和自动人行道法规与标准。附录中有电梯安全技术规范检验表格、电梯土建井道图，便于学生拓展学习。本书设有笔记栏，可供学生学习过程中记录。

本书注重法规原理的解析，采用深入浅出、图文并茂、案例分析的编写方式，既保证电梯法规与标准内容的完整性，也避免法规与标准学习的枯燥性。

本书编写人员由学校教师、行业专家、企业专家组成，主编马幸福，副主编周献，参编有王文超、向长生、王国军。湖南电气职业技术学院马幸福、周献均是湖南省青年骨干教师、全国机械行业服务先进制造名师教学团队核心成员、湖南省精品在线开放课程负责人；王文超是长江工程职业技术学院电梯工程技术专业负责人，具有电梯行业检验检测工作经历；向长生是湖南海诺电梯有限公司总工程师；王国军是湖南省特种设备检验检测研究院正高级工程师，电梯检验检测行业资深专家。

全书由程一凡、杜新明主审。主审程一凡是全国优秀教师、全国机械行业服务先进制造名师教学团队负责人，现任湖南电气职业技术学院院长，职教经验丰富；主审杜新明曾任湖南省益阳电梯总厂总工程师，拥有 20 余年电梯行业实战经验，现为湖南电气职业技术学院双师型教师。

由于编者本身知识所限，电梯行业标准规范更新迭代，书中不妥之处在所难免，恳请读者批评指正。

编者
2024 年 1 月

目　录

模块五　自动扶梯和自动人行道法规与标准 / 109

附　录 / 142

参考文献 / 174

模块一

特种设备法规体系概述

→] 素质目标

① 培养安全第一、生命至上的意识，规范特种设备安全操作行为习惯。

② 明确法律对特种设备监管的重要性，强化法律意识。

知识目标

① 掌握特种设备的基本定义及八大类别。

② 熟悉特种设备法规体系的结构层次。

③ 了解中国特种设备行业现状及法规体系发展历程。

能力目标

① 能归纳总结特种设备的基本使用特点。

② 能对比国外与国内特种设备法规体系结构层次的差异性。

模块描述

我们常听到特种兵、特种部队，那么你知道什么是"特种设备"吗？在我们的生活中，它们无处不在。特种设备是指涉及生命安全、危险性较大的锅炉、压力容器（含气瓶）、压力管道、电梯、起重机械、客运索道、大型游乐设施和场（厂）内专用机动车辆等八大类设备。为保障特种设备的安全运行，世界各国对各类特种设备，从生产、使用、检验检测等环节都有严格规定，实行的是全过程监管。

学习笔记

微课扫一扫

特种设备的
由来及现状

知识贴士

"国家质量监督检
验检疫总局关于修
订《特种设备目
录》的公告（2014
年第114号）"，
明确了特种设备
的界定标准。

✈ 相关知识

一、特种设备的基本定义及现状

1. 特种设备的基本定义

特种设备是指涉及生命安全、危险性较大的设备和设施的总称。特种设备有的在高温高压下工作，有的盛装易燃、易爆、有毒介质，有的在高空、高速下运行，具有高温、高压、高空、高速运行的特点。它具有两个特征：一是涉及生命安全；二是危险性较大。国际上称之为"具有潜在危险的设备""危险性设备""特定危险设备"。由于特种设备会造成群体伤害、造成他人伤害、产生较大社会影响，因此被纳入国家监察范围。

特种设备的名称，是从电梯、起重机械、厂内机动车辆、手持式电动工具、防爆电气设备等危险性较大的设备逐渐转化而来的。1998年1月1日起施行的《上海市劳动保护监察条例》第一次有了特种设备的提法。2000年6月27日通过并颁布实施的国家质量技术监督局第13号令《特种设备质量监督与安全监察条例》中，特种设备是指因设备本身和外在因素的影响易发生事故，并且一旦发生事故会造成人身伤亡及重大经济损失的危险性较大的设备，范围包括电梯、起重机械、厂内机动车辆、客运索道、游艺机和游乐设施、防爆电气设备等。2003年6月1日《特种设备安全监察条例》颁布后，将特种设备的定义扩大到锅炉、压力容器（含气瓶）、压力管道、电梯、起重机械、客运索道、大型游乐设施。2009年新修改的《特种设备安全监察条例》正式将场（厂）内机动车辆纳入特种设备范围。

2. 特种设备的基本分类

目前纳入我国安全监察的特种设备有八大类：承压类设备3种，即锅炉、压力容器、压力管道；机电类设备5种，即电梯、起重机械、客运索道、大型游乐设施、场（厂）内专用机动车辆。

① 锅炉，是指利用各种燃料、电或者其他能源，将所盛装的液体加热到一定的参数，并承载一定压力的密闭设备，其范围规定为：容积大于或者等于30L的承压蒸汽锅炉；出口水压大于或者等于0.1MPa（表压），且额定功率大于或者等于0.1MW的承压热水锅炉；有机热载体锅炉。

锅炉的事故特点及危害性：爆炸的危害性，易损坏性，使用的广泛性，连续运行性。

② 压力容器，是指盛装气体或者液体，承载一定压力的密闭设备，其范围规定为：最高工作压力大于或者等于0.1MPa（表压），且压力与容积的乘积大于或者等于2.5MPa·L的气体、液化气体和最高工作温度高于或者等于标准沸点的液体的固定式容器和移动式容器；盛装公称工作压力大于或者等于0.2MPa（表压），且压力与容积的乘积大于或者等于1.0MPa·L

的气体、液化气体和标准沸点等于或者低于 60℃ 液体的气瓶；氧舱等。

压力容器的事故特点及危害性：和锅炉有相似之处，例如因承受高温高压而有爆炸危险和易损坏性。此外，还可能由于介质易燃、有毒或腐蚀性，当发生泄漏时，可引发火灾、大面积中毒等严重事故。

③ 压力管道，是指利用一定的压力，用于输送气体或者液体的管状设备，其范围规定为最高工作压力大于或者等于 0.1MPa（表压）的气体、液化气体、蒸汽介质或者可燃、易爆、有毒、有腐蚀性、最高工作温度高于或者等于标准沸点的液体介质，且公称直径大于 25mm 的管道。

承压设备承载介质分类：承压设备承载介质按物质状态分，有液体、气体、液化气体、单质和混合物；按化学性质分，有可燃、易燃、惰性和助燃四种；按对人危害程度分，有极度危害、高度危害、中度危害和轻度危害。有些介质对容器或管道有腐蚀作用。

④ 电梯，是指动力驱动，利用沿刚性导轨运行的厢体或者沿固定线路运行的梯级（踏板），进行升降、倾斜或者平行运送人、货物的机电设备，包括载人（货）电梯、自动扶梯、自动人行道等。

电梯的事故特点及危害性：人员被挤压、剪切、撞击和发生坠落；人员被电击、轿厢超越极限行程发生撞击；轿厢超速或因断绳造成坠落；由于材料失效、强度丧失而造成结构破坏等。

⑤ 起重机械，是指用于垂直升降或者垂直升降并水平移动重物的机电设备，其范围规定为：额定起重量大于或者等于 0.5t 的升降机；额定起重量大于或者等于 1t，且提升高度大于或者等于 2m 的起重机和承重形式固定的电动葫芦等。

起重机械的安全工作特性：吊运的重物多种多样，载荷是变化的；在较大的范围内运行，活动空间较大；暴露的、活动的零部件较多，且常与吊运作业人员直接接触（如吊钩、钢丝绳等），潜在许多偶发的危险因素；需要多人配合。

⑥ 客运索道，是指动力驱动，利用柔性绳索牵引箱体等运载工具运送人员的机电设备，包括客运架空索道、客运缆车、客运拖牵索道等。

⑦ 大型游乐设施，是指用于经营目的，承载乘客游乐的设施，其范围规定为设计最大运行线速度大于或者等于 2m/s，或者运行高度距地面高于或者等于 2m 的载人大型游乐设施。

大型游乐设施与客运索道的事故特点及危害性：大部分设备为高空运行，由于载人且运动范围较大，任何电气或机械故障导致的运动状态变化都可能造成人员伤亡事故。

⑧ 场（厂）内专用机动车辆，是指利用动力装置驱动或牵引的，除道路交通、农用车辆以外仅在工厂厂区、旅游景区、游乐场所等特定区域使用的专用机动车辆。

场（厂）内专用机动车辆的事故特点及危害性：作业过程中常常伴随着行驶操作，机动性强，操作技术难度较大；承载的重物多种多样，载荷是变化的，体积不规则，还有散粒和易燃易爆危险品等，使作业过程复杂而危

📝 学习笔记

🔍 **知识贴士**

与特种设备相关的个人证件有安全管理人员证、检测人员证、作业人员证；电梯作业人员证目前有T证（电梯修理）。

险；常与吊运作业人员直接接触（货叉、铲斗等），潜在许多偶发的危险因素；对于专用搭载乘客的场（厂）内机动车辆，如游览车、摆渡车等，载客人数多，安全性要求高。

3. 我国特种设备基本情况

根据国家市场监督管理总局数据统计，截至 2023 年年底，全国特种设备总量达 2128.91 万台。其中：锅炉 31.96 万台，压力容器 533.92 万台，电梯 1062.98 万台，起重机械 292.17 万台，客运索道 1135 条，大型游乐设施 2.52 万台（套），场（厂）内专用机动车辆 205.25 万台（图 1-1）。另有：气瓶 2.88 亿只、压力管道 99.13 万公里（在册）。

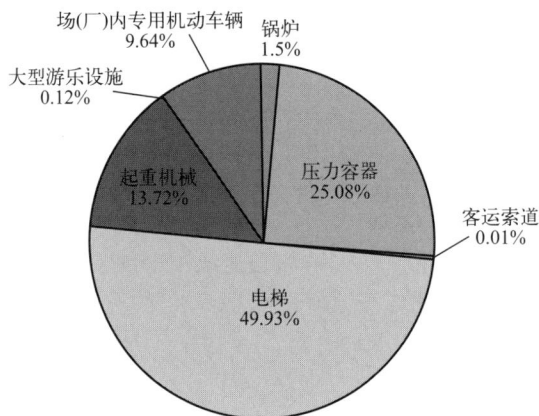

图 1-1　2023 年特种设备数量分类比例图

全国共有特种设备生产（含设计、制造、安装、改造、修理）和充装单位 76366 家，持有许可证 77885 张，其中：设计许可证 2275 张，制造许可证 16375 张，安装改造修理许可证 32062 张，移动式压力容器及气瓶充装许可证 27173 张。特种设备作业人员持证 1360.09 万张（图 1-2）。

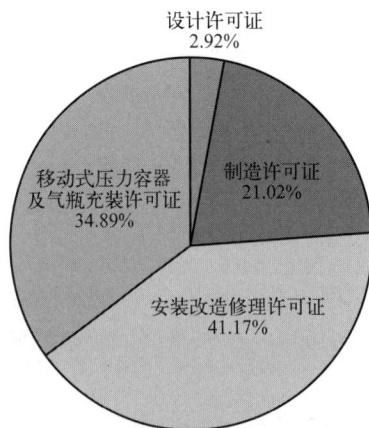

图 1-2　2023 年特种设备许可证分类比例图

2023 年，全国共发生特种设备事故和相关事故 71 起，死亡 69 人。与 2022 年相比，事故数量减少 37 起，降幅 34.26%；死亡人数减少 32 人，降幅 31.68%。全年未发生重特大事故，特种设备安全形势总体平稳。2023 年特种设备事故环节分布占比如图 1-3 所示。

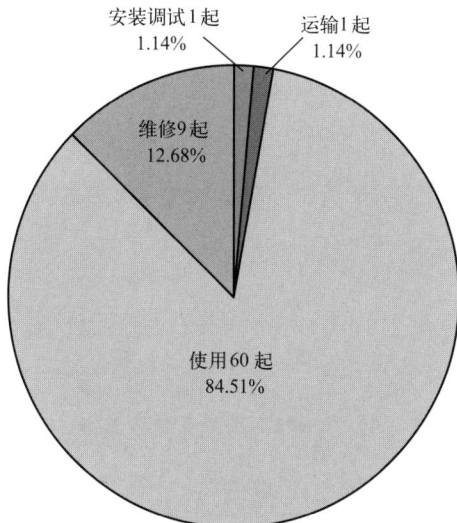

安装调试 1 起 1.14%
运输 1 起 1.14%
维修 9 起 12.68%
使用 60 起 84.51%

图 1-3　2023 年特种设备事故环节分布占比图

事故按设备类别划分，锅炉事故 3 起，死亡 6 人；压力容器事故 1 起，死亡 2 人；气瓶事故 2 起，死亡 1 人；未发生压力管道事故；电梯事故 14 起，死亡 13 人；起重机械事故 20 起，死亡 19 人；场（厂）内专用机动车辆事故 29 起，死亡 28 人；客运索道事故 1 起，大型游乐设施事故 1 起，均未造成人员死亡。其中，场（厂）内专用机动车辆、起重机械和电梯事故占比较大，占事故总起数的 88.73%、死亡总人数的 86.96%。

事故按发生环节划分，发生在使用环节 60 起，占 84.51%；维修环节 9 起，占 12.68%；安装调试环节 1 起，占 1.41%；运输环节 1 起，占 1.41%。

事故按损坏形式划分，承压类设备（锅炉、压力容器、气瓶、压力管道）事故的主要特征是爆炸、泄漏着火等；机电类设备（起重机械、电梯、大型游乐设施、场（厂）内专用机动车辆、客运索道）事故的主要特征是坠落、碰撞、挤压、受困（滞留）等。

截至 2023 年年底，全国特种设备事故共结案 45 起，根据结案材料分析，事故原因主要分两类：一是因使用、管理不当发生事故，约占 84.44%。违章作业仍是造成事故的主要原因，具体表现为作业人员违章操作、操作不当，甚至无证作业，维护缺失，管理不善等。二是因设备缺陷、维护保养不到位造成的安全部件失效及保护装置失灵的事故约占 15.56%（图 1-4）。

学习笔记

学习笔记

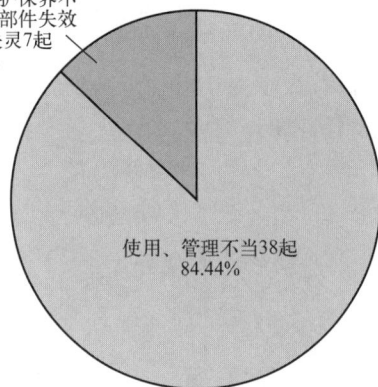

因设备缺陷、维护保养不到位造成的安全部件失效及保护装置失灵7起
15.56%

使用、管理不当38起
84.44%

图 1-4   2023 年特种设备事故原因占比图

案例分析

若干起特种设备典型的事故案例分析

1. 压力容器爆炸事故

2019 年 11 月，某市电视台转播车辆的液化气储罐发生爆炸事故，造成 8 人死亡、13 人受伤。事故原因是液化气储罐内的液化气膨胀过大，压力超过了储罐的极限，导致储罐爆炸。此事故提醒我们在液化气储罐的存储和使用过程中一定要注意相应的安全措施。

2. 压力管道泄漏事故

2018 年 4 月，某市一家化工厂内的管道突然泄漏，导致 1 人死亡、8 人受伤。事故原因是管道内部存在腐蚀损伤，导致管道失效，最终导致泄漏。此事故表明了特种设备在使用过程中的"老化"问题必须引起足够的重视和注意。

3. 锅炉爆炸事故

2017 年，某市一家化工厂的锅炉发生爆炸，导致 4 人死亡、15 人受伤。事故原因是锅炉在加压运行中受到了外力的损害，导致锅炉内部压力失控而爆炸。此事故提醒我们特种设备不仅要保养维修，更要注意安全使用。

4. 起重机械事故

2016 年 8 月，某市一家物流公司内，一台塔吊突然崩塌，导致工地发生火灾并造成 7 人死亡，导致周围房屋和车辆严重损毁。此事故表明了特种设备在日常使用过程中应每日检查、实时监控，并严格按照规范操作。

以上 4 个案例充分说明了特种设备事故的危害和严重性。在制造、运输、使用过程中都需要工作人员严格遵照规范操作，认真检查、实时监测特种设备，及时发现并消除隐患，确保特种设备的安全运行，避免事故发生。同时，人们也应增加特种设备安全方面的知识和意识，避免造成不必要的人员伤亡和财产损失。

二、国外特种设备法规体系情况

学习笔记

由于特种设备在生产和社会生活中的重要作用及其本身所具有的危险性，对此，世界各国政府十分重视其安全，不断探索、寻找解决办法，对这类设备、设施均实行特殊监管，以保障安全。世界多数国家都制定了特种设备安全管理法律法规和技术标准，对其从设计、制造到使用、报废的全过程实施严格的管理。

1. 欧洲特种设备法规体系

欧盟最重要的法律是欧盟条约，在此基础上进行立法，它相当于欧盟的宪法。欧盟法规分为 4 种：条例、指令、决定、建议和意见。其中条例、指令、决定具有约束力，建议和意见没有约束力。

微课扫一扫

国外特种设备
法规体系情况

条例：相当于议会通过的法令，一经通过立即生效，各成员国必须执行，无须变成本国立法。它具有普遍的适用性和总体的约束力，对所有成员国直接适用。条例规定现在和将来的所有事情，不只是规定所要达到的结果，在方式和手段上也要服从条例的规定。在成员国国内不用制定适用条例的法律，条例本身便具有约束力，而且条例不仅约束成员国，还约束国内的个人。

指令：是对成员国要达到的目的具有约束力的欧洲经济共同体法律。一般给成员国一定的时间执行，使其转化为成员国本国法律。指令对所有的成员国都有约束力。指令是对成员国发出的，不是对个人发出的。对成员国的约束也与条例不同，只要达到指令要求的目标，成员国在具体的方式和手段方面可以自由选择。

决定：对其涉及者具有绝对的约束力，必须执行。决定可以向个人发出，也可以向成员国发出。其约束力的方式同法规一样，对所有条文具有实施义务，特别是对成员国发出的决定，其实施的方式和手段同指令不同，成员国没有自由选择的余地。

建议和意见：不具有法律的约束力，但一经发布，对有关国家的公众舆论具有一定的影响力。建议和意见不是法律，可由理事会或委员会通过。

欧盟有多项欧洲指令，如《承压设备指令》《索道指令》《电梯指令》等，在这些法律法规中，对特种设备的设计、制造、安装、使用、检验等环节提出了具体要求，授权政府职能部门行使有关管理。各国基本做法一致，对特种设备进行强制性监督管理。对其设计、制造、安装、使用、检验、修理、改造等环节提出监督管理和技术规范要求。这些要求通常是以法律、法规（政令、条例）、规章和技术规范的形式提出，并已形成完整的安全法规体系。

德国有《设备安全法》，该法规定了 10 种需要监督的设备，如蒸汽锅炉、压力容器、压力管道、电梯等。对这些设备的设计、制造、安装和使用等环节提出了监督管理要求，规定了安全要求，授权有关政府部门的安全管

学习笔记

知识贴士

GS认证是以德国产品安全法（GPGS）为依据，按照欧盟统一标准EN或德国工业标准DIN进行检测的一种自愿性认证，是欧洲市场公认的德国安全认证标志。

理权限，同时授权有资格的技术机构从事法定检验。德国对特种设备建立了"法律—条例—部令—技术规范—相关标准"5个层次的安全法规标准体系。德国联邦政府根据《设备安全法》的要求，对每一种需要监督的设备制订条例，在条例中授权有关政府职能部门行使有关安全管理职能，同时授权行使职能的部门组织制定技术规章。

2. 日本特种设备法规体系

日本对锅炉、压力容器、起重机械、气瓶等特种设备建立了"法律—政令—省令—告示—通知—相关标准"6个层次的安全法规标准体系。

例如，法律有《劳动安全卫生法》《高压气体保安法》等，由天皇颁布；政令有《劳动安全卫生法实施令》《高压气体保安法实施令》等，由首相颁布；省令有《劳动安全卫生规则》《一般高压气体保安规则》等，由大臣颁布；告示有《锅炉及第一种压力容器制造许可基准》《高压气体保安法实施令相前告示》等；通知有《防止锅炉低水位事故的技术指南》等；相关标准有JIS标准等。

3. 美国特种设备法规体系

美国锅炉、压力容器、电梯、起重机械和游乐设施的安全管理有很大的差别，从多数州的立法顺序上，锅炉作为最早纳入强制性监管的设备于1907年就开始有法律规定，压力容器作为承压设备往往以锅炉法规扩充的形式出现，其管理职能也作为锅炉监管机构职能的延伸；电梯的广泛立法比锅炉晚几十年，约从20世纪60年代起各州才开始广泛立法；起重机械的大量法规出台始于1970年《联邦职业安全卫生法》通过后；游乐设备广泛立法监管则是近几年的事。

从安全特点和管理环节上分，锅炉、压力容器的设计和制造特别重要，所以锅炉、压力容器的监管从设计制造开始，逐渐扩展到修理使用环节，而焊接等隐蔽工程检查需要从制造过程进行，因此锅炉、压力容器的强制性检查从制造环节开始，并包括安装检查和测试、在用定期检查和修理承压元件的检查。电梯基本上可以通过安装检查和测试来保证安全性能，因此美国的电梯强制性检查从安装后检查和验收测试开始，电梯的可靠运行依赖严格的预防性维修保养，定期检查也就显得非常重要。起重机械的操作环境繁杂多变，环境因素比起重机的性能更为重要，美国起重机械检查强调的是起重作业检查，包括起重机性能、载荷和环境的检查。游乐设施大量涉及公众安全，公众的微小伤害即会引起社会和媒体的广泛关注，给监管机构带来很大的政治压力，且游乐设施品种繁多，不断推陈出新，使游乐设施的技术法规、标准制定和监管难度加大，主要依靠制造商、游乐园、业主和保险公司的自觉性管理。

美国在特种设备方面没有形成统一的专项法律法规，但是特种设备的安全立法体现在各州，分别在劳动法、行政法、工业法、注释法等法律中设置专门章节（或条款），对特种设备的安全提出要求，每个州都有特种设备方面的规定，49个州有锅炉、压力容器方面的法律，44个州有电梯方面的法律。美国电梯的安全管理由立法机关授权职业安全管理部门一起管理，有的则是政府部门直接进行监督管理，并配备了专门的官方电梯技术人员，有的直接交给保险公司负责。由于电梯安全直接关系到保险公司的盈亏，保险公司的检查自然会一丝不苟。一旦发生事故，责任方的赔偿是惊人的。美国建立了巨额民事赔偿制度，例如，某老旧电梯夹断一女孩 3 根手指，由于电梯已经使用了 20 年，以"超年限使用"为由，被判赔偿 1500 多万美元。

案例分析

日本"软硬兼施"铸就电梯安全乘坐环境

日本在电梯安全上秉承"软硬兼施"的原则。日本政府要求各大电梯厂商严把质量关，同时，鼓励厂商研发更为安全的电梯产品。

加大对违法者的处罚力度。在日本，为了保障民众的安全，当局对电梯事故的处理非常严格。2012 年 11 月，一名女子乘坐某品牌电梯时遭遇意外身亡后，日本政府检查全国 5500 多部该品牌电梯。政府要求业主对出事同型号的 500 多部电梯加装安全设施，并提交改装计划。否则，将下令禁止使用该种电梯。

对事故的深刻反思和改进。鉴于自动扶梯侧面跌落的事件致人伤亡的教训，日本政府呼吁自动扶梯的管理者使用出入口水平梯级数量多的自动扶梯，以及考虑到老年人和醉酒者的比例，适当调节自动扶梯在不同时间段的运行速度。此外，日本国土交通省还呼吁在所有的扶梯侧面都加装安全防护栏。日本东京警方曾针对发生事故的该品牌电梯，拆卸了电梯的零部件，反复进行试验，研究故障究竟出在什么地方。

无微不至的细节考虑。为保障电梯在紧急情况下的安全，防止重大事故发生，日本建筑基础法施行令第 129 条规定，公共场所设施的扶梯必须安装切断动力后自动停止装置、入口处的紧急停止按钮、梯级和扶手间卷入衣物等后自动停止装置、扶手带卷入异物后自动停止装置等安全装置。

定期检查，严密监控。《劳动安全卫生法》强调业主对机械设备安全运行的责任，规定业主或物业除做好电梯日常保养维护外，行业还需每月进行自主检查，并规定自主检查的内容，要求必须进行自主检查并做好记录。此外，业主还需每年进行年度自主检查，出具年度自主检查报告。

对于日本的电梯公司来说，制造电梯并不是主要业务。公司内一般设有三个大部门：制造、销售、维修保养。一般来说，从事维修保养的职工人数是制造者数量的 3 倍左右。一部电梯无论安装在何处，一旦投入使用就进入了公司的维修保养网络，因而置于严密的监控之下，保养人员每周必须到现场进行检查。

学习笔记

📋 学习笔记

🔍 知识贴士

中华人民共和国成立初期，由于工业基础薄弱，电梯、起重机械等设备数量少，因此未被纳入到监管范围内。

🔍 知识贴士

1989年12月，劳动部锅炉压力容器安全杂志社出版《气瓶安全监察规程》。

🔍 知识贴士

《特种设备安全监察条例》成为我国特种设备安全监督管理的最高行政法规。

微课扫一扫

中国特种设备
法规体系进程

三、中国特种设备法规体系进程

1. 特种设备法规标准体系的历史进程

（1）初创阶段

1955年4月25日，国营天津第一棉纺厂发生了一起严重的锅炉爆炸事故，国务院对此高度重视，在原劳动部设立国家锅炉安全检查总局，随后各地政府也相继在劳动部门成立锅炉压力容器检查机构，建立了安全监察制度，对锅炉、压力容器等设备进行登记，开展定期检验等监督管理工作，拉开了我国特种设备安全监察工作的序幕。同时制定了《蒸汽锅炉安全技术监察规程》等技术法规，锅炉专业标准（G）1～5册、《钢制石油化工压力容器设计规范》、《电梯技术条件》等技术标准在这个时期也被相继制定并实施。

（2）建立阶段

1982年2月，国务院发布了《锅炉压力容器安全监察暂行条例》（下文简称《暂行条例》），此后的20余年里，锅炉压力容器等特种设备法规标准不断完善，例如修订了《蒸汽锅炉安全技术监察规程》，制定了《气瓶安全技术监察规程》《起重机械安全监察规定》等技术法规。与此同时，特种设备相关的技术标准，如《钢制压力容器》《钢质无缝气瓶》《电梯制造与安装安全规范》《游艺机和游乐设施安全》等出台，初步构成了我国特种设备安全监察"行政法规—部门规章—安全技术规范—标准规定"四个层次的法规标准体系的雏形。但是《锅炉压力容器安全监察暂行条例》由于其适用范围的限制，尚不具有一般法的性质，不能成为特种设备法规标准体系的法律基础。

（3）创新发展阶段

2003年3月，《特种设备安全监察条例》（以下简称《条例》）颁布；2009年5月，《条例》修订。《条例》是包括对锅炉、压力容器（含气瓶）、压力管道、电梯、起重机械、客运索道、大型游乐设施等七种特种设备进行全过程监管的综合性行政法规，具有一般法的特点，是形成特种设备法规标准体系的法律基础。2013年6月，《中华人民共和国特种设备安全法》出台，这是一部关于特种设备的专门法，形成了由"法律—行政法规—部门规章—特种设备安全技术规范—引用标准"五个层次构成的我国特种设备法规标准体系。

2.《特种设备安全监察条例》与《中华人民共和国特种设备安全法》特点

截至2003年6月1日，长期以来，对于特种设备的安全法制，我国主要依据的是《暂行条例》。2003年3月11日第373号国务院令公布了《特种设备安全监察条例》，自2003年6月1日起施行，《暂行条例》同时废止。

《特种设备安全监察条例》的出台，明确了特种设备的范围和定义，明确了特种设备安全监察的指导思想和基本原则，明确了特种设备各方面的安全义务和法律责任，确立了特种设备安全监督管理部门的法律地位，确立了行政许可和监督检查两大基本制度，统一了承压类与机电类特种设备的监管方式，统一了境内外锅炉压力容器的制造监管制度，解决了《暂行条例》与市场经济体制不适应的矛盾，解决了《暂行条例》法律责任方面的缺失，对各类违法行为制定了处罚规定和行政强制措施。

法规体系的建立和实施，使特种设备事故率明显下降，重特大事故得到初步遏制。锅炉压力容器爆炸事故数从 1979 年的每年每万台 7.9 起下降到 0.5 起。同时随着对电梯、起重机械等机电类特种设备监察工作的加强，其事故率也呈下降趋势。

尽管上述法规体系、制度的建立，对改善我国特种设备安全状况起到了决定性作用，但仍存在着一些亟待解决的问题和需要完善的内容，具体如下。

(1) 缺少专门法律

鉴于特种设备具有危险性的特点，国际上一些发达国家对特种设备的管理均有专门的法律。与国际上情况相比，当时，我国特种设备法规体系中还没有专门的法律。

(2) 法规存在缺陷

新的《特种设备安全监察条例》从大的方面解决了《暂行条例》不适应新的管理体制和经济环境问题，明确了各方法律责任、确立了安全监察的基本制度，但是立法本身存在缺陷：缺少对特种设备事故处理主体的明确规定；缺少对特种设备有关保险（包括检验保险、安全责任保险等）的鼓励政策；缺少对行政许可收费的规定；缺少非法使用、擅自解封、伪造许可证书等违法行为的法律责任内容；一些行政行为的设定还有待于进一步完善，如行政许可分级管理、鉴定评审、时限要求等；某些规定存在可操作性方面的问题，如电梯制造单位对电梯安装、改造、维修工作负责的规定；特种设备报废的规定等。

(3) 部门规章不健全

应以部门规章规定的事项（如行政程序、审批办法、许可条件等）大多是以"部门文件"形式发出的，而不是以"部门规章"形式由部门首长签署命令予以公布的，法律效力上存在缺陷。

(4) 安全技术规范不完善

缺少事故分析导则和安全评价方法等方面的规定，事故的统计范围、事故分类与国外不一致；除气瓶外，其他特种设备安全技术规范中并没有明确规定使用年限，使条例第三十条无法完整地实施；电梯、起重机械、场（厂）内机动车辆、客运索道和游乐设施等特种设备安全技术规范存在较大缺口；现有的安全技术规范较为分散，缺少系统性，需要归类整合。

(5) 标准体系不完整

与国际标准和国外先进国家的标准相比，我国的特种设备标准体系尚不完整。锅炉和压力容器纳入同一标准体系时，仍然存在锅炉相关标准和压力

📑 学习笔记

✍ 知识贴士

使用年限超过15年的电梯属于老旧电梯，没有整机报废标准，但是有部件报废标准。

学习笔记

容器相关标准不统一、不协调的问题。电梯、起重机械、场（厂）内机动车辆标准化工作有待进一步加强，有关标准与相应的安全技术规范有待协调一致。我国特种设备标准在国际上的地位有待提升，影响有待扩大。

鉴于我国安全监察制度缺少专门法律支撑的实际情况，自2003年10月起，我国开始制定"法律—行政法规—部门规章—安全技术规范—引用标准"5个层次的特种设备安全监察法规体系，并实施《中华人民共和国特种设备安全法》的制定工作，该法最终于2014年1月1日正式实施。该法确立了"企业承担安全主体责任、政府履行安全监管职责和社会发挥监督作用"三位一体的特种设备安全工作新模式，完善监管范围，明确各方主体责任，提出特种设备追溯制度、特种设备召回制度、特种设备报废制度，明确事故赔偿民事优先，加大处罚力度，标志着我国特种设备安全工作向科学化、法治化方向迈进了一大步，进入了一个重要的历史时期。

📖 案例分析

《中华人民共和国特种设备安全法》实施近十年来取得积极成效

2023年，全国人大常委会执法检查组正式公布了关于检查特种设备安全法实施情况的报告（以下简称"报告"）。这也是对特种设备安全法颁布实施近十年的一次全面"体检"。

报告显示，《中华人民共和国特种设备安全法》颁布实施以来，国务院及地方各级政府深入贯彻实施特种设备安全法，对特种设备的生产、经营、使用、检验、检测等严格依法监督管理，各项管理制度和工作机制不断健全，特种设备产业快速发展，特种设备安全形势持续改善，法律实施取得了积极成效。特种设备保有量快速增长，特种设备产业体系逐步完备，特种设备安全状况持续改善，服务民生作用日益凸显。与2013年相比，2022年特种设备事故起数、死亡人数、万台特种设备死亡率分别下降了52.4%、65.1%、84.8%。

《中华人民共和国特种设备安全法》实施十周年取得的6大具体成效和存在的6个方面的问题如下。其中成效主要体现在：大力开展法律宣传，提高依法管理意识和能力；强化配套制度建设，完善特种设备安全法律制度体系；加强产业政策引领，促进特种设备产业快速发展；健全监管工作机制，严格落实法律责任；加强监管能力建设，提高特种设备依法管理水平；持续提升节能减排水平，推动特种设备绿色低碳转型。存在的问题主要是：产业发展存在短板弱项；企业主体责任尚未全面落实；监管效能有待进一步提升；监管体制仍需理顺；住宅电梯安全隐患不容忽视；法律制度体系尚不完善。

同步测试

一、选择题

1. 目前，我国特种设备数量最多的是（　　）。
A. 起重机械　　　　B. 电梯　　　　　C. 游乐设施　　　　D. 压力容器

2. 特种设备的特点不包括（　　）。
A. 危险性较大　　　　　　　　　B. 涉及生命安全
C. 操作很安全　　　　　　　　　D. 国民经济基础设施

3. 截至 2023 年年底，中国的电梯设备总量超过（　　）万台。
A. 700　　　　　　B. 800　　　　　　C. 900　　　　　　D. 1000

4. 机电类特种设备不包括（　　）。
A. 锅炉　　　　　　B. 电梯　　　　　C. 客运索道　　　　D. 起重机械

5. 第一次提出"特种设备"概念的法规是（　　）。
A. 上海市劳动保护监察条例　　　　B. 特种设备质量监督与安全监察条例
C. 特种设备安全监察条例

6. 欧盟特种设备法规体系中不具备约束力的是（　　）。
A. 条例　　　　　　B. 指令　　　　　C. 决定　　　　　D. 建议和意见

7. 欧盟特种设备法规体系中（　　）具有普遍的适用性和总体的约束力，对所有成员国直接适用。
A. 条例　　　　　　B. 指令　　　　　C. 决定　　　　　D. 建议和意见

8. 日本对压力容器进行监管的法律包括（　　）。
A. 高压气体保安法　　　　　　　　B. 高压气体保安法实施令
C. 劳动安全卫生规则　　　　　　　D. 高压气体保安法实施令相前告示

9. 美国对电梯进行的强制性检查范围不包括（　　）。
A. 生产制造　　　B. 安装后检查　　　C. 验收测试　　　D. 预防性维修保养

10. 1955 年成立的锅炉安全检查总局对特种设备进行监察不包括（　　）。
A. 锅炉　　　　　　B. 压力容器　　　　C. 电梯

11.《特种设备安全监察条例》对特种设备进行全过程监管中不包括（　　）。
A. 压力管道　　　B. 起重机械　　　C. 大型游乐设施　　　D. 场内专用机动车辆

12. 首次明确了特种设备的范围和定义的法规是（　　）。
A.《电梯制造与安装安全规范》　　　B.《锅炉压力容器安全监察暂行条例》
C.《特种设备安全监察条例》　　　　D.《中华人民共和国特种设备安全法》

13. 自 2003 年 10 月起，我国开始制定以（　　）至上的 5 个层次的特种设备安全监察法规体系。
A. 法律　　　　　　B. 行政法规　　　C. 部门规章　　　D. 安全技术规范

二、判断题

1. 由于特种设备具备一定的危险性，因此由各行业机构进行监督管理。　　　　（　　）
2. 医院里急救的氧舱属于特种设备中的压力容器。　　　　　　　　　　　　（　　）
3. 景区的观光游览车和工厂的叉车属于场内专用机动车辆。　　　　　　　　（　　）
4. 近年来，我国特种设备安全形势总体平稳。　　　　　　　　　　　　　　（　　）

5. 违章作业仍是造成特种设备事故的主要原因。　　　　　　　　　　　　（　　）

6. 欧盟特种设备法规体系中的"建议和意见"具有约束力。　　　　　　　（　　）

7. 欧盟特种设备法规体系中"指令"对所有的成员国都有约束力。　　　　（　　）

8. 日本燃气事故率低，得益于建立了完善的特种设备安全法规标准体系。（　　）

9. 美国在特种设备方面没有形成统一的专项法律法规，各州具有很大的自主权。

（　　）

10. 《锅炉压力容器安全监察暂行条例》具有一般法的性质。　　　　　　（　　）

11. 20 世纪 80 年代我国初步建立了"行政法规—部门规章—安全技术规范—标准规定"
四个层次的法规标准体系。　　　　　　　　　　　　　　　　　　　　　（　　）

12. 《特种设备安全监察条例》是形成特种设备法规标准体系的法律基础。（　　）

13. 《特种设备安全监察条例》等法规没有对所有的特种设备明确规定使用年限。

（　　）

三、简答题

1. 简述特种设备的定义及基本特征。

2. 简述中国特种设备常见的类型。

3. 简述欧盟特种设备法规体系结构组成。

4. 简述日本特种设备法规体系结构组成。

5. 简述我国特种设备法规体系的发展历程。

6. 简要归纳《特种设备安全监察条例》的历史作用与不足。

答案扫一扫

模块二

中国特种设备法规标准体系

➡️ 素质目标

① 培养崇尚宪法、遵守法律、遵规守纪的行为规范与意识。

② 树立产品标准、质量意识，厚植精益求精的工匠精神。

📚 知识目标

① 掌握中国特种设备法律法规体系5个层次结构关系。

② 掌握中国特种设备标准体系4个层次结构关系。

③ 了解标准的定义及其本质。

🌐 能力目标

① 能归纳特种设备法律法规体系中5个层次的定义与作用。

② 能简单区分相关法规文件、规章所处的层次结构。

③ 能区分强制性标准与推荐性标准。

✏️ 模块描述

中国的特种设备安全监察机构是为了防止事故的发生而设立的，特种设备安全监察法规也是为了防止事故的发生而制定的。建立完善的特种设备法规标准体系，实现法规标准建设、动态监管、安全状况评价、安全责任落实、应急救援、科技支撑，是保障人民生命财产安全的需要，是促进经济发展的需要，是依法行政规范管理的需要，是创立中国特种设备品牌的需要，是深化改革创新，创新特种设备安全监察体系的需要。通过本模块的学习，掌握

学习笔记

微课扫一扫

中国特种设备
法律法规体系

特种设备法规标准体系框架，能区分法规体系 5 个层次、标准体系 4 个层次的上下从属关系，并按照相关要求开展电梯作业。

相关知识

一、中国特种设备法律法规体系

特种设备法规标准体系集合特种设备安全的各个要素，是对特种设备安全监察、安全性能、安全管理、安全技术措施等的完整描述，是实现依法监管的基础，是完善法治建设的重要内容。特种设备法规标准体系的完善程度，关系到国家利益和人民群众的切身利益，对我国特种设备产品的国际竞争力和我国特种设备制造业的发展也有深层次的影响。

为适应市场经济体制和国际形势以及 WTO 规则的要求，吸取国际上工业发达国家的做法和经验，对特种设备的法律、法规和规范体系进行系统研究，结合我国特种设备安全监察的实际情况，自 2003 年 10 月起，国家市场监督管理总局特种设备局开始建设以安全技术规范为主要内容的特种设备安全监察法规体系，经过多年的发展与完善，最终形成由"法律—行政法规—部门规章—安全技术规范—引用标准"5 个层次构成的特种设备法律法规体系（图 2-1），以此加强和规范特种设备的安全管理。

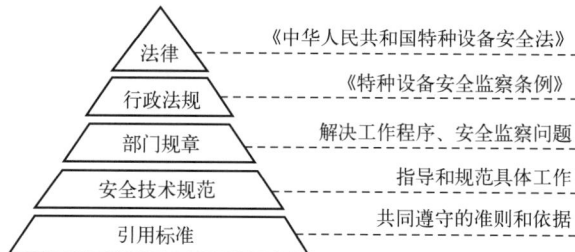

法律	《中华人民共和国特种设备安全法》
行政法规	《特种设备安全监察条例》
部门规章	解决工作程序、安全监察问题
安全技术规范	指导和规范具体工作
引用标准	共同遵守的准则和依据

图 2-1　中国特种设备法律法规体系

第一层次：法律

法律是中国特种设备安全监察法规体系中的最高层次，由国家制定、认可并依靠国家强制力保证实施。中国有《中华人民共和国安全生产法》《中华人民共和国行政许可法》《中华人民共和国产品质量法》《中华人民共和国标准化法》等相关法律，但是对于特种设备的安全管理并无相关法律进行约束，直至 2013 年 6 月 29 日公布的《中华人民共和国特种设备安全法》，标志着特种设备的安全管理正式上升到法律高度。该法自 2014 年 1 月 1 日正式施行，突出了特种设备生产、经营、使用单位的安全主体责任，明确规定：在生产环节，生产企业对特种设备的质量负责；在经营环节，销售和出租的特种设备必须符合安全要求，出租人负有对特种设备使用安全管理和维护保养的义务；在事故多发的使用环节，使用单位对特种设备使用安全负责，并负有对特种设备的报废义务，发生事故造成损害的依法承担赔偿责任。

另外，现行法律中涉及特种设备安全的法律还包括《中华人民共和国安全生产法》《中华人民共和国产品质量法》《中华人民共和国节约能源法》《中华人民共和国石油天然气保护法》《中华人民共和国进出口商品检验法》等。

第二层次：行政法规及法规性文件

行政法规是由国务院制定的规范性法律文件，是国家行政机关体系中最高的规范性文件，由国务院总理签署国务院令公布施行。行政法规是仅次于法律的重要立法层次，具体名称有条例、规定、规则、办法等。《特种设备安全监察条例》的实施，对特种设备安全工作发挥了重要作用，为推动《中华人民共和国特种设备安全法》立法工作奠定了坚实的基础。

① 行政法规。《特种设备安全监察条例》《生产安全事故报告和调查处理条例》《国务院关于特大安全事故行政责任追究的规定》等。

② 法规性文件。各种《实施细则》等。

③ 地方性法规。省、自治区、直辖市人民代表大会通过的条例，如《湖南省质量技术监督局特种设备安全监察条例》《浙江省特种设备安全管理条例》《江苏省特种设备安全监察条例》《山东省特种设备安全监察条例》等。

另外，与特种设备有关的行政法规还包括《危险化学品安全管理条例》《安全生产事故报告和调查处理条例》《国家突发公共事件总体应急预案》《国家安全生产事故灾难应急预案》《特种设备特大事故应急预案》等。

第三层次：部门规章和地方规章

规章通常称为行政规章，是国家行政机关依照行政职权所制定、发布的针对某一类事件或某一类人的一般性规定，包括部门规章和地方规章。

① 部门规章。由国务院所属各部、各委员会制定、发布的规章，例如《特种设备事故报告和调查处理规定》《高耗能特种设备监督管理办法》《特种设备作业人员监督管理办法》《特种设备质量监督与安全监察规定》《锅炉压力容器制造监督管理办法》《气瓶安全监察规定》《起重机械安全监察规定》《游乐园管理规定》等。

② 地方规章。由省和自治区政府所在市和经国务院批准的较大的市的人民政府制定的规章，例如《湖北省特种设备事故隐患监督管理办法》《北京市电梯安全监督管理办法》《上海市电梯安全监察办法》等。

第四层次：安全技术规范

安全技术规范是特种设备技术法规的重要组成部分，其作用是把法律、法规和行政规章原则规定具体化，提出特种设备基本安全和节能要求，是监察制度的具体操作性文件，因此是法规体系中的主要内容，安全技术规范的代号为"TSG"。

根据国家市场监督管理总局公布的特种设备目录，安全技术规范分为综合管理、锅炉、压力容器、压力管道（及元件）、电梯、起重机械、游乐设

学习笔记

学习笔记

知识贴士

"TSG"表示特种设备的"特（Te）""设（She）"和"规范（Guifan）"的拼音首字母组成。

施、客运索道、场（厂）内专用机动车辆等九类。综合类规范以安全监察管理内容为主，其他各类设备规范以该类设备的全过程基本安全要求为主。目前已颁布实施特种设备安全技术规范 110 余项，今后还将制定反映特种设备统一管理要求及不同特种设备各环节要求的综合安全技术规范（简称"大规范"）20 余个。

现有的电梯安全技术规范有 TSG T5002—2017《电梯维护保养规则》、TSG T7001—2023《电梯监督检验和定期检验规则》、TSG Z6001—2019《特种设备作业人员考核规则》、TSG 08—2017《特种设备使用管理规则》等，电梯常用安全技术规范如图 2-2 所示。

图 2-2　电梯常用安全技术规范

第五层次：引用标准

引用标准是指在安全技术规范或部门规章中直接引用的国家或行业标准，当该标准或标准的部分条款被引用时，则该标准或标准的该条款将被强制执行。

特种设备相关标准由全国专业标准化技术组织和部委、协会或者集团公司组织制定，与特种设备相关的标准化技术委员会、分技术委员会近 50 个。初步统计，我国目前共有各类特种设备相关标准 2000 多个，主要为国家标准和行业标准，也有少量的企业标准。

以锅炉、压力容器特种设备为例，其 5 层次特种设备法律法规体系如图 2-3 所示。

二、中国特种设备标准体系

1. 标准的基本定义与分类

我国对于标准的定义表述是："为了在一定的范围内获得最佳秩序，经协商一致制定并由公认机构批准，共同使用和重复使用的一种规范性文件。"标准是一种具备与其他文件相区别的下列特殊属性的规范性文件：

① 标准必须具备"共同使用和重复使用"的特点；

② 制定标准的目的是获得最佳秩序，以便促进共同的效益；

③ 制定标准的原则是协商一致；

学习笔记

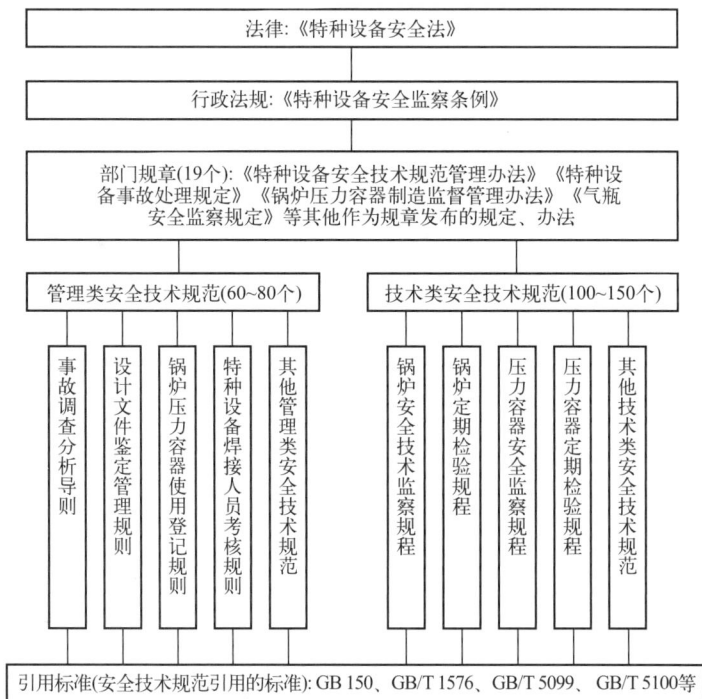

图 2-3 锅炉、压力容器特种设备法规体系结构

④ 制定标准需要有一定的规范化程序，并且最终要由公认机构批准发布；

⑤ 标准产生的基础是科学、技术和经验的综合成果。

标准的本质是一种"统一规定"。这种统一规定是作为有关各方"共同遵守的准则和依据"。根据《中华人民共和国标准化法》规定，我国标准分为强制性标准和推荐性标准两类（图 2-4）。强制性标准必须严格执行，做到全国统一，强制性标准的代号为"GB"，例如 GB 16899—2011。推荐性标准鼓励企业自愿采用，推荐性标准的代号为"GB/T"，例如 GB/T 7588.1—2020。基本标准是一种"统一规定"的属性，其内容自然就具有"约束"的内涵。任何标准都包含某种形式的"约束"性要求。

2. 中国特种设备标准体系结构层次

从国家技术标准体系层次来看，我国标准依照现行的《中华人民共和国标准化法》分为国家标准、行业标准、地方标准和企业标准 4 个层次。

国家标准的制定和发布由国务院标准化行政主管部门负责管理。目前，国家标准化委员会受国务院委托管理全国的标准化工作。国家标准是指对我国经济技术发展有重大意义、必须在全国范围内统一的标准。对需要在全国范围内统一的技术要求，应当制定国家标准。国家标准在全国范围内适用，其他各级标准不得与国家标准相抵触。国家标准一经发布，与其重复的行业标准、地方标准相应废止，国家标准是标准体系中的主体。

知识贴士

我国国家标准发布机构是国家市场监督管理总局、国家标准化管理委员会。

微课扫一扫

中国特种设备标准体系

图 2-4   部分强制性标准和推荐性标准

行业标准是指没有推荐性国家标准、需要在全国某个行业范围内统一的技术要求。行业标准由国务院有关行政主管部门或受国家标准委员会委托的行业协会、学会负责组织制定和发布。行业标准是对国家标准的补充，是在全国范围的某一行业内统一的标准。行业标准在相应的国家标准实施后，应自行废止。

地方标准是指在国家的某个地区通过并公开发布的标准。如果没有国家标准和行业标准，而又需要满足地方自然条件、风俗习惯等特殊的技术要求，可以制定地方标准。地方标准由省、自治区、直辖市人民政府标准化行政主管部门编制计划，组织草拟，统一审批、编号、发布，并报国务院标准化行政主管部门和国务院有关行政主管部门备案。地方标准在本行政区域内适用。在相应的国家标准或行业标准实施后，地方标准应自行废止。

企业标准是在企业范围内需要协调、统一的技术要求、管理要求和工作要求所制定的标准，是企业组织生产、经营活动的依据。国家鼓励企业自行制定严于国家标准或者行业标准的企业标准。企业标准由企业制定，企业自行管理。

按照《中华人民共和国标准化法》规定，行业标准和地方标准与国家标准之间是从属关系。国家标准、行业标准和地方标准又分为强制性标准和推荐性标准两种，其中保障人体健康，人身、财产安全的标准和法律、行政法规规定强制执行的标准是强制性标准，一经发布生效，就要由政府行政执法部门强制执行。其他标准是推荐性标准，推荐性标准由企业自愿实行。中国标准体系结构如图 2-5 所示。

知识贴士

国家标准代号"GB或GB/T"，地方标准代号"DB加上各省市自治区代码"，企业标准代号"Q"。

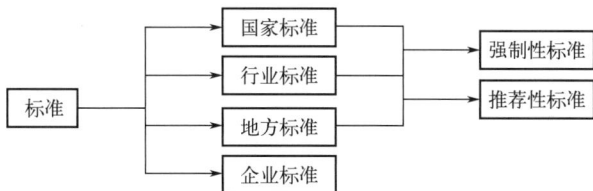

图 2-5　中国标准体系结构

中国电梯标准体系由国家标准、行业标准、地方标准和企业标准构成。电梯的技术标准是电梯设计、制造、安装及验收的依据。由于我国电梯工业发展较晚，以前虽有一些标准，但是水平比较低，也不成体系，20 世纪 80 年代之后，随着电梯工业的快速发展，我国标准逐渐完善并向国际标准靠拢和接轨；进入 21 世纪，根据我国电梯发展的实际情况，以及进一步向国际标准看齐，对电梯标准进行了大规模的修订与补充，使电梯标准得到了进一步的完善。

我国现行有效的电梯国家标准有 40 余项，行业标准和地方标准有 80 余项。我国执行的电梯标准多数是等效采用欧洲标准化委员会的电梯标准。例如，GB 7588—2003《电梯制造与安装安全规范》标准等效采用欧洲标准 EN81-1：1998，GB 16899—2011《自动扶梯和自动人行道的制造与安装安全规范》等效采用欧洲标准 EN115-1：2008。

电梯强制性标准主要有以下几项：

GB 16899—2011《自动扶梯和自动人行道的制造与安装安全规范》；

GB 25194—2010《杂物电梯制造与安装安全规范》等。

电梯推荐性标准主要有以下几项：

GB/T 7588.1—2020《电梯制造与安装安全规范　第 1 部分：乘客电梯和载货电梯》；

GB/T 7588.2—2020《电梯制造与安装安全规范　第 2 部分：电梯部件的设计原则、计算和检验》；

GB/T 28621—2023《安装于现有建筑物中的新电梯制造与安装安全规范》；

GB/T 24803.1—2009《电梯安全要求　第 1 部分：电梯基本安全要求》；

GB/T 24474.1—2020《乘运质量测量　第 1 部分：电梯》；

GB/T 26465—2021《消防员电梯制造与安装安全规范》；

GB/T 10058—2023《电梯技术条件》；

GB/T 10059—2023《电梯试验方法》；

GB/T 10060—2023《电梯安装验收规范》；

GB/T 18775—2009《电梯、自动扶梯和自动人行道维修规范》；

GB/T 22562—2008《电梯 T 型导轨》；

GB/T 24804—2023《提高在用电梯安全性的规范》；

学习笔记

知识贴士

国家标准注重产品基本要求和安全标准，企业标准注重产品性能和工艺；企业标准有利于提高企业竞争力和品牌，技术要求高于国家标准。

学习笔记

GB/T 24475—2023《电梯远程报警系统》等。

案例分析

标准＋质量，走出电梯产业发展新路子

作为全国三大电梯产业集群地之一，浙江省湖州市南浔区享有"中国电梯之都"的美誉。为做强电梯产业，南浔区市场监管局牵头深入推行"三强一制造"（质量强区、标准强区、品牌强区和"浙江制造"品牌建设）战略，已基本实现"不出南浔"全部配齐电梯整机零部件，正加快建设国内先进电梯产业集群。

2018年6月，南浔区高端装备制造业（特种设备·电梯）标准化试点成功获批，成为全国38家开展国家高端装备制造业标准化试点工作单位之一。在此基础上，南浔全面开展电梯产业标准化质量提升工作，制定了产业标准化中长期发展规划和制造、安装、维保3个子体系；组织龙头企业参与制修订国家标准32项，南浔电梯标准化体系基本构建完成，为电梯行业开展标准研制和执行提供了依据。

2020年5月，浙江省市场监管局将南浔电梯产业列为重点支持的10个特色产业质量提升项目之一，南浔区"老旧小区加装电梯服务省级标准化试点"入围2020年浙江省省级标准化试点项目。当时，电梯企业成功认证7家、国际证书互认6家，建立了1个标准化信息服务平台，1个标准化专家库，引进电梯标准化专家人才50名。

2020年上半年，南浔区市场监管局正式发布《既有多层住宅加装电梯实施指南》和《既有多层住宅加装电梯工程技术规范》两项标准。随后，《南浔区既有多层住宅加装电梯"一件事"实施方案》出台，助力加装电梯"一站式"联办、一体化服务。在新标准的推动下，2020年1～8月，南浔新加装电梯1806台，同比增长351％，新增产值7.1亿元左右，可复制、可推广的"加装电梯南浔经验"逐渐成熟。

南浔区市场监管局在电梯产业全面实施质量标准品牌战略，创新标准质量发展模式，形成"产业链、政策链、创新链、标准链"融合赋能电梯产业质量提升的新路径。

同步测试

一、选择题

1. 特种设备法规标准体系中最高等级层次是（　　）。

A. 法律　　　　　　　　　　　　　　B. 行政法规

C. 部门规章　　　　　　　　　　　　D. 安全技术规范

2. 我国特种设备相关法律指的是（　　）。

A.《中华人民共和国安全生产法》

B. 《中华人民共和国产品质量法》

C. 《中华人民共和国特种设备安全法》

D. 《特种设备安全监察条例》

3. 以下属于特种设备安全技术规范（TSG）的是（　　）。

A. 《电梯维护保养规则》　　　　　　B. 《电梯技术条件》

C. 《电梯试验方法》　　　　　　　　D. 《电梯安装验收规范》

4. 以下法规标准对应不正确的是（　　）。

A. 行政法规——《特种设备安全监察条例》

B. 地方性法规——《江苏省特种设备安全监察条例》

C. 部门规章——《杭州市老旧小区住宅电梯加装电梯管理办法》

D. 安全技术规范——《电梯制造与安装安全规范》

5. 国家标准体系中，GB 为（　　）标准。

A. 强制性　　　B. 推荐性　　　　C. 法定　　　　D. 规范

6. 我国执行的电梯标准多数是等效采用（　　）标准化委员会的电梯标准。

A. 美国　　　　B. 欧洲　　　　　C. 日本　　　　D. 亚洲

7. 为满足地方自然条件、风俗习惯等特殊的技术要求，可以制定（　　）。

A. 国家标准　　B. 行业标准　　　C. 地方标准　　D. 企业标准

8. 国家标准的制定和发布由（　　）标准化行政主管部门负责管理。

A. 国务院　　　B. 省级　　　　　C. 行业学会　　D. 行业协会

二、判断题

1. 当条例与法律相冲突时，应按照法律执行。　　　　　　　　　　（　　）

2. 安全技术规范 TSG T7001—2023 是曳引式电梯检验指导的依据。　（　　）

3. 安全技术规范是把法律、法规和行政规章原则规定具体化。　　　（　　）

4. 我国特种设备相关标准以国家标准和行业标准为主，也有少量的企业标准。（　　）

5. 强制性标准必须严格执行，做到全国统一。　　　　　　　　　　（　　）

6. 所有的企业都需要制定自己的企业标准。　　　　　　　　　　　（　　）

7. GB/T 10058—2023《电梯技术条件》是强制性标准。　　　　　　（　　）

8. 企业标准的技术标准高于国家标准，所以企业标准层次高于国家标准。（　　）

三、简答题

1. 简述我国特种设备法规体系结构组成。

2. 简述中国标准体系结构组成。

3. 结合标准的定义，分析学校的校规校纪是否属于标准。

答案扫一扫

模块三

《中华人民共和国特种设备安全法》释义解读

→ 素质目标

① 养成遵纪守法、依法作业的职业行为，厚植思想道德与法治理念。

② 树立生命至上、以人为本的安全意识，牢记产品质量意识、社会责任意识。

知识目标

① 掌握"三位一体"特种设备监管新模式。

② 熟悉《中华人民共和国特种设备安全法》架构组成及基本内容。

③ 了解《中华人民共和国特种设备安全法》的出台背景及基本概况。

能力目标

① 能归纳"三位一体"的内涵及特点。

② 能根据各条款的释义辨析法律内容及作用。

③ 能概括《中华人民共和国特种设备安全法》的亮点。

✎ 模块描述

《中华人民共和国特种设备安全法》将特种设备领域的安全保障上升到国家法律层面，用法律去规范特种设备的生产、经营、使用、检验、检测和监督管理；从法律上明确调整范围，理顺监管体制，落实企业安全主体责任，从制度上、源头上有效防范、减少和遏制特种设备重大事故的发生，以保障人民生命财产安全。通过本模块的学习，了解特种设备安全法的出台背景，熟悉该法的基本内容及意义，掌握"三位一体"的内涵及其他亮点。

📨 相关知识

截至 2023 年，我国特种设备总量达 2128.91 万台，全年未发生重特大事故，特种设备安全形势总体平稳，特种设备安全监管处于健康稳定发展状态，得益于特种设备安全监察法规体系的完善，其中 2014 年正式实施的《中华人民共和国特种设备安全法》提供了强有力的法律支撑。

而在《中华人民共和国特种设备安全法》实施之前的数十年里，我国特种设备安全形势不容乐观。截至 2012 年，我国特种设备数量大幅增加，年均增长 15％左右，而电梯年均增长幅度超过 20％，电梯生产、安装和保有量位居世界第一。由于立法缺失，监管不力，我国特种设备事故率仍然较高，一些设备事故多发的势头仍未得到根本扭转，重大事故时有发生，安全形势依然严峻。2012 年，我国一万台电梯死亡人数为 0.11 人，总体上是发达国家的 4～6 倍。出台特种设备相关的法律，完善特种设备法规标准体系，以法律手段加强特种设备安全监管，是全社会的期盼。

自 2003 年 10 月起，我国开始制定"法律—行政法规—部门规章—安全技术规范—引用标准"5 个层次的特种设备安全监察法规体系，并实施《中华人民共和国特种设备安全法》的制定工作。最终，《中华人民共和国特种设备安全法》由中华人民共和国第十二届全国人民代表大会常务委员会第三次会议于 2013 年 6 月 29 日通过，2013 年 6 月 29 日中华人民共和国主席令第 4 号公布。

《中华人民共和国特种设备安全法》分为总则、生产、经营、使用、检验、检测、监督管理、事故应急救援与调查处理、法律责任、附则，共 7 章 101 条，自 2014 年 1 月 1 日起施行。《中华人民共和国特种设备安全法》的实施将原来的《特种设备安全监察条例》上升到了法律层面。

《中华人民共和国特种设备安全法》亮点解读如下。

1. 三位一体

确立了"企业承担安全主体责任、政府履行安全监管职责和社会发挥监督作用"三位一体的特种设备安全工作新模式，进一步突出特种设备生产、经营、使用单位是安全责任主体。通过强化企业主体责任，加大对违法行为的处罚力度，督促生产、经营、使用单位及其负责人树立安全意识，切实承担保障特种设备安全的责任。

2. 完善监管范围

进一步完善了监管的范围，增加了对经营、销售环节的监管，使监管形成完整的链条。

3. 明确各方主体责任

明确各方的主体责任，特别是突出了企业的主体责任。要求制造厂家要对制造、安装、改造、维修负责。

作为电梯使用单位，也需要对电梯进行定期检查、校验、检修等，这意味着电梯使用单位同样负有相关的法律责任。

🔖知识贴士

《中华人民共和国特种设备安全法》全文近 1 万字，历经 10 年时间不断修改，充分体现了法律制订的严谨性、规范性。

微课扫扫

特种设备安全法亮点解读

学习笔记

4. 特种设备可追溯制度

确立了特种设备的可追溯制度也称为设备身份的制度。从特种设备的设计、制造、安装一直到报废，每个环节都要做记录，设备上要有标牌，随着出厂的设备有各类的参数资料、文件，同时要进行保管。一旦发生问题，可以追溯到源头。

5. 特种设备召回制度

确立了特种设备的召回制度。符合特种设备召回条件的，由企业主动召回；如果企业没有做到主动召回，政府部门有权力强制召回。

6. 特种设备报废制度

确立了特种设备的报废制度。设备都有设计年限、使用年限和报废年限，到期了就应该更换、大修甚至报废。这次立法强调了达到报废条件的要立刻报废，报废后还应由有关单位进行性能拆解，防止再次流入市场被人使用。

7. 事故赔偿民事优先

在事故的责任赔偿中，体现民事优先的原则。

8. 加大处罚力度

进一步加大了对违法行为的处罚力度。违法行为处罚最高达到 200 万元，同时对发生重大事故的当事人和责任人的个人处罚也做出了明确的规定：处罚个人的上年收入的 30％～60％。除了行政罚款，严重的还要吊销许可证，触犯刑律的要移送司法机关，触犯治安条例的由公安机关处置。

一、总则

> **第一条**　为了加强特种设备安全工作，预防特种设备事故，保障人身和财产安全，促进经济社会发展，制定本法。

【释义】本条是关于特种设备安全法立法宗旨的规定。

特种设备是一个国家经济水平的代表，我国特种设备安全形势严峻，企业安全主体责任落实不够，相关民事关系不规范，对违法行为的处罚力度不够。因此，国家将特种设备领域的安全保障上升到法律层面，以保障人民生命财产的安全。

> **第二条**　特种设备的生产（包括设计、制造、安装、改造、修理）、经营、使用、检验、检测和特种设备安全的监督管理，适用本法。
>
> 本法所称特种设备，是指对人身和财产安全有较大危险性的锅炉、压力容器（含气瓶）、压力管道、电梯、起重机械、客运索道、大型游乐设施、场（厂）内专用机动车辆，以及法律、行政法规规定适用本法的其他特种设备。

国家对特种设备实行目录管理。特种设备目录由国务院负责特种设备安全监督管理的部门制定，报国务院批准后执行。

【释义】本条是关于特种设备安全法适用范围、特种设备的定义及特种设备的规定。

第三条 特种设备安全工作应当坚持安全第一、预防为主、节能环保、综合治理的原则。

【释义】本条是关于特种设备安全工作应当遵循的原则规定。

特种设备安全如同生产安全一样，所有的工作都是将安全放在第一位，其中人的生命是首要的重中之重，这也是社会进步的表现。特种设备安全工作包括事前预防和事后处理两个方面，防止事故的发生是最根本的一种要求。事前预防是防止事故发生的有效措施，事后处理是将事故造成的损失降低到最小程度。特种设备中有一些设备本身就是高耗能设备，比如锅炉，对于高耗能的特种设备，需按照国务院的规定实行节能审查和监管。

第四条 国家对特种设备的生产、经营、使用，实施分类的、全过程的安全监督管理。

【释义】国家对特种设备生产、经营、使用环节安全的监管模式的规定。

分类监管是按照特种设备本身的特性和使用风险不同，采用不同的监管制度和措施。比如，根据特种设备的特性，对压力容器、压力管道等实施单位许可制度，而对锅炉、大型游乐设施等采取设计文件审查制度等。同样一种特种设备，同一个地点，由于使用时间不一样，监管方式也不一样。

第五条 国务院负责特种设备安全监督管理的部门对全国特种设备安全实施监督管理。县级以上地方各级人民政府负责特种设备安全监督管理的部门对本行政区域内特种设备安全实施监督管理。

【释义】本条是关于特种设备安全监督管理体制和特种设备安全监督管理部门职责的规定。

政府部门对特种设备安全的监管，不应是"保姆"式包揽企业的安全责任，对事故造成的损害"买单"，而应是"警察"式的监管，严格按照法律规定的职责、权限，依法督促特种设备的生产、经营、使用、维修、检验检测等单位认真落实法律规定的各项要求和义务。

第六条 国务院和地方各级人民政府应当加强对特种设备安全工作的领导，督促各有关部门依法履行监督管理职责。

县级以上地方各级人民政府应当建立协调机制，及时协调、解决特种设备安全监督管理中存在的问题。

学习笔记

知识贴士
正式明确了8种特种设备目录。

【释义】本条是关于县级以上地方人民政府的特种设备安全工作职责的规定。

各级人民政府应当从以下几方面督促、支持特种设备安全监督管理部门依法履行安全监督管理职责：加强本行政区域内特种设备安全防范工作的领导和管理，定期召开防范特大事故的工作会议，进行特种设备安全状况普查，制定本地区特大事故应急处理预案。

第七条　特种设备生产、经营、使用单位应当遵守本法和其他有关法律、法规，建立、健全特种设备安全和节能责任制度，加强特种设备安全和节能管理，确保特种设备生产、经营、使用安全，符合节能要求。

【释义】本条是关于特种设备生产、经营、使用单位的安全、节能方面的义务性规定。

《节约能源法》第十六条规定：对高耗能特种设备按照国务院的规定实行节能审查与监管。就是要在特种设备安全监察体系的基础上，建立特种设备安全监督管理与节能监督相结合的工作机制，实现"确保安全、节能降耗"双重目标。

第八条　特种设备生产、经营、使用、检验、检测应当遵守有关特种设备安全技术规范及相关标准。

特种设备安全技术规范由国务院负责特种设备安全监督管理的部门制定。

【释义】本条是特种设备安全技术规范及相关标准的规定。

安全技术规范是对特种设备安全技术管理的基本要求和标准，制定安全技术规范应当引入国家强制性规范和其他现实有效的技术标准，并保证其在特种设备的生产、经营、使用的全过程中强制实施，违反其规定要承担相应的法律责任。应力争形成中国的特种设备规范（TSG），以便能够走出国门，与世界的一些技术法规、规范并齐，更好地为特种设备安全和经济、贸易服务。

第九条　特种设备行业协会应当加强行业自律，推进行业诚信体系建设，提高特种设备安全管理水平。

【释义】本条是关于特种设备行业协会责任、义务的规定。

本法确立了"企业承担安全主体责任、政府履行安全监管职责和社会发挥监督作用"三位一体的特种设备安全工作模式。特种设备行业协会应当充分发挥行业自律作用，通过与政府职能部门的沟通，将特种设备行业信息传递给政府，为政府建立健全和完善特种设备监督管理制度提供可靠的信息。同时，通过特种设备行业自律，加强特种设备行业的内部管理。

学习笔记

第十条 国家支持有关特种设备安全的科学技术研究，鼓励先进技术和先进管理方法的推广应用，对做出突出贡献的单位和个人给予奖励。

【释义】本条是政策引导性条款。

提高特种设备安全性能，必须依靠科学技术的进步，必须加强科学技术的研究；保证特种设备的安全，必须采用先进的技术、推行先进的管理方法，对于特种设备安全的科学技术研究、先进技术采用、先进管理方法的推广应用方面做出突出贡献的单位和个人给予奖励。

第十一条 负责特种设备安全监督管理的部门应当加强特种设备安全宣传教育，普及特种设备安全知识，增强社会公众的特种设备安全意识。

【释义】本条款对特种设备安全监督管理部门的宣传教育职责做了规定。

通过组织学习等方式，提升特种设备安全监督管理部门内部工作人员自身的安全意识；通过宣传教育，提高全民的特种设备安全知识和安全意识，提高应急能力；通过宣传教育，增强生产者、经营者、使用者特种设备事故防治观念，提高相关人员的安全意识和自我保护意识。

第十二条 任何单位和个人有权向负责特种设备安全监督管理的部门和有关部门举报涉及特种设备安全的违法行为，接到举报的部门应当及时处理。

【释义】本条款明确了特种设备安全监督管理部门及有关部门有受理并处理涉及特种设备安全的举报的职责。

任何单位和个人对违反本法规定的行为，有权向特种设备安全监督管理部门和有关部门举报。特种设备安全监督管理部门应建立举报制度，公布举报电话等，对违法行为的举报应及时处理。为了保护举报人，特种设备安全监督管理部门和有关部门应当为举报人保密，并按照国家有关规定给予奖励。

二、生产、经营、使用

1. 一般规定

第十三条 特种设备生产、经营、使用单位及其主要负责人对其生产、经营、使用的特种设备安全负责。

特种设备生产、经营、使用单位应当按照国家有关规定配备特种设备安全管理人员、检测人员和作业人员，并对其进行必要的安全教育和技能培训。

学习笔记

【释义】本条是关于特种设备生产、经营、使用单位及其主要负责人在特种设备安全方面的责任规定，同时要求各单位按规定配备和培训安全管理、检验检测和作业人员。

主要负责人对本单位特种设备的安全全面负责，既赋予主要负责人在特种设备安全方面的法定指挥决策权，也规定了主要负责人在特种设备安全方面的法定义务。特种设备的安全必须强化安全管理，国内外特种设备事故统计数据表明，操作失误和自行检验检测不到位是造成特种设备事故的最主要原因。

特种设备的运行，离不开特种设备作业和检验检测人员，他们的行为对特种设备的安全使用具有至关重要的影响，同时，特种设备发生事故，他们往往也是最直接的受害者。因此，对特种设备检验检测人员、作业人员进行安全教育和培训，保证其具备必要的特种设备安全知识和技能是用人单位的法定责任。

> **第十四条** 特种设备安全管理人员、检测人员和作业人员应当按照国家有关规定取得相应资格，方可从事相关工作。特种设备安全管理人员、检测人员和作业人员应当严格执行安全技术规范和管理制度，保证特种设备安全。

【释义】本条是关于特种设备安全管理人员、检测人员和作业人员持证上岗的规定。

由于特种设备本身具有潜在危险性的特点，特种设备的安全性能不但与设备本身质量、安全性能有关，而且与其相关的安全管理、检验检测与作业人员的素质和水平有关。从统计的检验案例和事故表明，因管理不善、人员无证上岗、不具备安全运行知识技能和自行检验检测不到位而引起设备损坏或事故的占 40%。

> **第十五条** 特种设备生产、经营、使用单位对其生产、经营、使用的特种设备应当进行自行检测和维护保养，对国家规定实行检验的特种设备应当及时申报并接受检验。

【释义】本条是关于特种设备生产、经营、使用单位应当履行自行检验检测、维护保养和申报接受检验义务的规定。

制定自行检验检测、检查和维护保养制度，并制定相关的记录表格，根据安全技术规范的要求，定期做好自行检验检测、检查和维护保养工作，可及时发现问题，及时处理，保证设备的安全运行，是使用单位的一项义务，也是提高设备使用年限的一项重要手段。

对特种设备进行检验，包括生产活动中的监督检验和使用中设备的定期检验，是特种设备安全的一项基本制度。由于国家规定检验的强制性、监督性，因此要求生产、经营、使用单位必须按本法规定的要求进行申报并接受检验。

🔧 知识贴士

要求特种设备安全管理人员、检验检测人员和作业人员100%持证上岗，是各地特种设备监督管理部门安全监察日常工作的一项重要工作。

第十六条 特种设备采用新材料、新技术、新工艺,与安全技术规范的要求不一致,或者安全技术规范未作要求、可能对安全性能有重大影响的,应当向国务院负责特种设备安全监督管理的部门申报,由国务院负责特种设备安全监督管理的部门及时委托安全技术咨询机构或者相关专业机构进行技术评审,评审结果经国务院负责特种设备安全监督管理的部门批准,方可投入生产、使用。

国务院负责特种设备安全监督管理的部门应当将允许使用的新材料、新技术、新工艺的有关技术要求,及时纳入安全技术规范。

【释义】 本条是关于特种设备采用新材料、新技术、新工艺实现途径的规定。

随着科技的进步,特种设备也在向高精度、高可靠性、高质量、智能化控制、数字化、集成化、大型化及多功能化方面发展。特种设备采用新材料、新技术、新工艺,与安全技术规范的要求不一致,或者安全技术规范未做要求,可能对安全性有重大影响的,应以书面形式向国务院负责特种设备安全监督管理的部门提出申请。

本条是"总则"中第十条"鼓励先进技术"的具体体现,一方面可以及时将成熟的技术应用于实际应用中,另一方面可不断完善安全技术规范,不断将符合有关技术要求的新材料、新技术、新工艺纳入安全技术规范中,持续保持安全技术规范技术领先和实用性,对于推动特种设备安全技术的发展有积极的促进作用。

第十七条 国家鼓励投保特种设备安全责任保险。

【释义】 本条是鼓励投保特种设备安全责任的一种政策引导性条款。

特种设备的工作运行具有高度危险性,其日常运行涉及社会公众的人身安全和财产利益,一旦发生特种设备安全事故,往往带来高额的医疗救治、伤残补偿甚至死亡赔偿费用,且善后处理复杂,处置成本大,责任风险高。因此鼓励建立特种设备责任保险制度,对于保障公众生命财产安全、维护社会和谐具有重要的作用。

2. 生产

第十八条 国家按照分类监督管理的原则对特种设备生产实行许可制度。特种设备生产单位应当具备下列条件,并经负责特种设备安全监督管理的部门许可,方可从事生产活动:

(1) 有与生产相适应的专业技术人员;

(2) 有与生产相适应的设备、设施和工作场所;

(3) 有健全的质量保证、安全管理和岗位责任等制度。

【释义】 本条是关于对特种设备生产实施行政许可及特种设备生产单位

学习笔记

条件的原则规定。

特种设备生产许可制度是特种设备安全监察的一项重要行政管理措施。由于大多数特种设备是在使用现场完成整台设备最后的安装、调试和功能试验等步骤，现场安装等同于整机出厂产品的安装车间，有效控制安装质量是保证特种设备本质安全的一个最重要的环节，必须通过实施市场准入予以控制。而改造、修理相当于制造的一种特定形式，改造、修理许可本身就是制造许可的一种特殊形态。

由于设计、制造、安装、改造、修理活动的特点不同，企业从事相应活动应具备的条件也应不同，所以在进行许可时，应分别制定条件，根据企业具备的不同条件来给予许可。

> **第十九条** 特种设备生产单位应当保证特种设备生产符合安全技术规范及相关标准的要求，对其生产的特种设备的安全性能负责。不得生产不符合安全性能要求和能效指标以及国家明令淘汰的特种设备。

【释义】本条是关于特种设备生产单位一般义务的规定。

安全技术规范及其相应标准是为了保障设备安全而制定的，是必须强制执行的。特种设备的安全性能包括主动性能和被动性能。主动性能指设备的安全可靠性，被动性能指因设备本身主动性能或人的不安全因素引发的问题，是由相关的安全附件和安全保护装置决定的，这些要求都在安全技术规范及其相应标准中制定。

生产单位是特种设备的安全、节能的责任主体，企业与其所从事的特种设备的设计、制造、安装、修理、改造等生产活动相关联，对这些活动的后果负责，这种责任在特种设备的生命周期、使用周期内一直存在。

国家明令淘汰的特种设备是指安全性能、能效指标等不满足有关法规、标准要求，并列入国家特种设备淘汰产品目录的产品。根据《节能法》的要求，对落后的耗能过高的特种设备产品实行淘汰制度，要求各地质监部门停止相关产品的制造许可，并做好相关企业制造许可证的注销工作。

> **第二十条** 锅炉、气瓶、氧舱、客运索道、大型游乐设施的设计文件，应当经负责特种设备安全监督管理的部门核准的检验机构鉴定，方可用于制造。
>
> 特种设备产品、部件或者试制的特种设备新产品、新部件以及特种设备采用的新材料，按照安全技术规范的要求需要通过型式试验进行安全性验证的，应当经负责特种设备安全监督管理的部门核准的检验机构进行型式试验。

【释义】本条是关于特种设备设计文件鉴定和型式试验的规定。

设计文件指涉及锅炉、气瓶、氧舱、客运索道、大型游乐设施的结构、强度、材料和安全性能有关功能的图纸、计算书、说明书等，具体内容应在相应的技术规范中予以明确。如气瓶的设计文件包括设计任务书、设计图样、设计计算书、设计说明书、标准化审查报告、使用说明书。

型式试验是指由特种设备安全监督管理部门核准的技术权威机构对产品是否满足安全要求而进行的全面的技术审查、检验测试和安全性能试验。需进行型式试验的有三种情况：一是新研制开发出来首次投放市场的或首次在国内使用的进口产品，二是某个企业首次制造的，三是标准规定按期进行的。未申请型式试验或未通过型式试验的产品不得投入制造或使用。

> **第二十一条** 特种设备出厂时，应当随附安全技术规范要求的设计文件、产品质量合格证明、安装及使用维护保养说明、监督检验证明等相关技术资料和文件，并在特种设备显著位置设置产品铭牌、安全警示标志及其说明。

【释义】本条是关于特种设备出厂时，应当附有安全技术规范要求的相关资料和文件，并设置产品铭牌、安全警示标志及其说明的规定。

技术资料和文件是用户、安全监督管理部门判断设计、制造质量是否符合要求的重要依据。上述技术资料和文件有的是由设计企业编制的，制造企业必须在制造前获得设计文件，按设计文件进行制造。对于不能提供上述文件的，安全监督管理部门应禁止其设备投入使用，并按规定进行处罚。

产品铭牌指产品投放市场后，固定在产品上向用户、检验机构等提供生产企业信息、产品基本技术参数、产品制造信息等的铭牌。为帮助或提醒操作者安全操作，应在操作位置设立一些安全操作的警示标志。

> **第二十二条** 电梯的安装、改造、修理，必须由电梯制造单位或者其委托的依照本法取得相应许可的单位进行。电梯制造单位委托其他单位进行电梯安装、改造、修理的，应当对其安装、改造、修理进行安全指导和监控，并按照安全技术规范的要求进行校验和调试。电梯制造单位对电梯安全性能负责。

【释义】本条规定了实施电梯安装、改造、修理的主体的要求，明确了电梯制造单位在电梯安装、改造、修理环节中的责任和义务。

电梯的制造、安装、改造和修理由同一家电梯企业负责，有利于保障电梯安全和保护品牌，有利于明确责任，也是电梯生产企业的发展趋势，目前许多大型电梯企业已经开始从以制造为主向以制造、安装、改造、修理、保养兼顾的方向转变。电梯制造企业掌握电梯的技术，有义务对其他安装、改造、修理单位提供指导与监督，对安装完成的电梯进行调试，最大限度地发挥电梯企业的技术优势。

对于改造，如原制造企业不再存在，电梯产权单位可以选择相应资格的单位进行该电梯的改造，必须按电梯相关技术规范的要求更换产品铭牌，并由电梯改造单位对电梯质量以及安全运行涉及的质量问题负责。

学习笔记

知识贴士
电梯的安装、改造和修理质量直接影响电梯的安全，对这些活动必须严格规范，提出明确要求。

学习笔记

第二十三条　特种设备安装、改造、修理的施工单位应当在施工前将拟进行的特种设备安装、改造、修理情况书面告知直辖市或者设区的市级人民政府负责特种设备安全监督管理的部门。

【释义】本条是关于特种设备安装、改造、修理施工前告知的规定。

施工告知的目的是便于安全监督管理部门审查从事活动的有关企业的资格是否符合所从事活动的要求，审查安装的设备是否为合法生产、改造，修理工艺是否会降低设备的安全性能，便于安排现场监察和检验工作，便于动态监管。

第二十四条　特种设备安装、改造、修理竣工后，安装、改造、修理的施工单位应当在验收后三十日内将相关技术资料和文件移交特种设备使用单位。特种设备使用单位应当将其存入该特种设备的安全技术档案。

【释义】本条规定了安装、改造、修理单位提供竣工资料的义务。

技术资料是说明其活动是否符合国家有关规定的证明材料，涉及许多设备的安全性能参数，这些材料与设计、制造文件同等重要，必须及时移交使用单位，这是施工单位必须履行的义务。

第二十五条　锅炉、压力容器、压力管道元件等特种设备的制造过程和锅炉、压力容器、压力管道、电梯、起重机械、客运索道、大型游乐设施的安装、改造、重大修理过程，应当经特种设备检验机构按照安全技术规范的要求进行监督检验；未经监督检验或者监督检验不合格的，不得出厂或者交付使用。

【释义】本条是关于锅炉、压力容器、压力管道元件等特种设备的制造过程和锅炉、压力容器、压力管道、电梯、起重机械、客运索道、大型游乐设施的安装、改造、重大修理过程监督检验的规定。

监督检验应该在企业自检合格的基础上，必须按国家特种设备监督管理部门颁布的关于监督检验的安全技术规范进行，主要内容有：对制造、安装过程中涉及安全性能的项目确认核实，对出厂技术资料进行确认，对受检单位质量管理体系运转情况进行抽检。

第二十六条　国家建立缺陷特种设备召回制度。因生产原因造成特种设备存在危及安全的同一性缺陷的，特种设备生产单位应当立即停止生产，主动召回。

国务院负责特种设备安全监督管理的部门发现特种设备存在应当召回而未召回的情形时，应当责令特种设备生产单位召回。

【释义】本条确立了缺陷特种设备召回制度，明确了召回的条件，规定了生产企业主动召回的义务，以及特种设备安全监管部门责令召回的权力。

特种设备实施召回制度，会进一步加强生产者的责任，在生产过程中及时地发现和消除缺陷，有利于特种设备的产品质量的提高。生产者是保障特种设备质量安全的责任主体，对其生产的存在缺陷的特种设备应主动召回。

3. 经营

> 第二十七条 特种设备销售单位销售的特种设备，应当符合安全技术规范及相关标准的要求，其设计文件、产品质量合格证明、安装及使用维护保养说明、监督检验证明等相关技术资料和文件应当齐全。
>
> 特种设备销售单位应当建立特种设备检查验收和销售记录制度。
>
> 禁止销售未取得许可生产的特种设备，未经检验和检验不合格的特种设备，或者国家明令淘汰和已经报废的特种设备。

【释义】本条是关于特种设备销售单位义务规定，包括三方面的要求。

① 二手设备除附有出厂时的监督检验证明外，还应当附有定期检验周期内的定期检验报告。

② 二手设备按照规定，能效测试不符合要求的，不能进行销售。

③ 已经报废的特种设备，应当按照规定进行消除功能的处理，也不能再返修、翻修进行销售，更不能伪造资料和文件。

> 第二十八条 特种设备出租单位不得出租未取得许可生产的特种设备或者国家明令淘汰和已经报废的特种设备，以及未按照安全技术规范的要求进行维护保养和未经检验或者检验不合格的特种设备。

【释义】本条是关于特种设备出租单位所出租的特种设备符合要求的规定，包括两个方面。

特种设备出租单位除保证出租的特种设备本身合法外，也应当保证其安全性能应满足使用要求，包括按规定进行维护保养和自行检验检测，并且在定期检验的周期内。不符合要求的特种设备不得用于出租。

> 第二十九条 特种设备在出租期间的使用管理和维护保养义务由特种设备出租单位承担，法律另有规定或者当事人另有约定的除外。

【释义】本条是关于特种设备出租期间使用管理和维护保养责任的规定。本法首先规定由出租人承担责任。

使用管理包括使用登记，资料和文件的保管，申报定期检验，进行修理工作，安全管理和作业人员的配备、教育和持证操作，自行检查，安全附件和安全保护装置的校验、检修等。

> 第三十条 进口的特种设备应当符合我国安全技术规范的要求，并经检验合格；需要取得我国特种设备生产许可的，应当取得许可。

📓 学习笔记

🔍 知识贴士

特种设备出租主要指压力容器、起重机械、场内专用机动车辆等的出租。

学习笔记

知识贴士

我国从1982年开始，在境内实行了部分特种设备设计、制造、安装、改造、修理的许可制度，并开展了部分进口特种设备的制造许可制度。

　　进口特种设备随附的技术资料和文件应当符合本法第二十一条的规定，其安装及使用维护保养说明、产品铭牌、安全警示标志及其说明应当采用中文。

　　特种设备的进出口检验，应当遵守有关进出口商品检验的法律、行政法规。

　　【释义】本条是关于进口特种设备的要求，包括安全要求、检验和许可规定，随附资料和文件要求，进出口检验的特殊要求。

　　第三十一条　进口特种设备，应当向进口地负责特种设备安全监督管理的部门履行提前告知义务。

　　【释义】本条是关于特种设备进口时的告知要求。

　　告知的部门可以针对经营的情况分为两种：一种作为批量产品，销售对象不明确，可以由外贸经营单位告知经营地的特种设备安全监督管理部门；有直接销售对象的，可以由外贸经营单位告知特种设备使用地的安全监督管理部门。

　　4.使用

　　第三十二条　特种设备使用单位应当使用取得许可生产并经检验合格的特种设备。

　　禁止使用国家明令淘汰和已经报废的特种设备。

　　【释义】本条是关于特种设备使用单位应当使用合法特种设备的规定。

　　特种设备使用单位使用取得许可生产并经检验合格的特种设备，是保证特种设备安全运行的最基本的条件。

　　第三十三条　特种设备使用单位应当在特种设备投入使用前或者投入使用后三十日内，向负责特种设备安全监督管理的部门办理使用登记，取得使用登记证书。登记标志应当置于该特种设备的显著位置。

　　【释义】本条是关于特种设备使用登记的规定。

　　通过登记，可以防止非法设计、非法制造、非法安装的特种设备投入使用，并且可以建立特种设备信息库，可以使安全监督管理部门了解特种设备使用单位的使用环境，建立联系，掌握情况，便于履行职责。

　　允许使用单位在使用后的 30 日内办理登记手续，但施工过程必须经过检验机构检验合格。登记标记置于显著位置，如电梯的登记标记可以置于轿厢内，可以提醒使用者，在有效期内安全使用。

　　第三十四条　特种设备使用单位应当建立岗位责任、隐患治理、应急救援等安全管理制度，制定操作规程，保证特种设备安全运行。

【释义】本条是关于特种设备使用单位应当建立健全安全管理制度，保证特种设备安全运行的要求。

> 第三十五条　特种设备使用单位应当建立特种设备安全技术档案。安全技术档案应当包括以下内容：
> （1）特种设备的设计文件、产品质量合格证明、安装及使用维护保养说明、监督检验证明等相关技术资料和文件；
> （2）特种设备的定期检验和定期自行检查记录；
> （3）特种设备的日常使用状况记录；
> （4）特种设备及其附属仪器仪表的维护保养记录；
> （5）特种设备的运行故障和事故记录。

【释义】本条是关于建立特种设备档案的规定。

特种设备在使用过程中，会因各种因素产生缺陷，需要不断地维护、修理、定期检验，部分特种设备还需要进行能效状况评估，这些都需要依据特种设备的设计、制造、安装等原始文件资料和使用过程中的历次改造、修理、自行检验检测、定期检验等过程文件资料作为依据。

建立完善的设备档案并保持完整，也反映了特种设备使用单位的管理水平。

> 第三十六条　电梯、客运索道、大型游乐设施等为公众提供服务的特种设备的运营使用单位，应当对特种设备的使用安全负责，设置特种设备安全管理机构或者配备专职的特种设备安全管理人员；其他特种设备使用单位，应当根据情况设置特种设备安全管理机构或者配备专职、兼职的特种设备安全管理人员。

【释义】本条是关于电梯、客运索道、大型游乐设备使用单位配备安全管理机构和安全管理人员的规定。

特种设备运营使用单位是保障安全使用的责任主体，必须强化安全管理，而配置安全管理机构和安全管理人员是做好安全运行的必须保证。

无论是专职或是兼职的安全管理人员，其职能和责任都是一样的，必须具备特种设备安全管理的专业知识和管理水平，按规定取得相应资格。

> 第三十七条　特种设备的使用应当具有规定的安全距离、安全防护措施。
> 与特种设备安全相关的建筑物、附属设施，应当符合有关法律、行政法规的规定。

【释义】本条是关于建立特种设备安全距离、安全防护的规定。

设置合理的安全距离是预防特种设备突发事故或防止较小事故升级的重要手段，特种设备安全距离的设置来源于使用经验或对较小的产品释放事故的计算。

学习笔记

学习笔记

特种设备如电梯与民用建筑、承压设备与工程建筑是离不开的。例如汽车加油站中压力容器属于特种设备，与之相关的建筑物、土建工程、附属的消防设施、电气、报警装置等必须满足建筑、消防等相关法律法规的要求。

> 　　第三十八条　特种设备属于共有的，共有人可以委托物业服务单位或者其他管理人管理特种设备，受托人履行本法规定的特种设备使用单位的义务，承担相应责任。共有人未委托的，由共有人或者实际管理人履行管理义务，承担相应责任。

【释义】本条是对共有产权特种设备管理主体及其责任义务的规定。

比如住宅电梯，所有权涉及众多业主，使用管理也涉及业主、业委会、物业公司、维保单位等多个主体，各主体在电梯使用管理上相互推诿，安全管理责任无法有效落实。因此应当明确特种设备安全管理的责任单位或责任人，由其按相应法律、法规等要求履行管理义务，承担相应责任。现实中，一些住宅电梯没有以合同等方式进行委托管理，但实际上由物业公司或个人进行管理，这些实际管理人应当履行管理义务，承担相应责任。

> 　　第三十九条　特种设备使用单位应当对其使用的特种设备进行经常性维护保养和定期自行检查，并做出记录。
> 　　特种设备使用单位应当对其使用的特种设备的安全附件、安全保护装置进行定期校验、检修，并做出记录。

【释义】本条是关于特种设备使用单位维护保养的规定。

特种设备使用单位做好维护保养和定期自行检查工作，是使用单位的一项义务，也是提高设备寿命的一项重要手段。在维护保养和自行检查中，发现异常情况必须做好记录。

知识贴士

据统计，因安全附件、安全保护装置等失灵引起的事故占事故起数的16.2%，因此，必须对其进行定期校验、检修，并做出记录。

> 　　第四十条　特种设备使用单位应当按照安全技术规范的要求，在检验合格有效期届满前一个月向特种设备检验机构提出定期检验要求。
> 　　特种设备检验机构接到定期检验要求后，应当按照安全技术规范的要求及时进行安全性能检验。特种设备使用单位应当将定期检验标志置于该特种设备的显著位置。
> 　　未经定期检验或者检验不合格的特种设备，不得继续使用。

【释义】本条是关于定期检验的规定。

经过检验，其下次检验日期，应在检验报告或检验合格证中注明。在检验合格有效期届满前1个月向特种设备检验机构提出定期检验要求，是非常必要的。未经定期检验或检验不合格的特种设备不得继续使用，强化了特种设备使用单位的责任，促使定期检验工作顺利开展。

第四十一条　特种设备安全管理人员应当对特种设备使用状况进行经常性检查，发现问题应当立即处理；情况紧急时，可以决定停止使用特种设备并及时报告本单位有关负责人。

特种设备作业人员在作业过程中发现事故隐患或者其他不安全因素，应当立即向特种设备安全管理人员和单位有关负责人报告；特种设备运行不正常时，特种设备作业人员应当按照操作规程采取有效措施保证安全。

【释义】本条是关于使用单位安全管理人员进行经常性检查的义务和与作业人员处理紧急事务的规定。

单位有关负责人必须支持安全管理人员的工作，对安全管理人员提出的问题和采取的必要措施，必须及时处理，任何人不应予以阻挠。

特种设备运行的安全隐患，特种设备作业人员必须能够及时发现，这就要求特种设备作业人员一方面必须具有基本的安全技术知识，另一方面也必须坚守工作岗位，密切监控设备的运行状况，发现问题能够及时处理。

第四十二条　特种设备出现故障或者发生异常情况，特种设备使用单位应当对其进行全面检查，消除事故隐患，方可继续使用。

【释义】本条是关于特种设备发现故障和异常情况，使用单位应当消除的义务。

使用单位对设备的隐患必须进行认真的处理，应该停止运行的必须停止运行，不能带病运行，冒险作业，并且要安排进行认真的检查，必要时安排检验、检测，待故障、异常现象消除后，方可投入运行。

第四十三条　客运索道、大型游乐设施在每日投入使用前，其运营使用单位应当进行试运行和例行安全检查，并对安全附件和安全保护装置进行检查确认。

电梯、客运索道、大型游乐设施的运营使用单位应当将电梯、客运索道、大型游乐设施的安全使用说明、安全注意事项和警示标志置于易于为乘客注意的显著位置。

公众乘坐或者操作电梯、客运索道、大型游乐设施，应当遵守安全使用说明和安全注意事项的要求，服从有关工作人员的管理和指挥；遇有运行不正常时，应当按照安全指引，有序撤离。

【释义】本条是对客运索道、大型游乐设施做好日常检查并设置警示标志的规定。同时，也对公众乘坐或操作电梯、客运索道和大型游乐设施应当遵守的事项做出相关的规定。

第四十四条　锅炉使用单位应当按照安全技术规范的要求进行锅炉

📝 学习笔记

🔍 知识贴士

安全技术规范中规定了特种设备的检验周期，锅炉一般为2年，压力容器为3~6年，电梯为1年。

水（介）质处理，并接受特种设备检验机构的定期检验。

从事锅炉清洗，应当按照安全技术规范的要求进行，并接受特种设备检验机构的监督检验。

【释义】本条是关于锅炉使用单位进行锅炉水（介）质处理、锅炉清洗应接受监督管理的规定。

目前锅炉水质管理方面存在一些突出问题：一是水处理设备选型不合理，导致水处理能力不足；二是水处理作业人员数量及知识结构和综合素质不能满足要求；三是水质监督重视程度不够，造成水质不符合要求，锅炉结垢严重，降低锅炉效率，而且可能导致安全事故。本条明确规定锅炉使用单位按照安全技术规范的要求进行锅炉水（介）质处理、锅炉清洗，并接受特种设备检验机构实施的水（介）质处理定期检验及锅炉清洗过程监督检验。

第四十五条　电梯的维护保养应当由电梯制造单位或者依照本法取得许可的安装、改造、修理单位进行。

电梯的维护保养单位应当在维护保养中严格执行安全技术规范的要求，保证其维护保养的电梯的安全性能，并负责落实现场安全防护措施，保证施工安全。

电梯的维护保养单位应当对其维护保养的电梯的安全性能负责；接到故障通知后，应当立即赶赴现场，并采取必要的应急救援措施。

【释义】本条是对电梯日常维护保养的特殊规定。

按照国际惯例，制造单位维保电梯的比例较高，应当鼓励制造单位开展电梯维保工作，逐步形成以制造单位为主体，其他安装、改造、修理单位为补充的电梯维保体系。

电梯的维护保养工作不能随意，必须按照安全技术规范的要求进行。这就要求维护保养单位不但要与使用单位确定维护保养的协议，负责定期进行维护保养工作，而且要按安全技术规范的规定认真实施。

第四十六条　电梯投入使用后，电梯制造单位应当对其制造的电梯的安全运行情况进行跟踪调查和了解，对电梯的维护保养单位或者使用单位在维护保养和安全运行方面存在的问题，提出改进建议，并提供必要的技术帮助；发现电梯存在严重事故隐患时，应当及时告知电梯使用单位，并向负责特种设备安全监督管理的部门报告。电梯调查和了解的情况，应当做出记录。

【释义】本条是关于电梯在使用过程中制造单位义务的规定。

按照电梯制造单位应当对电梯的质量和安全性能负相关责任的原则，本条规定了电梯制造单位对其制造的电梯在使用过程中应当履行的义务：一是应当跟踪了解电梯的安全运行情况；二是应当对电梯日常维护保养的单位、使用单位的安全运行给予必要性技术帮助；三是发现事故隐患，应及时告知使用单位，并报告安全监督管理部门；四是将调查、了解情况做出记录。

学习笔记

第四十七条　特种设备进行改造、修理，按照规定需要变更使用登记的，应当办理变更登记，方可继续使用。

【释义】本条是关于特种设备改造、修理后变更使用登记的规定。

特种设备在使用过程中，如进行了改造或修理，导致其在使用登记中的信息发生变化，如设备型号、技术参数、施工单位等，使用单位应及时提供相关材料向原登记部门提出变更申请，变更后设备方可继续使用。

第四十八条　特种设备存在严重事故隐患，无改造、修理价值，或者达到安全技术规范规定的其他报废条件的，特种设备使用单位应当依法履行报废义务，采取必要措施消除该特种设备的使用功能，并向原登记的负责特种设备安全监督管理的部门办理使用登记证书注销手续。

前款规定报废条件以外的特种设备，达到设计使用年限可以继续使用的，应当按照安全技术规范的要求通过检验或者安全评估，并办理使用登记证书变更，方可继续使用。允许继续使用的，应当采取加强检验、检测和维护保养等措施，确保使用安全。

【释义】本条是关于特种设备报废的规定。

存在严重事故隐患的特种设备包括：非法生产的；超过规定的参数范围使用的；缺少安全附件、安全装置的；检验检测结果不合格而继续使用的；有明显故障或者责任改正而未予以改正的特种设备。

相关技术规范规定了特种设备的报废条件，达到条件必须予以报废。如气瓶规定 15 年报废。目前正在制定的电梯主要部件报废标准，也规定了报废的条件。

为防止报废的特种设备再次流入使用环节，必须对报废特种设备进行去功能化处理，如将承压部件割孔、电梯部件拆解等，使其不再具备再次使用的条件。

第四十九条　移动式压力容器、气瓶充装单位，应当具备下列条件，并经负责特种设备安全监督管理的部门许可，方可从事充装活动：

（1）有与充装和管理相适应的管理人员和技术人员；

（2）有与充装和管理相适应的充装设备、检测手段、场地厂房、器具、安全设施；

（3）有健全的充装管理制度、责任制度、处理措施。

充装单位应当建立充装前后的检查、记录制度，禁止对不符合安全技术规范要求的移动式压力容器和气瓶进行充装。

气瓶充装单位应当向气体使用者提供符合安全技术规范要求的气瓶，对气体使用者进行气瓶安全使用指导，并按照安全技术规范的要求

学习笔记

办理气瓶使用登记，及时申报定期检验。

【释义】本条是关于移动式压力容器、气瓶充装的规定。

移动式压力容器、气瓶充装许可工作由省级质量技术监督部门承担。未取得充装许可证的，不得从事移动式压力容器或气瓶充装工作。

充装单位制定严格的充装作业操作规程，落实充装前后对充装对象、充装设施等的检查，并进行记录，以消除错装、混装、超装等造成的安全隐患。

充装单位还应履行以下具体义务：向气瓶消费者提供合格的气瓶，并对气瓶安全全面负责；对气瓶的充装安全负责；对充装人员和充装前检查人员进行基础知识、潜在危险、应急措施等内容的培训；负责向消费者宣传安全使用知识；负责超期未检气瓶的送检工作；配合气瓶安全事故调查工作；做好气瓶的管理工作。

三、检验、检测

第五十条　从事本法规定的监督检验、定期检验的特种设备检验机构，以及为特种设备生产、经营、使用提供检测服务的特种设备检测机构，应当具备下列条件，并经负责特种设备安全监督管理的部门核准，方可从事检验、检测工作：

（1）有与检验、检测工作相适应的检验、检测人员；

（2）有与检验、检测工作相适应的检验、检测仪器和设备；

（3）有健全的检验、检测管理制度和责任制度。

【释义】本条是关于检验、检测工作的基本含义，以及应当具备的条件和需要核准的规定。

在一些工业发达国家，特种设备检验、检测是以检验、检测人员个人的名义出具检验、检测报告，由个人对检验、检测结论负责。我国实施的检验、检测工作主要以单位的名义出具检验、检测报告，是单位负责制。因此，作为一个检验、检测机构，检验报告就是其工作的最终产品，为保证检验、检测报告的质量，必须对检测人员、检测设备、检测制度进行规范。

第五十一条　特种设备检验、检测机构的检验、检测人员应当经考核，取得检验、检测人员资格，方可从事检验、检测工作。

特种设备检验、检测机构的检验、检测人员不得同时在两个以上检验、检测机构中执业；变更执业机构的，应当依法办理变更手续。

【释义】本条是对检验、检测人员资格的要求和执业行为的一般规定。

目前我国特种设备检验人员分为检验员和检验师。无损检测人员分为高级、中级和初级人员。检验人员和高级无损检测人员由国务院特种设备安全监督管理部门委托机构组织考核，并颁发资格证书；中级和初级无损检测人员由各省级质量技术监督部门确定相应考试机构组织考试，并颁发资格证书。

特种设备检验工作关系到特种设备的运行安全，责任必须落实，不允许检验机构相互利用其人员独立为本单位进行检验、检测工作，也不允许检验、检测人员到两个或两个以上单位工作。

> **第五十二条**　特种设备检验、检测工作应当遵守法律、行政法规的规定，并按照安全技术规范的要求进行。
>
> 特种设备检验、检测机构及其检验、检测人员应当依法为特种设备生产、经营、使用单位提供安全、可靠、便捷、诚信的检验、检测服务。

【释义】本条对特种设备检验、检测工作提出总体要求，包括职业道德。

为了保证特种设备检验、检测结果的科学、可靠，防止随意性，要求检验、检测人员对特种设备实施检验、检测时，严格按照特种设备安全技术规范进行。安全技术规范的内容多是通过事故的教训及人们在检验、检测实践经验的总结。

特种设备检验、检测机构工作在思想和行动上必须牢固树立服务意识，讲诚信、认真负责，做到不漏项、不误判，不因其他人为因素随意进行处理。

> **第五十三条**　特种设备检验、检测机构及其检验、检测人员应当客观、公正、及时地出具检验、检测报告，并对检验、检测结果和鉴定结论负责。
>
> 特种设备检验、检测机构及其检验、检测人员在检验、检测中发现特种设备存在严重事故隐患时，应当及时告知相关单位，并立即向负责特种设备安全监督管理的部门报告。
>
> 负责特种设备安全监督管理的部门应当组织对特种设备检验、检测机构的检验、检测结果和鉴定结论进行监督抽查，但应当防止重复抽查。监督抽查结果应当向社会公布。

【释义】本条是关于保证检验、检测质量的规定。

检验、检测工作关系到特种设备的安全运行，技术上具有很强的专业性，结论意见带有一定的法律效力，因此，其检验、检测结果、鉴定结果必须客观、公正。检验机构必须对出具的检验结论的真实性、有效性负责。

检验过程中发现的问题，对于一般的问题，可采取出示意见联络单的形式，告知生产单位及时改进；对具有较大事故隐患的问题，应采取出示意见通知书的形式，要求生产单位必须改正，并将意见通知书及时抄送当地特种设备安全监督管理部门。具有典型的事故隐患要形成检验案例，报告国务院或省级安全监督管理部门。

学习笔记

学习笔记

省级特种设备安全监督管理部门每年可安排一定比例的特种设备检验、检测机构的抽查，上级安全监督管理部门已经安排抽查的，下级特种设备安全监督管理部门可不再安排抽查工作。

第五十四条　特种设备生产、经营、使用单位应当按照安全技术规范的要求向特种设备检验、检测机构及其检验、检测人员提供特种设备相关资料和必要的检验、检测条件，并对资料的真实性负责。

【释义】本条是对特种设备生产、经营、使用单位为配合特种设备检验、检测机构开展相关特种设备检验、检测活动的规定。

特种设备生产单位在接受检验机构实施生产过程监督检验时，应当及时提供特种设备设计、制造、工厂检查记录等资料；积极做好特种设备定期检验相关配合工作，生产、使用单位按照安全技术规范要求提供各种自检记录、报告，并对其真实性负责，对于因提供的资料不真实，造成检验、检测机构及其检验、检测人员做出错误判断的，提供资料的单位应当对后果负责。

第五十五条　特种设备检验、检测机构及其检验、检测人员对检验、检测过程中知悉的商业秘密，负有保密义务。

特种设备检验、检测机构及其检验、检测人员不得从事有关特种设备的生产、经营活动，不得推荐或者监制、监销特种设备。

【释义】本条是对检验、检测机构及检验、检测人员行为规范的相关规定。

因检验、检测工作的需要，检验、检测机构及其人员有可能接触到被检单位特种设备设计、制造、安装、改造、维修等工艺文件或一些经营资料，因此检验机构及人员对企业商业秘密负有保密义务，也是对企业利益的保护。

为了保证检验、检测工作的公正性，防止利用检验、检测工作的信息、权利，谋求不正当利益，或造成不正当竞争，本条规定特种设备检验、检测机构及其人员不得从事生产、经营活动，不得以任何形式推荐或监制、监销特种设备。

第五十六条　特种设备检验机构及其检验人员利用检验工作故意刁难特种设备生产、经营、使用单位的，特种设备生产、经营、使用单位有权向负责特种设备安全监督管理的部门投诉，接到投诉的部门应当及时进行调查处理。

【释义】本条是对特种设备检验违规行为投诉和处理的规定。

检测机构中存在故意刁难行为，委托单位可以按照市场运作的方式，取消委托。对违反本法的其他有关问题，可以向特种设备安全监督管理部门反映，特种设备安全监督管理部门可以按照本法法律责任一章中有关规定进行处罚。

四、监督管理

> 第五十七条 负责特种设备安全监督管理的部门依照本法规定，对特种设备生产、经营、使用单位和检验、检测机构实施监督检查。
>
> 负责特种设备安全监督管理的部门应当对学校、幼儿园以及医院、车站、客运码头、商场、体育场馆、展览馆、公园等公众聚集场所的特种设备，实施重点安全监督检查。

【释义】本条是关于监督检查的对象、监督检查的内容和重点的规定。

监督检查的对象主要有 4 个：特种设备生产单位、特种设备经营单位、特种设备使用单位、特种设备检验及检测机构。

由于特种设备的危险性大，监督检查的重点对象主要是使用特种设备的公众密集场所，重点场所主要是学校、幼儿园、医院、车站、商场等。

> 第五十八条 负责特种设备安全监督管理的部门实施本法规定的许可工作，应当依照本法和其他有关法律、行政法规规定的条件和程序以及安全技术规范的要求进行审查；不符合规定的，不得许可。

【释义】本条是对特种设备安全监察管理部门实施行政许可的工作要求的规定。

特种设备安全监督管理部门应当严格依照行政许可的条件和程序进行审查，不得滥用审批权。随着服务型政府理念的逐步确立，特种设备安全监管部门的监管方式也要逐渐转变，从整体的发展趋势来看，目前属于行政许可的一部分领域将会取消、下放或改变管理方式，行政许可只在必要的领域保留。

> 第五十九条 负责特种设备安全监督管理的部门在办理本法规定的许可时，其受理、审查、许可的程序必须公开，并应当自受理申请之日起三十日内，作出许可或者不予许可的决定；不予许可的，应当书面向申请人说明理由。

【释义】本条是关于对特种设备安全监督管理部门办理本法规定行政许可事项的程序要求的规定。

行政许可的程序分为行政许可的提出、行政许可申请的受理、行政许可的审查。受理、审查、许可的程序必须公开，公众有权查阅。

特种设备安全监督管理部门应当自受理申请之日起 30 日内，作出许可或不予许可决定，这是许可处理期限要求，是国家行政管理效率原则的具体体现。本法所指的 30 日，是指 30 个工作日。

学习笔记

第六十条　负责特种设备安全监督管理的部门对依法办理使用登记的特种设备应当建立完整的监督管理档案和信息查询系统；对达到报废条件的特种设备，应当及时督促特种设备使用单位依法履行报废义务。

【释义】本条是对特种设备安全监督管理部门建立监督管理档案和信息查询系统及督促使用单位依法报废的规定。

监督管理档案有利于客观展现特种设备的历史状况，有利于特种设备安全监督管理部门从整体上掌握该设备的安全性能状况，便于制定有针对性的监管措施。建立信息管理系统，利用数据库可以快速检索、查询设备状况，可以对区域内同类设备进行比较分析，从宏观上掌握地域内特种设备整体安全状况。

第六十一条　负责特种设备安全监督管理的部门在依法履行监督检查职责时，可以行使下列职权：

（1）进入现场进行检查，向特种设备生产、经营、使用单位和检验、检测机构的主要负责人和其他有关人员调查、了解有关情况；

（2）根据举报或者取得的涉嫌违法证据，查阅、复制特种设备生产、经营、使用单位和检验、检测机构的有关合同、发票、账簿以及其他有关资料；

（3）对有证据表明不符合安全技术规范要求或者存在严重事故隐患的特种设备实施查封、扣押；

（4）对流入市场的达到报废条件或者已经报废的特种设备实施查封、扣押；

（5）对违反本法规定的行为作出行政处罚决定。

【释义】本条是关于特种设备安全监督管理部门在依法履行监督检查职责时可以行使的行政职权的规定，包括行政调查权、行政强制权和行政处罚权。

行政调查权是行政机关在履行职权过程中最广泛运用的一项权力，体现在以下几方面：现场检查权、情况了解权、查阅复制权。行政强制措施包括查封和扣押。实施查封和扣押需注意：一是实施的主体是特种设备安全监察管理部门；二是必须要有法律依据；三是要符合一定的程序；四是查封扣押期限不得超过30日；五是要具有可诉性。

第六十二条　负责特种设备安全监督管理的部门在依法履行职责过程中，发现违反本法规定和安全技术规范要求的行为或者特种设备存在事故隐患时，应当以书面形式发出特种设备安全监察指令，责令有关单位及时采取措施予以改正或者消除事故隐患。紧急情况下要求有关单位采取紧急处置措施的，应当随后补发特种设备安全监察指令。

【释义】本条是关于特种设备安全监察指令的规定。

发布特种设备安全监察指令，是特种设备安全监察过程中的一种特殊方式，主要是基于特种设备的危险性较大，一旦发现存在安全隐患，必须及时予以纠正。早在原《锅炉压力容器安全监察暂行条例》中，就明确规定了这种专门针对特种设备的特殊的监督管理方式。几十年的监管实践也证明，采取这种方式开展安全监察是行之有效的。

> 第六十三条 负责特种设备安全监督管理的部门在依法履行职责过程中，发现重大违法行为或者特种设备存在严重事故隐患时，应当责令有关单位立即停止违法行为，采取措施消除事故隐患，并及时向上级负责特种设备安全监督管理的部门报告。接到报告的负责特种设备安全监督管理的部门应当采取必要措施，及时予以处理。
>
> 对违法行为、严重事故隐患的处理需要当地人民政府和有关部门的支持、配合时，负责特种设备安全监督管理的部门应当报告当地人民政府，并通知其他有关部门。当地人民政府和其他有关部门应当采取必要措施，及时予以处理。

【释义】本条是关于实施特种设备安全监察情况报告制度的规定。

由于特种设备的特殊性、危险性，其发生的安全事故会造成严重的社会影响，因此需要特种设备安全监督管理部门上下联动，共同做好安全监察工作。有时特种设备违法行为或事故隐患的处理，仅靠特种设备安全监督管理部门还不能完全解决，需要政府及有关部门的配合。

> 第六十四条 地方各级人民政府负责特种设备安全监督管理的部门不得要求已经依照本法规定在其他地方取得许可的特种设备生产单位重复取得许可，不得要求对已经依照本法规定在其他地方检验合格的特种设备重复进行检验。

【释义】本条是关于禁止重复实施行政许可和检验的规定。

制定本条的目的，主要是为了消除地方保护主义，防止利用行政权力进行垄断，破坏市场经济。

> 第六十五条 负责特种设备安全监督管理的部门的安全监察人员应当熟悉相关法律、法规，具有相应的专业知识和工作经验，取得特种设备安全行政执法证件。
>
> 特种设备安全监察人员应当忠于职守、坚持原则、秉公执法。
>
> 负责特种设备安全监督管理的部门实施安全监督检查时，应当有两名以上特种设备安全监察人员参加，并出示有效的特种设备安全行政执法证件。

【释义】本条是对特种设备安全监察人员资格及安全监察工作要求的规定。

特种设备安全监察是一项专业性极强的工作，从事此项工作的人员应当

学习笔记

具备一定的专业知识和工作经验，以及取得特种设备安全行政执法证件。

实施安全监察应当有两名以上特种设备安全监察人员参加，一是为了保证执法公正性，二是为了体现执法权威性，三是有利于保障执法安全。

> **第六十六条**　负责特种设备安全监督管理的部门对特种设备生产、经营、使用单位和检验、检测机构实施监督检查，应当对每次监督检查的内容、发现的问题及处理情况作出记录，并由参加监督检查的特种设备安全监察人员和被检查单位的有关负责人签字后归档。被检查单位的有关负责人拒绝签字的，特种设备安全监察人员应当将情况记录在案。

【释义】本条是关于特种设备安全监督管理部门实施监督检查应当书面记录的规定。

特种设备安全监督检查记录既是对特种设备安全监督检查工作情况的记录，也是对被检查者情况的记录。它可以作为一种书证，客观、真实地记录特种设备安全监督检查情况，可以为以后的执法活动或做出行政处理决定提供客观依据，也可为以后可能发生的行政复议或行政诉讼提供有力证明。

参加监督检查的特种设备安全监察人员及被检查单位的有关负责人在检查记录中签字，保证检查记录的有效性。

> **第六十七条**　负责特种设备安全监督管理的部门及其工作人员不得推荐或者监制、监销特种设备；对履行职责过程中知悉的商业秘密负有保密义务。

【释义】本条是关于特种设备安全监督管理部门及其工作人员履职限制的规定。

本条与第五十五条中，对检验、检测人员的要求相同。

> **第六十八条**　国务院负责特种设备安全监督管理的部门和省、自治区、直辖市人民政府负责特种设备安全监督管理的部门应当定期向社会公布特种设备安全总体状况。

【释义】本条是特种设备安全监督管理部门向社会定期公布特种设备安全状况的规定。

一方面，可以使各级政府了解特种设备安全、能效状况；另一方面，也可以使广大企业增加安全管理和节能意识；同时还可以让大众普遍知晓并进行监督。一般来说，每年至少公布一次。

五、事故应急救援与调查处理

> **第六十九条**　国务院负责特种设备安全监督管理的部门应当依法组织制定特种设备重特大事故应急预案，报国务院批准后纳入国家突发事

件应急预案体系。

县级以上地方各级人民政府及其负责特种设备安全监督管理的部门应当依法组织制定本行政区域内特种设备事故应急预案，建立或者纳入相应的应急处置与救援体系。

特种设备使用单位应当制定特种设备事故应急专项预案，并定期进行应急演练。

【释义】本条是关于特种设备事故应急预案制定，以及对特种设备使用单位进行应急演练的规定。

特种设备事故应急预案的内容一般应当包括应急指挥机构、职责分工、现场涉及设备危险性评估、应急响应方案、应急队伍及装备等保障措施、应急演练及预案修订等。

为保障突发事件或事故发生时能够及时、协调、有序地开展应急救援等应急处置工作，必须通过经常性的演练提高实战能力和水平。要求使用单位针对每类设备每年至少开展一次应急演练。

第七十条 特种设备发生事故后，事故发生单位应当按照应急预案采取措施，组织抢救，防止事故扩大，减少人员伤亡和财产损失，保护事故现场和有关证据，并及时向事故发生地县级以上人民政府负责特种设备安全监督管理的部门和有关部门报告。

县级以上人民政府负责特种设备安全监督管理的部门接到事故报告，应当尽快核实情况，立即向本级人民政府报告，并按照规定逐级上报。必要时，负责特种设备安全监督管理的部门可以越级上报事故情况。对特别重大事故、重大事故，国务院负责特种设备安全监督管理的部门应当立即报告国务院并通报国务院安全生产监督管理部门等有关部门。

与事故相关的单位和人员不得迟报、谎报或者瞒报事故情况，不得隐匿、毁灭有关证据或者故意破坏事故现场。

【释义】本条是关于特种设备事故抢险和事故报告的规定。

第七十一条 事故发生地人民政府接到事故报告，应当依法启动应急预案，采取应急处置措施，组织应急救援。

【释义】本条是关于事故发生地人民政府应急处置与救援的规定。

2004 年 4 月 15 日，重庆某化工总厂发生氯气泄漏后，由于救援人员处置不当引起压力容器爆炸，之后实施了方圆 2km 范围内 15 万居民的转移，如果没有政府指挥下多部门参与协作，事故的后果将更为严重。

第七十二条 特种设备发生特别重大事故，由国务院或者国务院授

知识贴士

特种设备事故发生后，事故发生单位必须采取4项应急处置措施：组织抢救、防止事故扩大、保护现场证据、及时上报。

学习笔记

权有关部门组织事故调查组进行调查。

发生重大事故，由国务院负责特种设备安全监督管理的部门会同有关部门组织事故调查组进行调查。

发生较大事故，由省、自治区、直辖市人民政府负责特种设备安全监督管理的部门会同有关部门组织事故调查组进行调查。

发生一般事故，由设区的市级人民政府负责特种设备安全监督管理的部门会同有关部门组织事故调查组进行调查。

事故调查组应当依法、独立、公正开展调查，提出事故调查报告。

【释义】本条是关于特种设备事故调查主体和事故调查组工作原则与核心任务的规定。

特种设备发生特别重大事故的调查主体有别于其他等级事故的调查主体。考虑事故规模很大时，调查事故、人员处理等涉及面积大，由国务院或国务院授权部门组织进行才能充分体现权威和公正性。

事故调查工作涉及公正公开、职工权益保护和责任认定等诸多事项，需要会同安全生产监督管理、监察、公安、工会和人民检察院等部门参加。

依法、独立、公开是事故调查组的工作原则，以及核心目标任务。

第七十三条　组织事故调查的部门应当将事故调查报告报本级人民政府，并报上一级人民政府负责特种设备安全监督管理的部门备案。有关部门和单位应当依照法律、行政法规的规定，追究事故责任单位和人员的责任。

事故责任单位应当依法落实整改措施，预防同类事故发生。事故造成损害的，事故责任单位应当依法承担赔偿责任。

【释义】本条是关于事故调查报告的上报、事故责任的依法追究、同类事故的预防及事故造成损害的赔偿的规定。

事故调查报告向上一级部门上报时，上一级部门只备案，仅供了解情况，不能履行批复手续。追究责任的主体可能是一个部门，也可能是多个部门，应当根据事故调查报告中确定的责任性质的不同而不同。如果责任性质涉及犯罪，"有关部门"可指检察机关等司法部门；如果责任性质未涉嫌犯罪，"有关部门"则可包括责任单位和人员的上级主管部门、对责任单位和人员做出行政审批的政府职能部门、责任人员所在单位等。

六、法律责任

第七十四条　违反本法规定，未经许可从事特种设备生产活动的，责令停止生产，没收违法制造的特种设备，处十万元以上五十万元以下罚款；有违法所得的，没收违法所得；已经实施安装、改造、修理的，责令恢复原状或者责令限期由取得许可的单位重新安装、改造、修理。

【释义】本条是关于未经许可从事特种设备生产活动的法律责任的规定。

承担本条规定的法律责任的违法行为指：未经许可，擅自从事对人身和财产安全有较大危险性的锅炉、压力容器、压力管道、电梯、起重机械、客运索道、大型游乐设施、场内专用机动车辆，以及法律、行政法规规定适用本法的其他特种设备的设计、制造、安装、改造、修理、充装活动的行为。

第七十五条　违反本法规定，特种设备的设计文件未经鉴定，擅自用于制造的，责令改正，没收违法制造的特种设备，处五万元以上五十万元以下罚款。

【释义】本条是关于特种设备的设计文件未经鉴定，擅自用于制造的法律责任的规定。

设计文件鉴定与否的依据是设计文件鉴定标志，由负责设计文件鉴定的检验机构在设计文件上盖注设计文件鉴定专用章。本条规定的法律责任的承担主体是特种设备的制造单位，而不是出具设计文件的设计单位。

第七十六条　违反本法规定，未进行型式试验的，责令限期改正；逾期未改正的，处三万元以上三十万元以下罚款。

【释义】本条是关于违反本法规定，未进行型式试验的法律责任的规定。

承担本条规定的法律责任的行为有三种：一是按照安全技术规范的要求应当进行型式试验的特种设备产品、部件，未进行整机或者部件型式试验；二是试制特种设备新产品、新部件，未进行整机或部件型式试验；三是特种设备采用的新材料未进行型式试验的。部件包括安全附件和安全保护装置。

第七十七条　违反本法规定，特种设备出厂时，未按照安全技术规范的要求随附相关技术资料和文件的，责令限期改正；逾期未改正的，责令停止制造、销售，处二万元以上二十万元以下罚款；有违法所得的，没收违法所得。

【释义】本条是关于特种设备出厂时未按照安全技术规范的要求随附有关技术资料和文件的法律责任的规定。

特种设备出厂时按安全技术规范的要求随附设计文件资料包括设计图纸、计算书、说明书、产品质量合格证明、安装及使用维修说明、监督检验证明等文件。承担法律责任的主体是取得制造许可证的制造单位。

第七十八条　违反本法规定，特种设备安装、改造、修理的施工单位在施工前未书面告知负责特种设备安全监督管理的部门即行施工的，或者在验收后三十日内未将相关技术资料和文件移交特种设备使用单位的，责令限期改正；逾期未改正的，处一万元以上十万元以下罚款。

【释义】 本条是关于特种设备安装、改造、修理的施工单位在施工前未书面告知负责特种设备安全监督管理部门即行施工的，或者在验收后 30 日内未将相关技术资料和文件移交特种设备使用单位的法律责任的规定。

告知的方式有多种，一般有直接送交文字材料、寄送信函、发送传真等方式。本法规定为书面形式，具体的格式、要求由国家市场监督管理总局制定。为防止推卸责任，规范告知行为，应当采取直接送交书面材料、挂号信、传真等不易丢失的方式，接到告知的安全监督管理部门应当向告知单位出具收据凭证。

第七十九条 违反本法规定，特种设备的制造、安装、改造、重大修理以及锅炉清洗过程，未经监督检验的，责令限期改正；逾期未改正的，处五万元以上二十万元以下罚款；有违法所得的，没收违法所得；情节严重的，吊销生产许可证。

【释义】 本条是关于特种设备的制造、安装、改造、重大修理以及锅炉清洗过程未经监督检验的法律责任的规定。

是否进行了监督检验，以真实、有效的监督检验报告为准，不能出示有效监督检验报告的认定为没有进行监督检验。

第八十条 违反本法规定，电梯制造单位有下列情形之一的，责令限期改正；逾期未改正的，处一万元以上十万元以下罚款：

（1）未按照安全技术规范的要求对电梯进行校验、调试的；

（2）对电梯的安全运行情况进行跟踪调查和了解时，发现存在严重事故隐患，未及时告知电梯使用单位并向负责特种设备安全监督管理的部门报告的。

【释义】 本条是关于电梯制造单位未对电梯进行校验、调试，或者发现严重事故隐患未履行告知义务的法律责任的规定。

无论是电梯制造单位自行安装、改造、修理电梯，还是电梯制造单位委托其他单位进行，安装、改造、修理活动结束后，均必须由电梯制造单位进行校验和调试并做好记录。

第八十一条 违反本法规定，特种设备生产单位有下列行为之一的，责令限期改正；逾期未改正的，责令停止生产，处五万元以上五十万元以下罚款；情节严重的，吊销生产许可证：

（1）不再具备生产条件、生产许可证已经过期或者超出许可范围生产的；

（2）明知特种设备存在同一性缺陷，未立即停止生产并召回。

违反本法规定，特种设备生产单位生产、销售、交付国家明令淘汰的特种设备的，责令停止生产、销售，没收违法生产、销售、交付的特种设备，处三万元以上三十万元以下罚款；有违法所得的，没收违法所得。

特种设备生产单位涂改、倒卖、出租、出借生产许可证的，责令停止生产，处五万元以上五十万元以下罚款；情节严重的，吊销生产许可证。

【释义】本条第一款是关于不再具备生产条件、生产许可证已经过期或超出许可范围生产的，以及未履行召回义务的法律责任的规定。第二款是关于生产、销售、交付国家明令淘汰的特种设备的法律责任的规定。最后是关于涂改、倒卖、出租、出借生产许可证的法律责任的规定。

第一款违法行为的实质是一种无证生产的行为，但是因为违法主体客观上获得过生产许可，特专门设立法律责任条款，并设立了逾期未改的处罚前提。在认定超出许可范围生产的行为时，要注意调查违法主体取得生产许可的详细情况。

国家明令淘汰的特种设备是指安全性能、能效指标不满足有关法规、标准要求的特种设备。在特种设备的设计、制造、检验检测等环节将严格进行审查，确保特种设备淘汰制度的贯彻实施。

第八十二条 违反本法规定，特种设备经营单位有下列行为之一的，责令停止经营，没收违法经营的特种设备，处三万元以上三十万元以下罚款；有违法所得的，没收违法所得：

(1) 销售、出租未取得许可生产，未经检验或者检验不合格的特种设备的；

(2) 销售、出租国家明令淘汰、已经报废的特种设备，或者未按照安全技术规范的要求进行维护保养的特种设备的。

违反本法规定，特种设备销售单位未建立检查验收和销售记录制度，或者进口特种设备未履行提前告知义务的，责令改正，处一万元以上十万元以下罚款。

特种设备生产单位销售、交付未经检验或者检验不合格的特种设备的，依照本条第一款规定处罚；情节严重的，吊销生产许可证。

【释义】本条第一款是关于销售、出租未取得许可生产，未经检验、检验不合格的或者国家明令淘汰、已经报废的特种设备的法律责任的规定。第二款是关于销售单位未建立检查验收和销售记录制度，或者进口特种设备未履行提前告知义务的法律责任的规定。最后是关于生产单位销售、交付未经检验或者检验不合格的特种设备的法律责任的规定。

销售记录包括特种设备产品的名称、型号、供货者名称及联系方式、购买者名称及联系方式等内容，并根据各种设备使用寿命行业惯例，确定保存年限。

学习笔记

第八十三条　违反本法规定，特种设备使用单位有下列行为之一的，责令限期改正；逾期未改正的，责令停止使用有关特种设备，处一万元以上十万元以下罚款：

（1）使用特种设备未按照规定办理使用登记的；

（2）未建立特种设备安全技术档案或者安全技术档案不符合规定要求，或者未依法设置使用登记标志、定期检验标志的；

（3）未对其使用的特种设备进行经常性维护保养和定期自行检查，或者未对其使用的特种设备的安全附件、安全保护装置进行定期校验、检修，并作出记录的；

（4）未按照安全技术规范的要求及时申报并接受检验的；

（5）未按照安全技术规范的要求进行锅炉水（介）质处理的；

（6）未制定特种设备事故应急专项预案的。

【释义】本条是关于特种设备使用单位未按规定办理使用登记，未按规定建立特种设备安全技术档案，未依法设置使用登记标志或定期检验标志，未对使用的特种设备进行经常性维护保养和定期自行检查并作出记录，未对使用的特种设备的安全附件或安全保护装置进行定期校验、检修并做出记录，未按安全技术规范的要求及时申报并接受检验，未按安全技术规范要求进行锅炉水（介）质处理，未制定特种设备事故应急专项预案的法律责任的规定。

第八十四条　违反本法规定，特种设备使用单位有下列行为之一的，责令停止使用有关特种设备，处三万元以上三十万元以下罚款：

（1）使用未取得许可生产，未经检验或者检验不合格的特种设备，或者国家明令淘汰、已经报废的特种设备的；

（2）特种设备出现故障或者发生异常情况，未对其进行全面检查、消除事故隐患，继续使用的；

（3）特种设备存在严重事故隐患，无改造、修理价值，或者达到安全技术规范规定的其他报废条件，未依法履行报废义务，并办理使用登记证书注销手续的。

【释义】本条是关于特种设备使用单位使用未取得许可生产、未经检验或检验不合格的特种设备，使用国家明令淘汰或已经报废的特种设备，未在特种设备出现故障或发生异常后进行全面检查、消除事故隐患而继续使用该特种设备，未依法履行报废义务并办理使用登记证书注销手续的法律责任的规定。

第八十五条　违反本法规定，移动式压力容器、气瓶充装单位有下列行为之一的，责令改正，处二万元以上二十万元以下罚款；情节严重的，吊销充装许可证：

（1）未按照规定实施充装前后的检查、记录制度的；

（2）对不符合安全技术规范要求的移动式压力容器和气瓶进行充装的。

违反本法规定，未经许可，擅自从事移动式压力容器或者气瓶充装活动的，予以取缔，没收违法充装的气瓶，处十万元以上五十万元以下罚款；有违法所得的，没收违法所得。

【释义】 本条是关于移动式压力容器、气瓶充装单位违法从事充装活动的法律责任的规定。

第八十六条 违反本法规定，特种设备生产、经营、使用单位有下列情形之一的，责令限期改正；逾期未改正的，责令停止使用有关特种设备或者停产停业整顿，处一万元以上五万元以下罚款：

（1）未配备具有相应资格的特种设备安全管理人员、检测人员和作业人员的；

（2）使用未取得相应资格的人员从事特种设备安全管理、检测和作业的；

（3）未对特种设备安全管理人员、检测人员和作业人员进行安全教育和技能培训的。

【释义】 本条是关于特种设备生产、经营、使用单位违法配备、使用特种设备安全管理人员、检测人员和作业人员及未对特种设备安全管理人员、检测人员和作业人员进行安全教育和技能培训的法律责任的规定。

第八十七条 违反本法规定，电梯、客运索道、大型游乐设施的运营使用单位有下列情形之一的，责令限期改正；逾期未改正的，责令停止使用有关特种设备或者停产停业整顿，处二万元以上十万元以下罚款：

（1）未设置特种设备安全管理机构或者配备专职的特种设备安全管理人员的；

（2）客运索道、大型游乐设施每日投入使用前，未进行试运行和例行安全检查，未对安全附件和安全保护装置进行检查确认的；

（3）未将电梯、客运索道、大型游乐设施的安全使用说明、安全注意事项和警示标志置于易于为乘客注意的显著位置的。

【释义】 本条是关于电梯、客运索道、大型游乐设施的运营使用单位未设置特种设备安全管理机构或者配备专职的特种设备安全管理人员、未依法进行试运行和例行安全检查、未依法对安全附件和安全保护装置实行检查确认、未将安全使用说明、安全注意事项和警示标志置于显著位置的法律责任的规定。

学习笔记

第八十八条　违反本法规定，未经许可，擅自从事电梯维护保养的，责令停止违法行为，处一万元以上十万元以下罚款；有违法所得的，没收违法所得。

电梯的维护保养单位未按照本法规定以及安全技术规范的要求，进行电梯维护保养的，依照前款规定处罚。

【释义】本条是关于电梯维护保养单位未经许可擅自从事电梯维护保养、未按本法规定以及安全技术规范的要求进行电梯维护保养的法律责任的规定。

第八十九条　发生特种设备事故，有下列情形之一的，对单位处五万元以上二十万元以下罚款；对主要负责人处一万元以上五万元以下罚款；主要负责人属于国家工作人员的，并依法给予处分：

（1）发生特种设备事故时，不立即组织抢救或者在事故调查处理期间擅离职守或者逃匿的；

（2）对特种设备事故迟报、谎报或者瞒报的。

【释义】本条是关于发生特种设备事故时，不立即组织抢救或者在事故调查处理期间擅离职守或者逃匿的，对特种设备事故迟报、谎报或瞒报的法律责任的规定。

第九十条　发生事故，对负有责任的单位除要求其依法承担相应的赔偿等责任外，依照下列规定处以罚款：

（1）发生一般事故，处十万元以上二十万元以下罚款；

（2）发生较大事故，处二十万元以上五十万元以下罚款；

（3）发生重大事故，处五十万元以上二百万元以下罚款。

【释义】本条是关于对特种设备事故发生负有责任的单位的法律责任的规定。

对特种设备事故发生负有责任，可参考事故调查报告进行认定。

第九十一条　对事故发生负有责任的单位的主要负责人未依法履行职责或者负有领导责任的，依照下列规定处以罚款；属于国家工作人员的，并依法给予处分：

（1）发生一般事故，处上一年年收入百分之三十的罚款；

（2）发生较大事故，处上一年年收入百分之四十的罚款；

（3）发生重大事故，处上一年年收入百分之六十的罚款。

【释义】本条是关于对特种设备事故发生负有责任的单位的主要负责人未依法履行职责或负有领导责任的法律责任的规定。

是否依法履行职责或对特种设备事故的发生负有领导责任，可参考事故调查报告进行认定。

> **第九十二条** 违反本法规定，特种设备安全管理人员、检测人员和作业人员不履行岗位职责，违反操作规程和有关安全规章制度，造成事故的，吊销相关人员的资格。

【释义】本条是关于特种设备安全管理人员、检验检测人员和作业人员不履行岗位职责，违反操作规程和有关安全规章制度，造成事故的法律责任的规定。

承担本条规定的法律责任的责任形式只有行政责任，具体为行政处罚，即吊销相关人员的资格。上述相关人员的资格包括特种设备作业人员证、特种设备检验检测人员证等。

> **第九十三条** 违反本法规定，特种设备检验、检测机构及其检验、检测人员有下列行为之一的，责令改正，对机构处五万元以上二十万元以下罚款，对直接负责的主管人员和其他直接责任人员处五千元以上五万元以下罚款；情节严重的，吊销机构资质和有关人员的资格：
>
> （1）未经核准或者超出核准范围、使用未取得相应资格的人员从事检验、检测的；
>
> （2）未按照安全技术规范的要求进行检验、检测的；
>
> （3）出具虚假的检验、检测结果和鉴定结论或者检验、检测结果和鉴定结论严重失实的；
>
> （4）发现特种设备存在严重事故隐患，未及时告知相关单位，并立即向负责特种设备安全监督管理的部门报告的；
>
> （5）泄露检验、检测过程中知悉的商业秘密的；
>
> （6）从事有关特种设备的生产、经营活动的；
>
> （7）推荐或者监制、监销特种设备的；
>
> （8）利用检验工作故意刁难相关单位的。
>
> 违反本法规定，特种设备检验、检测机构的检验、检测人员同时在两个以上检验、检测机构中执业的，处五千元以上五万元以下罚款；情节严重的，吊销其资格。

【释义】本条是关于特种设备检验、检测机构及其检验、检测人员违反本法规定所实施行为的法律责任的规定。

> **第九十四条** 违反本法规定，负责特种设备安全监督管理的部门及其工作人员有下列行为之一的，由上级机关责令改正；对直接负责的主管人员和其他直接责任人员，依法给予处分：
>
> （1）未依照法律、行政法规规定的条件、程序实施许可的；
>
> （2）发现未经许可擅自从事特种设备的生产、使用或者检验、检测活动不予取缔或者不依法予以处理的；

📑学习笔记

（3）发现特种设备生产单位不再具备本法规定的条件而不吊销其许可证，或者发现特种设备生产、经营、使用违法行为不予查处的；

（4）发现特种设备检验、检测机构不再具备本法规定的条件而不撤销其核准，或者对其出具虚假的检验、检测结果和鉴定结论或者检验、检测结果和鉴定结论严重失实的行为不予查处的；

（5）发现违反本法规定和安全技术规范要求的行为或者特种设备存在事故隐患，不立即处理的；

（6）发现重大违法行为或者特种设备存在严重事故隐患，未及时向上级负责特种设备安全监督管理的部门报告，或者接到报告的负责特种设备安全监督管理的部门不立即处理的；

（7）要求已经依照本法规定在其他地方取得许可的特种设备生产单位重复取得许可，或者要求对已经依照本法规定在其他地方检验合格的特种设备重复进行检验的；

（8）推荐或者监制、监销特种设备的；

（9）泄露履行职责过程中知悉的商业秘密的；

（10）接到特种设备事故报告未立即向本级人民政府报告，并按照规定上报的；

（11）迟报、漏报、谎报或者瞒报事故的；

（12）妨碍事故救援或者事故调查处理的；

（13）其他滥用职权、玩忽职守、徇私舞弊的行为。

【释义】本条是关于负责特种设备安全监督管理的部门及其工作人员违反本法规定所实施行为的法律责任的规定。

第九十五条　违反本法规定，特种设备生产、经营、使用单位或者检验、检测机构拒不接受负责特种设备安全监督管理的部门依法实施的监督检查的，责令限期改正；逾期未改正的，责令停产停业整顿，处二万元以上二十万元以下罚款。

特种设备生产、经营、使用单位擅自动用、调换、转移、损毁被查封、扣押的特种设备或者其主要部件的，责令改正，处五万元以上二十万元以下罚款；情节严重的，吊销生产许可证，注销特种设备使用登记证书。

【释义】本条是关于特种设备生产、经营、使用单位或者检验、检测机构拒不接受依法实施的监督检查；特种设备生产、经营、使用单位擅自动用、调换、转移、损毁被查封、扣押的特种设备或者其主要部件的法律责任的规定。

第九十六条　违反本法规定，被依法吊销许可证的，自吊销许可证之日起三年内，负责特种设备安全监督管理的部门不予受理其新的许可申请。

【释义】本条是关于违法主体违反本法规定被依法吊销许可证后所要承

担的加重惩戒的法律后果的规定。

设定此项法律后果的目的在于：加大对违法主体违法行为在诚信、资格方面的惩戒力度，维护特种设备行政许可的权威性和严肃性。

> **第九十七条** 违反本法规定，造成人身、财产损害的，依法承担民事责任。
>
> 违反本法规定，应当承担民事赔偿责任和缴纳罚款、罚金，其财产不足以同时支付时，先承担民事赔偿责任。

【释义】 本条是关于违反本法依法承担民事责任；以及违法主体因违反本法，同时需要承担民事赔偿责任和行政责任的罚款、刑事责任的罚金，而其财产不足以同时支付时，按承担不同法律责任的先后顺序的规定。

> **第九十八条** 违反本法规定，构成违反治安管理行为的，依法给予治安管理处罚；构成犯罪的，依法追究刑事责任。

【释义】 本条是关于违反本法，依法给予治安管理处罚和追究刑事责任的规定。

> **第九十九条** 特种设备行政许可、检验的收费，依照法律、行政法规执行。

【释义】 本条是关于特种设备行政许可、检验收费的规定。

> **第一百条** 军事装备、核设施、航空航天器使用的特种设备安全的监督管理不适用本法。
>
> 铁路机车、海上设施和船舶、矿山井下使用的特种设备以及民用机场专用设备安全的监督管理，房屋建筑工地、市政工程工地用起重机械和场（厂）内专用机动车辆的安装、使用的监督管理，由有关部门依照本法和其他有关法律的规定实施。

【释义】 本条是关于不属于本法调整的范围的规定和既受本法又受其他有关法律调整的范围的规定。

> **第一百零一条** 本法自 2014 年 1 月 1 日起实施。

【释义】 本条是关于特种设备安全法施行的起始日期的规定。

📚 案例分析

案例 1：首例电梯维保企业违反《中华人民共和国特种设备安全法》案件

自己明明取得的是 C 级证书，却偏偏要超范围从事 B 级证书才能干的

学习笔记

事，这种电梯维保中"小马拉大车"的行为，不仅会留下安全隐患，也触犯了相关法律。

2014年2月28日，某区质监局特种设备监察人员对该区某大厦进行检查，发现该大厦所有电梯均由四川某电梯工程服务有限公司进行维护保养。该公司项目负责人王××现场提供了公司营业执照复印件、组织机构代码证、特种设备安装维修许可证以及电梯维保合同等。

监察人员经过仔细检查发现，该公司提供的维保资质证书内容与实际维保项目不符，涉嫌未经许可擅自从事电梯维护保养，随即对该公司下达了特种设备安全监察指令书，并通知该公司法人代表到区质监局接受调查。随后，该案移交该局稽查大队负责办理，并于2014年2月28日正式立案。

2014年3月4日，该公司法人代表王×委托项目负责人王××到区质监局接受调查。调查中，王××承认了该公司未取得相应特种设备安装维修许可证资质，擅自对某大厦的4台有机房高速33层电梯（额定速度2.5m/s）进行维护保养的违法事实。

执法人员通过走访调查和搜集取证后确认，该公司取得的特种设备安装维修许可证为C级证书，只能维修额定速度不大于1.75m/s、额定载重量不大于3t的乘客电梯、载货电梯，以及所有技术参数等级的杂物电梯、自动人行道和提升高度不大于6m的自行扶梯，但该公司在未取得相应特种设备安装维修许可证资质的情况下，擅自对某大厦的4台有机房高速33层电梯进行维保，已经违反了2014年1月1日正式实施的《中华人民共和国特种设备安全法》第八十八条，构成了"未经许可擅自从事电梯维护保养"的违法行为。执法人员进一步调查发现，该公司目前已与该大厦物管公司签订了维保合同并进行过3次维保，但双方尚未就维保合同进行付款和收费，暂无违法所得。为此，区质监局对该公司给予"责令停止该违法行为、罚款5万元"的行政处罚。

案例2：物业服务公司使用的电梯发生故障后
未消除事故隐患而继续使用

2023年7月11日，大连市市场监管综合行政执法队执法人员对中山区市场监管局移交的案件线索进行核查发现，某小区6月5日因消防改造施工造成地下水管泄漏，电梯底坑进水导致安全保护开关短路无法运行。小区某物业服务有限公司考虑居民出行需要，将底坑安全保护开关人为短接后使电梯继续保持运行，直至6月9日才对电梯底坑线路及安全保护开关进行了更换。

当事人在电梯底坑安全保护开关短路后未消除故障，短接开关保持电梯运行的行为，违反了《中华人民共和国特种设备安全法》第四十二条的规定，构成了使用的电梯出现故障，未消除事故隐患，继续使用的违法行为。依据《中华人民共和国特种设备安全法》第八十四条第二项的规定，大连市市场监管局依法对当事人作出罚款30000元的行政处罚。

同步测试

一、选择题

1.《中华人民共和国特种设备安全法》实施日期为（　　）年1月1日。

A. 2012　　　　　　B. 2013　　　　　　C. 2014　　　　　　D. 2015

2.《中华人民共和国特种设备安全法》中"三位一体"指：（　　）承担安全主体责任，（　　）履行安全监管职责，（　　）发挥监督作用。

A. 企业　　　　　　B. 政府　　　　　　C. 社会

3. 电梯（　　）单位对电梯安全性能负责。

A. 制造　　　　　　B. 维保　　　　　　C. 使用　　　　　　D. 检验

4. 特种设备使用单位应当在特种设备投入使用前或者投入使用后（　　）日内，向负责特种设备安全监督管理的部门办理使用登记，取得使用登记证书。

A. 7　　　　　　　　B. 15　　　　　　　C. 30　　　　　　　D. 60

二、判断题

1.《中华人民共和国特种设备安全法》要求制造厂家要对制造、安装、改造、维修负责。　　　　　　　　　　　　　　　　　　　　　　　　　　　（　　）

2. 在事故的责任赔偿中，体现刑事优先的原则。　　　　　　　　　（　　）

3. 特种设备生产、经营、使用单位对其生产、经营、使用的特种设备安全负责。

（　　）

4. 发生较大事故，由国务院负责特种设备安全监督管理的部门会同有关部门组织事故调查组进行调查。　　　　　　　　　　　　　　　　　　　　　（　　）

5. 铁路机车、海上设施和船舶、矿山井下使用的特种设备不属于《中华人民共和国特种设备安全法》所属范围。　　　　　　　　　　　　　　　　　（　　）

三、简答题

1.《中华人民共和国特种设备安全法》从哪些方面对特种设备的安全进行了新的规定？

2.《中华人民共和国特种设备安全法》的主要亮点有哪些？

答案扫一扫

模块四

垂直升降类电梯
法规与标准

▶ 素质目标

① 遵守特种设备安全操作规程与企业规章制度，履行电梯从业人员职责与义务，具有"安全至上、生命至上"的职业安全意识。

② 具有垂直升降类电梯基本的法规标准意识，形成遵纪守法的道德准则和行为规范。

③ 具有良好的信息意识，以及规范收集、处理、归纳、呈现等信息素养。

▦ 知识目标

① 掌握电梯井道的封闭性、井道部件防护的技术要求。

② 掌握机器空间尺寸、部件安装、通风与照明等的技术要求。

③ 掌握层门与轿门的结构、强度、尺寸及门锁装置的技术要求。

④ 掌握限速器、安全钳、缓冲器、上行超速保护装置等安全保护装置的技术要求。

⑤ 熟悉轿厢的有效面积、结构部件、空间尺寸的技术要求。

⑥ 熟悉悬挂装置与补偿装置的防护、绳径比、安全系数的技术要求。

⑦ 了解电气设备与电气控制系统的技术要求。

🌐 能力目标

① 通过参观实物电梯，能将电梯基本结构原理与法规标准知识联系起来。

② 能够对垂直升降类电梯的井道、机房、层站、轿厢等空间尺寸进行简单的检测。

③ 能看懂电梯井道图，明确各部件及相关尺寸包含的法规与标准知识。

④ 能结合法规知识了解曳引驱动电梯的监督检验和定期检验的内容、要求与方法。

📝 模块描述

目前，中国电梯的生产量、保有量世界第一，反映出中国城市经济建设的强劲活力。电梯是机械部件与建筑物的完美结合，电梯与建筑物的关系主要涉及机房、井道、层门入口、候梯厅以及底坑等，在设计及施工中必须处理好这些细节，才能保证设计的土建符合电梯安装及使用的需求；电梯是安全系数最高的交通工具之一，除了机械、电气部件符合相关标准以外，还必须配备各种安全保护装置。通过本模块的学习，熟练掌握电梯井道结构、电梯本体设备、电梯功能系统、电梯安装尺寸等相关法规知识，并能结合电梯实物，描述相关法规标准技术要求。

✈ 相关知识

垂直升降类电梯特指服务于规定楼层、运行在至少两列垂直或倾斜角小于15°的刚性导轨之间的电梯，轿厢的尺寸与结构形式便于乘客出入或装卸货物。

涉及的标准包括：GB/T 7588.1—2020《电梯制造与安装安全规范　第1部分：乘客电梯和载货电梯》、GB/T 7588.2—2020《电梯制造与安装安全规范　第2部分：电梯部件的设计原则、计算和检验》、GB/T 10058—2023《电梯技术条件》、GB/T 10059—2023《电梯试验方法》、GB/T 10060—2023《电梯安装验收规范》、TSG T7001—2023《电梯监督检验和定期检验规则》、GB/T 25856—2010《仅载货电梯制造与安装安全规范》、GB/T 8903—2018《电梯用钢丝绳》、GB/T 24478—2009《电梯曳引机》、GB/T 22562—2008《电梯 T 型导轨》等。

🔖 知识贴士

本书电梯指的是乘客电梯、载货电梯，不包括矿山升降机、施工升降机、船用升降机、风力发电塔内的电梯等。

一、电梯井道技术要求及标准

1. 井道的封闭性要求

（1）全封闭的井道

建筑物中，要求井道有助于防止火焰蔓延，该井道应由无孔的墙、底板和顶板完全封闭起来，只允许有以下开口：

a. 层门开口；

b. 通往井道的检修门、井道安全门以及检修活板门的开口；

c. 火灾情况下，气体和烟雾的排气孔；

d. 通风孔；

e. 井道与机房或与滑轮之间必要的功能性开口。

（2）部分封闭的井道

建筑物不要求提供防止火焰蔓延的场所，井道不需要全封闭，例如与瞭望台、竖井、塔式建筑等建筑物连接的观光电梯（图4-1），但是在人员可接近电梯处需设立围壁：

微课扫一扫

电梯井道的封闭性

学习笔记

图 4-1   部分封闭的观光电梯

a. 在层门侧的高度不小于 3.50m。

b. 其余侧，当围壁与电梯运动部件的水平距离为最小允许值 0.50m 时，高度不应小于 2.50m；若该水平距离大于 0.50m 时，高度可随着距离的增加而减小；当水平距离为最大允许值 1.50m 时，高度可减至最小值 1.60m。

c. 围壁距地板、楼梯或平台边缘最大距离为 0.15m（图 4-2）。

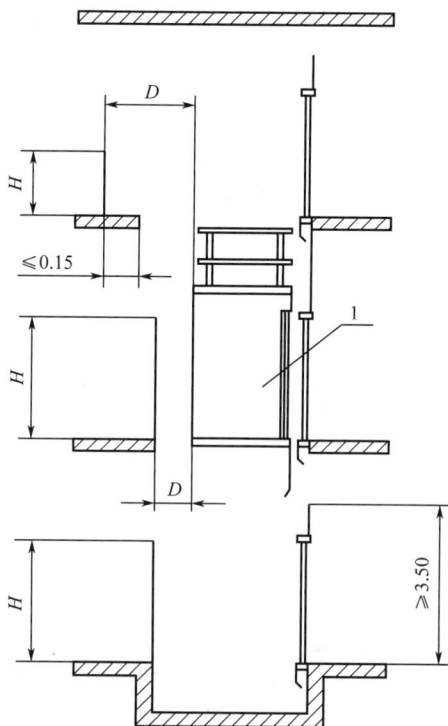

图 4-2   部分封闭的井道示意图

1—轿厢；H—围壁高度；D—与电梯运动部件的距离

（3）通道门、安全门、通道活板门、检修门

当相邻两层门地坎间的距离大于 11m 时，为了保证安全救援，应满足下列条件之一：①可以设置中间井道安全门，使安全门与层门地坎间的距离不大于 11m；②紧邻的轿厢均设置轿厢安全门；③当上述情况均不能满足时，如果相邻层门（或安全门）地坎间的距离不大于 18m 时，可采用在现场可获得的消防用防坠落装备，消防安全绳的长度与相邻地坎间的距离相适应。

进入机房和井道的通道门的高度不应小于 2.00m，宽度不应小于 0.60m。

供人员进出机房和滑轮间的通道活板门（图 4-3），其净尺寸不应小于 0.80m×0.80m，且开门后能保持在开启位置。

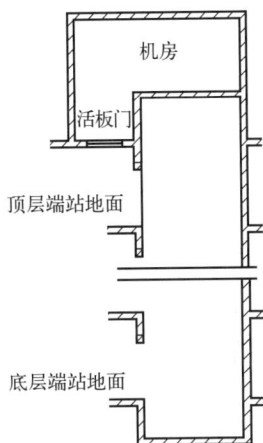

图 4-3 通道活板门

井道安全门的高度不应小于 1.80m，宽度不应小于 0.50m。

检修门的高度不应大于 0.50m，宽度不应大于 0.50m。

检修门和井道安全门均不应向井道内开启；均应装设用钥匙开启的锁，当上述门开启后，不用钥匙亦能将其关闭和锁住，即使在锁住情况下，也应能不用钥匙从井道内部将门打开；同时设置符合规定的电气安全装置证实上述门的关闭状态。

（4）井道的通风

井道应适当通风，井道不能用于非电梯用房的通风。建议井道顶部的通风口面积至少为井道截面积的 1%。

2. 井道壁、底面

井道结构应符合国家建筑规范的要求，并应至少能承受下述载荷：主机施加的；轿厢偏载情况下安全钳动作瞬间经导轨施加的；缓冲器动作产生的；由防跳装置作用的，以及轿厢装卸载所产生的载荷等。

（1）井道壁的强度

为保证电梯的安全运行，井道壁应具有下列的机械强度：能承受分别从

学习笔记

知识贴士

"11m" 的来源：欧洲当时消防云梯车最大抬升高度为11m。

知识贴士

通道活板门是开设在机房或滑轮间地板上，供检修人员或运送材料的只能向上开启的门。

井道外侧和内侧垂直作用于任何位置且均匀分布在 $0.09m^2$ 的圆形或方形面积上 1000N 的静力，并且永久变形不大于 1mm；弹性变形不大于 15mm。

人员可正常接近的玻璃门扇、玻璃面板或成形玻璃板，均应用夹层玻璃制成。

（2）底坑底面的强度

轿厢缓冲器支座下的底坑底面应能承受满载轿厢静载 4 倍的作用力：$4g_n(P+Q)$。其中，P 为空轿厢和由轿厢支承的零部件的质量；Q 为额定载重量；g_n 为标准重力加速度。

对重缓冲器支座下（或平衡重运行区域）的底坑底面应能承受对重静载 4 倍的作用力：$4g_n(P+qQ)$。其中，q 为平衡系数。

3. 底坑内的防护

（1）井道下方空间的防护

电梯井道最好不设置在人们能到达的空间上面，如果井道下方确有人员能够到达的空间（图 4-4），井道底坑的底面至少应按 $5000N/m^2$ 载荷设计，且对重（或平衡重）上装设安全钳（图 4-5）。

图 4-4　井道底坑悬空

图 4-5　对重安全钳

（2）井道内的防护

① 单井道内的防护。对重（或平衡重）的运行区域应采用刚性隔障防护。从底坑地面到隔障的最低部分不应大于 0.30m；隔障应从对重完全压缩缓冲器位置时最低点起延伸到底坑地面以上最小 2.0m 处（图 4-6）。

隔障上允许有尽可能小的缺口，以使补偿装置能够自由通过或供目测检查。

② 通井道内的防护。在装有多台电梯的井道中，不同电梯的运动部件之间应设置隔障。这种隔障应从底坑地面不大于 0.30m 处向上延伸至底层端站楼面以上 2.50m 高度。宽度应能防止人员从一个底坑通往另一个底坑。

如果轿厢顶部边缘和相邻电梯的运动部件［轿厢、对重（或平衡重）］之间的水平距离小于 0.50m，这种隔障应该贯穿整个井道。

知识贴士

通常一个人产生的能量所导致的等效的静力为 300N，发生撞击时为 1000N。

微课扫一扫

电梯井道的防护

知识贴士

轿厢与对重均安装安全钳时，电梯相应设置两套限速器，导轨均为实心导轨。

知识贴士

0.30m 可以视为头部能进入的空间尺寸。

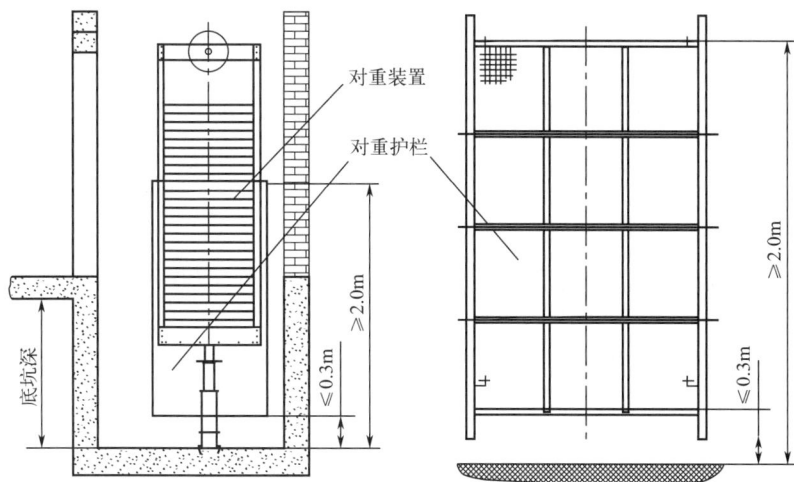

图 4-6　刚性隔障防护图

学习笔记

电梯井道
顶层与底坑

4. 顶层空间和底坑

（1）顶层的高度要求

当轿厢处于最高极限位置时（对重蹲底），轿厢向上超越顶层平层位置一段距离（对重完全压缩缓冲器 $+0.035v^2$）（v 为电梯额定速度），轿顶上至少具有一块净面积，以容纳一个表 4-1 所示的避险空间。

表 4-1　轿顶避险空间的尺寸

类型	姿势	图形标志	避险空间的水平尺寸	避险空间的高度
1	站立		0.40m×0.50m	2.00m
2	蜷缩		0.50m×0.70m	1.00m

当轿厢位于最高位置时，轿厢导轨长度应能提供不小于 $0.10+0.035v^2$（m）的进一步的制导行程。井道顶最低部件（包括安装在井道顶的梁及部件）（图 4-7）与下列部件之间的净距离：

学习笔记

a. 在轿厢投影面内，与固定在轿厢顶上设备最高部件（不包括 b.、c. 所述的部件）之间的垂直或倾斜的距离应至少为 0.50m。

b. 在轿厢投影面内，导靴或滚轮、悬挂钢丝绳端接装置和垂直滑动门的横梁或部件（如果有）的最高部分在水平距离 0.40m 范围内的垂直距离不应小于 0.10m。

c. 轿顶护栏最高部分：

（a）在轿厢投影面内且水平距离 0.40m 范围内和护栏外水平距离 0.10m 范围内，应至少为 0.30m；

（b）在轿厢投影面内且水平距离超过 0.40m 的区域任何倾斜方向距离，应至少为 0.50m。

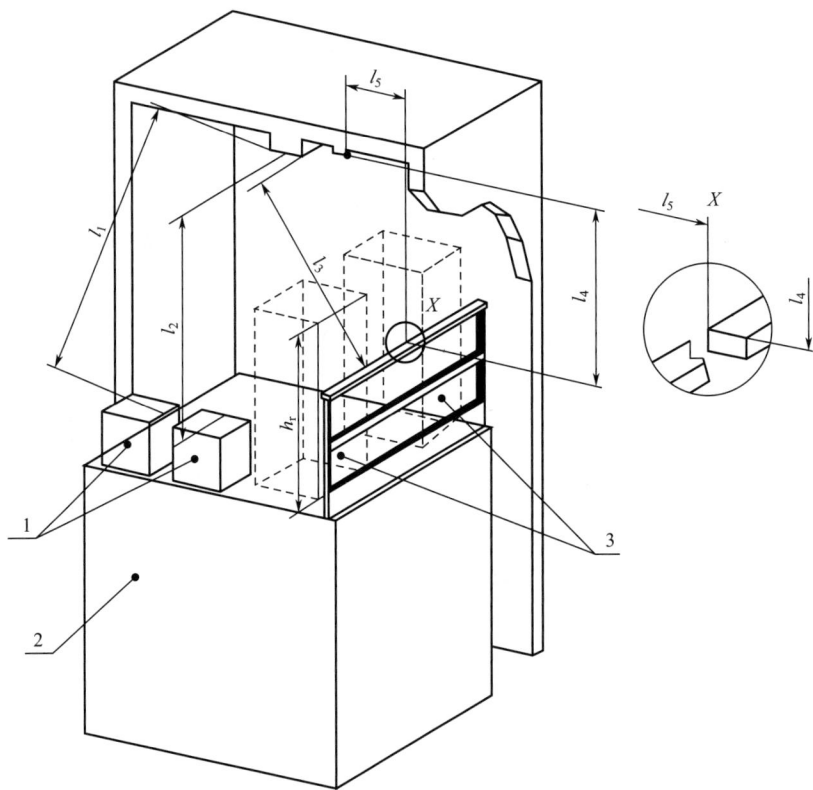

图 4-7　轿顶部件与井道顶最低部件之间的最小距离

l_1、l_2—距离≥0.5m [a.]；l_3—距离≥0.5m [c.（b）]；
l_4—距离≥0.3m [c.（a）]；l_5—距离≤0.4m [c.（a）]；
1—安装在轿顶的最高部件；2—轿厢；
3—避险空间；h_r—避险空间的高度（表 4-1）

（2）底坑的要求

① 底坑的深度。对于曳引式驱动的电梯，当轿厢完全压在缓冲器上时，在底坑地面上至少具有一块净面积，以容纳一个表 4-2 的避险空间。

表 4-2　底坑避险空间的尺寸

类型	姿势	图形标志	避险空间的水平尺寸	避险空间的高度
1	站立		0.40m×0.50m	2.00m
2	蜷缩		0.50m×0.70m	1.00m
3	躺下		0.70m×1.00m	0.50m

当轿厢完全压缩缓冲器，位于最低极限位置时，应满足下列条件。

a. 底坑地面与轿厢最低部件之间的净垂直距离不小于 0.50m。在下述情况下，该距离可以减小：

（a）护脚板任何部分或垂直滑动轿门的部件与相邻的井道壁之间的水平距离在 0.15m 之内时，可以减小到 0.10m；

（b）对于轿架部件、安全钳、导靴、棘爪装置，根据其距导轨的最大水平距离，按照图 4-8 和图 4-9 确定。

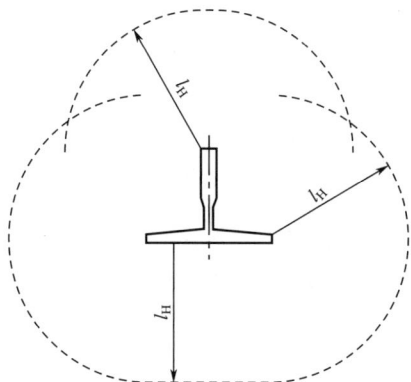

图 4-8　导轨周围的水平距离（l_H）

学习笔记

知识贴士

0.5m是保护身体避免挤压风险的最小距离，0.1m是保护手、拳、腕避免挤压风险的最小距离。

学习笔记

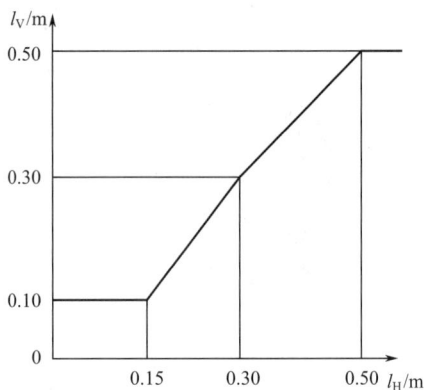

图 4-9　轿架部件、安全钳等装置的最小垂直距离（l_V）

b. 设置在底坑的最高部件，例如补偿绳张紧装置位于最上位置时，其和轿厢的最低部件之间的自由垂直距离不应小于 0.30m。

② 底坑的装置。井道下部应设置底坑，除缓冲器座、导轨座以及排水装置外，底坑的底部应光滑平整。底坑不得作为积水坑使用。

底坑内应有停止装置、电源插座、井道灯的开关，在开门去底坑时应易于接近。

底坑深度小于或等于 1.60m 时，停止装置距底层端站地面以上最小垂直距离 0.40m，且距底坑地面最大垂直距离 2.00m。

底坑深度大于 1.60m 时，应设置 2 个停止装置：上部的停止装置设置在底层端站地面以上最小垂直距离 1.00m，且距层门框内侧边缘最大水平距离 0.75m；下部的停止装置设置在距底坑地面以上最大垂直距离 1.20m 的位置，并且从其中一个避险空间能够操作。

底坑应永久设置检修运行控制装置，该装置设置在距离避险空间 0.30m 范围内，且从其中一个避险空间能够操作。

5. 井道的其他要求

（1）井道的专用性

电梯井道应为电梯专用，井道内不得装设与电梯无关的设备、电缆等。井道内允许装设采暖设备，但不能用蒸汽和高压水加热，采暖设备的控制与调节装置应装在井道外面。

（2）井道的照明

井道应设置永久安装的电气照明装置，即使所有的门关闭时，在轿顶面以上和底坑地面以上 1.0m 处的照度均至少为 50lx。

照明设置要求：距井道最高和最低点 0.50m 以内各装设一盏灯，再设中间灯。

（3）紧急解困

如果在井道中工作的人员存在被困危险，而又无法通过轿厢或井道逃脱，应在存在危险处设置报警装置。该装置的供电应来自紧急照明电源或等效电

知识贴士

轿厢内照度至少为100lx，轿顶、底坑的照度至少为50lx。

源，该装置应采用一个对讲系统，以便与救援服务持续联系。当电梯行程大于 30m 时，在轿厢和机房（或者紧急操作地点）之间也应设置对讲系统。

📖 案例分析

案例 1：电梯井道口防护不到位导致人员坠亡

张某是福州某电梯工程有限公司的项目经理，受公司委托负责某商贸城的电梯安装施工。2014 年 3 月底的一天下午，因张某未如期督促检查本单位安全生产工作的防护措施，在电梯施工过程中未能按照相关法律法规要求标准，对电梯井道口的防护栏开展维护检查，导致该商贸城17 层电梯井道口的防护栏设置与防护不到位，造成女施工人员周某在工作期间不慎从第 17 层电梯井道口坠落，当场死亡，男施工人员周某在一层安装电梯施工时被女周某砸到，送医院抢救无效死亡。

因未尽职履行日常巡查检查职责，导致施工人员在施工过程中坠楼死亡，张某被区检察院以涉嫌重大劳动安全事故罪依法批准逮捕。检察机关认为，张某在落实安全生产责任制度、安全生产规章制度操作规程中履职不到位，存在重大过失，造成两人死亡的事故，其行为已构成重大劳动安全事故罪。

案例 2：违规短接底坑停止装置电气开关电梯案

四川某电梯有限公司维保人员在维保时，发现底坑积水导致电梯安全保护装置失效无法运行后，未及时向使用单位反馈，并在使用单位要求下恢复电梯运行，将电梯底坑停止装置电气开关短接，被执法人员抓个现行。

当事人的上述行为违反《中华人民共和国特种设备安全法》第四十五条第二款的相关规定，构成了未按照安全技术规范要求开展电梯维护保养的行为。四川天府新区市场监管局依法依规责令当事人停止违法行为，没收违法所得并处以罚款 30000 元。

二、机器空间要求及标准

为了防止周围环境的影响，对于维护、检查和紧急操作的空间和相关的工作区域，应进行适当防护。机器可以被设置在以下四个位置：机房内、井道内、井道外、滑轮间。

1. 机器在机房内

（1）机房内空间尺寸

机房应有足够的尺寸，以允许人员安全和容易地对有关设备进行作业，尤其是对电气设备的作业。活动区域的净高度不应小于 1.80m，特别是工作

学习笔记

微课扫一扫

电梯的机器空间

🔍 知识贴士

工作区域可能设置在机房内、轿顶或轿内、平台上、底坑内、井道外、滑轮间。

📄 学习笔记

💡 知识贴士

0.30m是为了避免卷入危险的发生，也是考虑人员头部不被挤压的最小安全距离。

区域的净高不应小于 2.10m，且有两个净空面积。

① 在控制屏和控制柜前有一块净空面积，该面积：

a. 深度，从屏、柜的外表面测量时不小于 0.70m（图 4-10）；

b. 宽度，为 0.50m 或屏、柜的全宽，取两者中的大者。

② 为了对运动部件进行维修和检查，在必要的地点以及需要人工紧急操作的地方，要有一块不小于 0.50m×0.60m 的水平净空面积。

在无防护的驱动主机旋转部件的上方应有不小于 0.30m 的垂直净空距离。

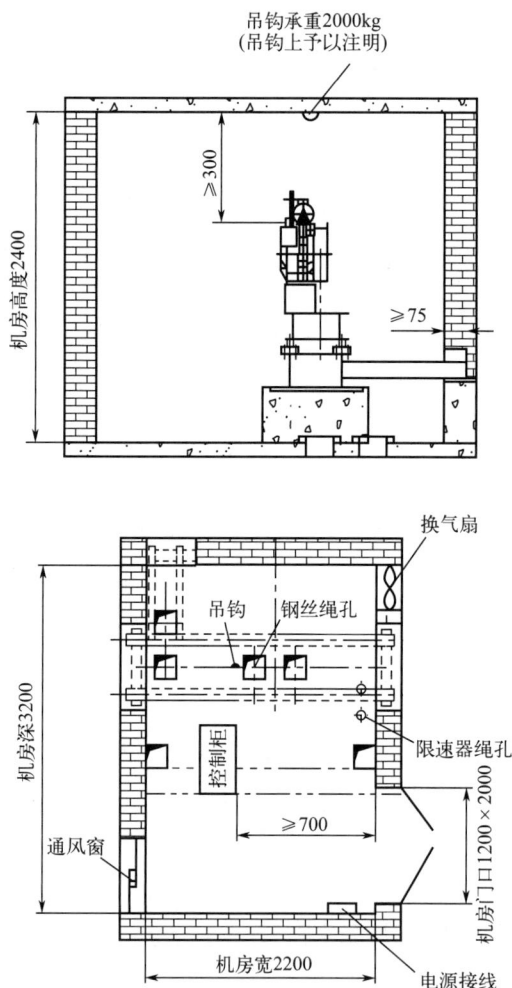

图 4-10 机房空间尺寸示意图（单位：mm）

（2）机房内的装置

机房通道门不能向机房内开启，门上装有用钥匙开启的锁，门开启后不用钥匙能够将其关闭和锁住，门锁住后不用钥匙能够从机房内将门打开。

要适当通风，机房内的温度保持在 5～40℃。

机房内应至少设有一个符合要求的电源插座。

机房顶板或横梁的适当位置上，应装备一个或多个具有安全工作载荷提示的金属支架或吊钩（图 4-10），以便吊运笨重设备。

在电梯的驱动主机上靠近盘车手轮处以及限速器上，应有与轿厢运行方向对应的明显标志。如果盘车手轮是不可拆卸的，则驱动主机上的标志可标在盘车手轮上。

曳引轮、盘车手轮和限速器轮等旋转部件的外侧面应涂成黄色，手动释放制动器的操作部件应涂成红色。

（3）设备安装

在机房内靠近入口（或多个入口）处的适当高度应设有一个开关，主开关与照明开关均应设置标记以便于识别。机器空间和滑轮间应设置永久安装的电气照明，人员需要工作的任何地方的地面照度至少为 200lx，工作区域之间供人员移动的地面照度至少为 50lx。

机房内钢丝绳与楼板孔洞每边间隙均宜为 20～40mm，为了防止物体通过位于井道上方的开口坠落的危险，应采用凸缘，该凸缘应凸出楼板或完工地面至少为 50mm。

设置在机器设备区间的绳轮或链轮，在绳或链进入轮槽的部件处应有防止人的肢体被卷入的防护装置，同时还应有防止钢丝绳或链条因松弛而脱离绳槽或链轮的装置。当绳或链条沿水平方向，或在水平面之上，以相对水平面不大于 90°的任意角度进入曳引轮或链轮时，应有防止异物进入绳与绳槽或链与链轮之间的装置。

2. 机器在井道内

（1）工作区域尺寸

机器在井道内，指驱动主机、控制柜、电源主开关以及限速器等机器全部或部分设置在井道中的情况，这种情况最常见的就是无机房电梯的布置形式。

机器的工作区域应有足够的空间，以便能安全和容易地对有关设备进行作业。在无防护的驱动主机旋转部件的上方应有不小于 0.30m 的净垂直距离，特别是工作区域的净高度不应小于 2.10m，且：

① 在控制柜（控制屏）前应有一块水平净面积。该面积：

a. 深度，从控制柜（控制屏）的外表面测量时不应小于 0.70m；

b. 宽度，取 0.50m 或控制柜（控制屏）全宽的较大值。

② 为了对部件进行维护和检查，在必要的地点应有一块不小于 0.50m×0.60m 的水平净面积。

（2）工作区域

① 轿厢内或轿顶上的工作区域。在轿厢内或轿顶上进行机器的维护和检查时，因维护和检查导致的任何轿厢失控或意外移动可能给维护或检查人员带来危险，需要采用机械装置防止轿厢的任何危险的移动（图 4-11）。机械装置设有电气安全装置，一旦此机械装置处于工作位置，与之联动的电气安全装置应该使制动器制动并防止电梯驱动主机启动。

学习笔记

知识贴士
无机房电梯通常将机器安装在井道某个位置的钢梁上，或设置在导轨上。

知识贴士
机器在机房内、机器在井道内的工作区域尺寸要求相同。

📄 学习笔记

当使用轿顶或轿内作为工作区域时，如果轿厢有轻微滑移而被机械停止装置阻止，则该装置可能受到较大的力而难以收回。这种情况下，在轿顶工作的人员将无法通过移动轿厢使自己离开工作位置，可以通过层、轿门上方的开口，轿顶安全窗，井道安全门 3 种途径离开井道。

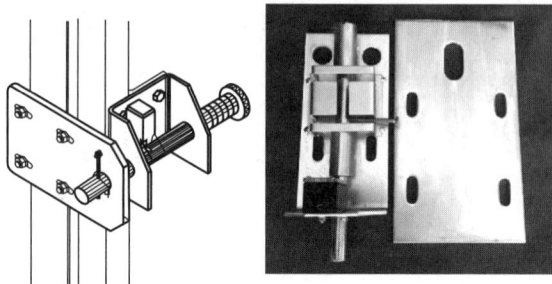

图 4-11　防止轿厢意外移动的机械阻止装置

② 底坑内的工作区域。在底坑内进行机器的维护或检查时（图 4-12），有可能需要使曳引机运转，如果维护或检查导致的任何轿厢失控或意外移动可能给人员带来危险，应设置永久安装的装置，能机械地制停载有不超过额定载重量的任何载荷以不超过额定速度的任何速度运行的轿厢，使工作区域的地面与轿厢最低部件之间的净垂直距离不小于 2.00m。

该机械装置可手动或自动操作，设置有符合规定的电气安全装置防止轿厢的任何运行，除非该机械装置处于非工作位置，例如底坑机械安全顶杆（图 4-13）。

🔧 知识贴士

在底坑内进行机器检查，通常是主机安装在底坑内，称为机房下置式。

图 4-12　机器安装在底坑内

图 4-13　底坑机械安全顶杆

📖 案例分析

超过 40℃ 电梯容易死机困人

重庆连日高温，不仅人受不了，电梯也可能因为高温发生故障。

刘女士是某小区 A 栋的业主，她说，昨天，一个朋友到她家玩耍后准备回家，刚进电梯，就听到电梯传出"咔咔咔"的声响，然后往下滑了一截就停了。好在十多分钟后，物管和电梯维保人员赶到现场，将人救出。刘女士说，不晓得是什么原因，她感觉小区电梯经常无缘无故出故障，特别是天气热的时候，她丈夫还有父母都有被关在电梯里的经历。

小区物业表示，连日来，电梯机房温度的确太高，平均每天至少要跳闸 1 次。"天气太热了，我们开了空调，温度还是很高。"

针对因为高温发生的电梯故障，市质监局进入一栋居民楼进行检验。"电梯的定期检验我们每年都会进行。"电梯检验员胡师傅说，定期检验主要是对电梯的运行条件、电梯设备的运行状况等进行检验，检验结果直接关系到第二年电梯的"安全检验合格"标志的申领。检验开始后，胡师傅先是对电梯的轿厢进行测量等常规检验，然后进入位于楼顶天台的电梯机房，机房墙壁上的温度计显示机房温度是 38℃，而这时还不到上午 10 点。

"电梯的运行条件里很重要的一项就是温度。"胡师傅说，电梯的运行条件要求机房温度必须控制在 5～40℃。"如果超出了这个温度，电梯可能就要发脾气。"他打了个比方，电梯机房里的温度如果过高，电梯就像人一样会发烧。"人发烧了要吃药，电梯发烧，就会开启自我保护——死机。"电梯死机，如果轿厢内有乘客，就会被困。入夏电梯关人的情况增多，与温度增高不无关系。

重庆夏天高温，如何防止电梯"发烧"故障呢？其实方法也很简单，就是让电梯和人一样也住进空调房。"我们刚刚检验的机房其实是安装了空调的，但是效果不是很好。"胡师傅说，这些意见在检验完毕后，他们都会反馈给电梯维保单位进行整改。

学习笔记

微课扫一扫

层门与轿门
技术标准

💡 知识贴士

家用电梯允许使用无轿门结构，乘客和载货电梯均不允许；有孔的门可能对人员手臂、手指造成损伤。

三、层门与轿门要求及标准

1. 门的基本结构要求

进入轿厢的井道开口处应设置层门，轿厢的入口应设置轿门，以防止人员坠入井道或被运动的电梯部件伤害。每个层站入口均应装设一个具有足够强度的地坎，以承受通过它进入轿厢的载荷。在各层站地坎前面宜有稍许坡度，以防洗刷、洒水时，水流进井道。

（1）门的间隙

门应是无孔的。除必要的间隙外，层门和轿门关闭后应将层站和轿厢的

学习笔记

知识贴士

φ10mm圆棒试验，能容纳手指进入的孔隙。

知识贴士

"最不利的点"指的是门的下端部。

知识贴士

"自动地使门重新开启"指的是光幕或触板等保护装置；门关闭最后20mm时千万不能再伸手挡门，门保护装置默认失效。

入口完全封闭；门关闭后，门扇之间及门扇与立柱、门楣和地坎之间的间隙不应大于6mm，由于磨损，间隙值可以达到10mm。

对于水平滑动层门和折叠层门，在最快门扇的开启方向上最不利的点徒手施加150N的力，间隙可以大于6mm，但不得大于下列值：对旁开门，30mm；对中分门，总和为45mm。

（2）门的尺寸

层门和轿门入口的净高度不应小于2m。层门入口净宽度比轿厢入口净宽度在任一侧的超出部分均不应大于50mm。

轿厢地坎与层门地坎之间的水平距离不应大于35mm。

（3）门的材质与强度

层门及其框架宜采用金属制造，层门及其门锁在锁住位置时应有这样的机械强度，即用300N的力垂直作用于该层门的任何一个面上的任何位置，且均匀地分布在5cm^{2}的圆形或方形面积上时，应能：永久变形不大于1mm；弹性变形不大于15mm。

门或门框上的玻璃应使用夹层玻璃，玻璃门扇上应有永久性的标记：供应商名称或商标；玻璃的形式；厚度［如（8+0.76+8）mm］。

2. 门的安全保护要求

（1）门的开启与关闭

动力驱动的自动门，阻止关门的力不应大于150N。

当乘客在层门关闭过程中，通过入口时被门扇撞击或将被撞击，一个保护装置应自动地使门重新开启，该保护装置的作用可在关门最后20mm的间隙时被取消。为了抵制关门时的持续阻碍，该保护装置可在预定的时间后失去作用。

为了有效防止乘客因盲目自救扒开轿门的情况，降低乘客从轿厢坠落井道的风险，轿厢内人员开启轿门应予以限制，应提供措施使：

a. 轿厢运行时，开启轿门的力应大于50N；

b. 轿厢在开锁区域之外时，在开门限制装置处施加1000N的力，轿门开启不能超过50mm。

每个轿门应设有符合要求的电气安全装置，以证实轿门的闭合位置。如果轿门需要上锁，该锁装置的设计和操作应采用与层门门锁装置相类似的结构。

（2）门锁装置的要求

层门的关闭与锁紧是电梯使用者安全的首要条件。

在正常运行时，应不能打开层门（或多扇层门中的任意一扇），除非轿厢在该层门的开锁区域内停止或停站。在轿门驱动层门的情况下，当轿厢在开锁区域之外时，如层门无论因为何种原因而开启，则应有一种装置（重块或弹簧）能确保该层门自动关闭。

轿厢运行前应将层门有效地锁紧在关闭位置，层门锁紧应由符合规定的电气安全装置来证实，电气安全装置应在锁紧部件啮合不小于7mm时才能动作（图 4-14）。

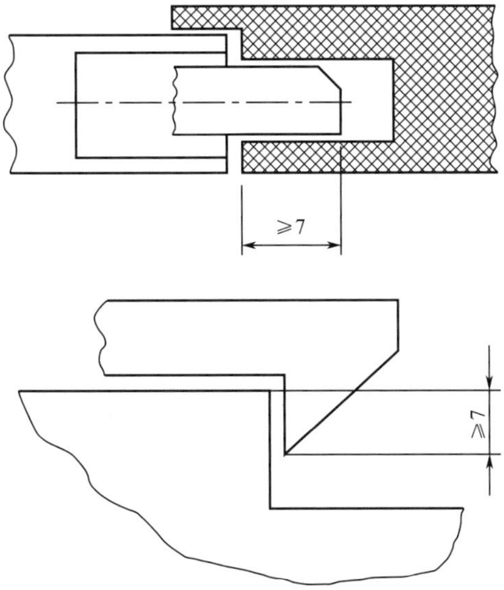

图 4-14 锁紧部件示例（单位：mm）

锁紧元件的啮合应能满足在沿着开门方向作用 300N 力的情况下，不降低锁紧的效能，由重力、永久磁铁或弹簧来产生和保持锁紧动作。弹簧应在压缩下作用，应有导向，同时弹簧的结构应满足在开锁时弹簧不会被压并圈。即使永久磁铁（或弹簧）失效，重力亦不应导致开锁。

（3）紧急开锁装置

每个层门均应能从外面借助于一个与开锁三角孔相配的钥匙将门开启。这样的钥匙应只交给一个负责人员。

当在门扇或门框的垂直平面上时，三角形开锁装置孔距层站地面的高度不应大于 2.00m。

门锁装置是安全部件，需要进行型式试验。每个层门应设有电气安全装置，以证实层门的锁紧与闭合。

如果没有进入底坑的通道门，而是通过层门，则从底坑爬梯且在高度 1.80m 内和最大水平距离 0.80m 范围内应能安全地触及门锁；如果爬梯位置距离门锁过远，无法打开层门门锁，底坑内需要设置永久的装置来打开层门，常见方案是设置一根固定的拉绳，底坑内人员需要开启层门时，可通过此部件使层门门锁释放。

案例分析

案例 1：孝子狂踹电梯门差点坐牢

中年男子彭某带着老母亲挂急诊，仅因电梯不停，狂踹电梯门，构成犯罪，被处罚金人民币 3000 元。

1 月 3 日下午 5 时许，彭某带着自己病重的母亲去医院看病，彭母失明，行动不便，只能坐在轮椅上等着。医生叫彭某拿着检查单去六楼急诊室检查，由于母亲病情十分危急，而且又快到医院下班时间，他心慌之下，在二楼等电梯时竟忘记按按钮。等了好一会儿，眼看着电梯从二楼升上去却不停靠，彭某急火攻心，向电梯门上狠踹一脚，并破口大骂，随后又向电梯门上猛踹十几脚，导致电梯门严重变形。随后他从楼梯爬上了六楼。

医院保卫科工作人员接到报警，说有人在踹医院电梯门，立即赶赴现场，没发现踹门者，而电梯内乘客则大叫"快开门"。很快，维修工带着工具赶来，打开电梯门，解救出被困于二楼和三楼中间4名惊慌失措的乘客。随后院方通过调取监控录像，发现了彭某的恶劣行为，警方很快将他抓获。经鉴定，被踹坏的电梯门价值人民币6060元。

法院审理后认为，彭某故意毁坏他人财物，数额较大，已构成故意毁坏财物罪，应处三年以下有期徒刑、拘役或者罚金。鉴于其归案后如实供述了自己的罪行，且获得了被害方的谅解，酌情对其从轻处罚。

案例2：两男子坠入电梯井摔伤　调查称与电梯层门被破坏有关

2011年11月16日，29岁的卢某和19岁的王某在某小区准备乘电梯时，踏了个空，坠入5～6m的井道，一个脾脏被切除，一个脊柱受重伤。对电梯进行相关技术检验和调查分析，认为：电梯出事前运转正常，是人为破坏电梯层门导致事故发生。

通过调取事故电梯电器柜电路主板存储信息，证实当日12时59分3秒电梯运行中，有层门联锁触点异常断开，存储信息也证实当日事故发生前电梯记录功能正常。据了解，事故电梯在发生事故前6天进行过维护保养。录像截图显示：事故电梯在当日12时54分34秒停在负一楼时，层轿门一切正常。由于卢某和王某是从负一楼一脚踏空坠落到负二楼，此过程没有监控，无法确认层门是怎么被破坏的。

质监人员调取录像，发现就在两男子坠落时，电梯轿厢停在12楼到13楼之间，此时，轿厢内有一男一女。轿厢内两人惊慌的时间是12时57分57秒，表明从一切正常到故障紧急停梯间隔仅3分23秒。

一方称是一脚踏空失足坠落，一方称是嬉闹踹开轿厢门掉落，并砸到电梯门对面的对重防护板。工程师通过"物理学"自由落体公式计算出伤者当时的速度为2.54m/s，比常人的运动速度（1.1～1.7m/s）要快。

通过调查，给出了鉴定结论：该电梯在未受到外力破坏前整体运转情况基本正常，在较短时间内层门遭受外力破坏后，导致人员坠落事故。

四、轿厢与对重要求及标准

1. 轿厢的要求及标准

（1）乘客人数、轿厢的有效面积与额定载重量的关系

① 乘客人数。乘客人数按公式"额定载重量/75"计算，计算结果向下

圆整到最近的整数。

　② 轿厢的有效面积。

　a. 乘客电梯。为了防止人员的超载，轿厢的有效面积应予以限制。额定载重量和最大有效面积之间的关系见表 4-3。为了防止人员过分拥挤，轿厢的有效面积还应满足最小有效面积的要求。乘客人数和轿厢最小有效面积之间的关系见表 4-4。

学习笔记

微课扫一扫

电梯轿厢结构技术标准

表 4-3　轿厢额定载重量和最大有效面积的关系

额定载重量/kg	轿厢最大有效面积/m²	额定载重量/kg	轿厢最大有效面积/m²
100①	0.37	900	2.20
180②	0.58	975	2.35
225	0.70	1000	2.40
300	0.90	1050	2.50
375	1.10	1125	2.65
400	1.17	1200	2.80
450	1.30	1250	2.90
525	1.45	1275	2.95
600	1.60	1350	3.10
630	1.66	1425	3.25
675	1.75	1500	3.40
750	1.90	1600	3.56
800	2.00	2000	4.20
825	2.05	2500③	5.00

　① 一人电梯的最小值。

　② 两人电梯的最小值。

　③ 额定载重量超过 2500kg 时，每增加 100kg，面积增加 0.16m²。对中间的载重量，其面积由线性插入法确定。

表 4-4　乘客人数轿厢最小有效面积

乘客人数/人	轿厢最小有效面积/m²	乘客人数/人	轿厢最小有效面积/m²
1	0.28	11	1.87
2	0.49	12	2.01
3	0.60	13	2.15
4	0.79	14	2.29
5	0.98	15	2.43
6	1.17	16	2.57
7	1.31	17	2.71
8	1.45	18	2.85
9	1.59	19	2.99
10	1.73	20	3.13

　注：乘客人数超过 20 人时，每增加 1 人，面积增加 0.115m²。

　b. 载货电梯。通常，如果装卸装置（例如，叉车）随载荷一起运载时，

📝 学习笔记

装卸装置的质量包含在额定载重量中，载货电梯额定载重量和轿厢最大有效面积的关系也应按照表 4-3 的规定；如果装卸装置仅用于轿厢的装卸载，不随同载荷被运载，装卸装置的重量不计入额定载重量中。

（2）轿厢的结构要求

① 轿厢的结构。轿厢应由轿壁、轿厢地板和轿顶完全封闭，只允许有下列开口：使用人员正常出入口；轿厢安全窗和轿厢安全门；通风孔。

轿厢内部净高度不应小于 2.0m。

使用人员正常出入轿厢入口的净高度不应小于 2.0m。

② 轿壁。

a. 轿壁的机械强度。轿壁应具有以下机械强度：

（a）能承受从轿厢内向轿厢外垂直作用于轿壁的任何位置且均匀地分布在 $5cm^2$ 的圆形（或正方形）面积上的 300N 的静力，并且永久变形不大于 1mm，弹性变形不大于 15mm。

（b）能承受从轿厢内向轿厢外垂直作用于轿壁的任何位置且均匀地分布在 $100cm^2$ 的圆形（或正方形）面积上的 1000N 的静力，并且永久变形不大于 1mm。

b. 玻璃轿壁。应使用夹层玻璃。玻璃轿壁上应有永久性的标记：供应商名称或商标，玻璃的形式、厚度。

距轿厢地板 1.10m 高度以下若使用玻璃轿壁，则应在高度 0.90～1.10m 之间设置一个扶手，该扶手应牢固固定，与玻璃无关。

③ 护脚板。每一轿厢地坎上均须装设护脚板，其宽度应等于相应层站入口的整个净宽度。护脚板的垂直部分以下应成斜面向下延伸，斜面与水平面的夹角应大于 60°，该斜面在水平面上的投影深度不得小于 20mm，护脚板垂直部分的高度不应小于 0.75m（图 4-15）。

🔖 知识贴士

通常一个人产生的能量所导致的等效的静力为 300N，发生撞击时为1000N。

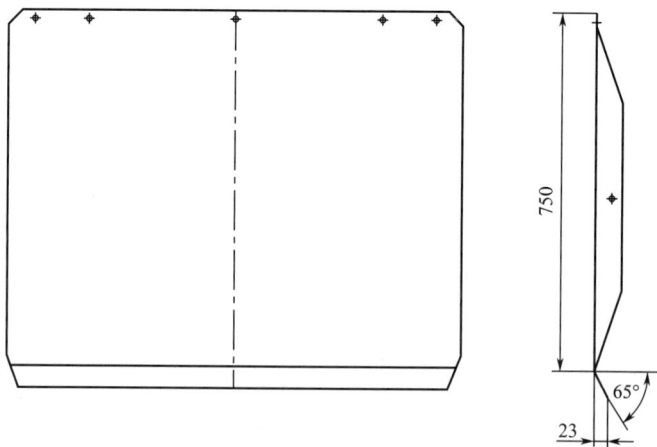

图 4-15　护脚板示意图

④ 轿顶。

a. 轿顶的强度。轿顶应有一块不小于 $0.12m^2$ 的站人用的净面积，其短边不应小于 0.25m。

在轿顶的任何位置上，应能支撑两个人的体重，每个人按 0.30m× 0.30m 面积上作用 2000N 的力，永久变形量不大于 1mm。

轿顶如果采用玻璃时，所用的玻璃应是夹层玻璃。

b. 轿顶护栏。轿顶应装设最小高度为 0.10m 的踢脚板，且设置在轿顶的外边缘，或轿顶的外边缘与护栏之间；在水平方向上轿顶外边缘与井道壁之间的净距离大于 0.30m 时，轿顶应装设护栏。

护栏应由扶手和位于护栏高度一半处的横杆组成。扶手外缘和井道中的任何部件［对重（或平衡重）、开关、导轨、支架等］之间的水平距离不应小于 0.10m。护栏应装设在距轿顶边缘最大为 0.15m 之内。应有关于俯伏或斜靠护栏危险的警示符号或须知，固定在护栏的适当位置（图 4-16）。

考虑到护栏扶手内侧边缘与井道壁之间的水平净距离，扶手高度为：

（a）当自由距离不大于 0.50m 时，不应小于 0.70m；

（b）当自由距离大于 0.50m 时，不应小于 1.10m。

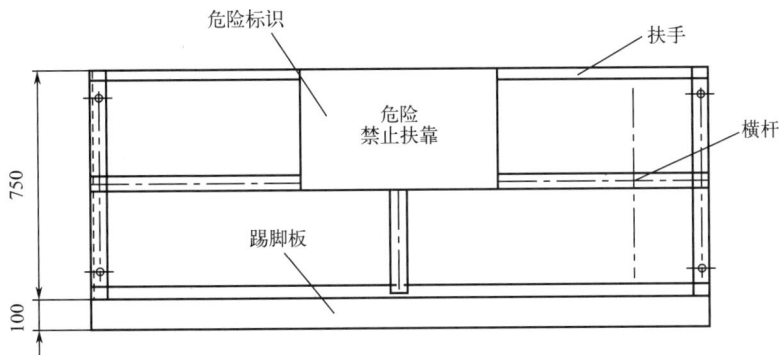

图 4-16　轿顶护栏结构（单位：mm）

⑤ 轿厢安全门与安全窗。

a. 轿厢安全门。在有相邻轿厢的情况下，如果轿厢之间的水平距离不大于 1.00m，可使用轿厢安全门。当某一个轿厢发生故障而造成人员被困时，可以通过将另一轿厢行驶到与故障轿厢相平齐的位置，打开两轿厢的安全门，将故障轿厢中被困的乘客通过安全门营救到另一轿厢中，然后行驶到预定层站，使人员脱困（图 4-17）。

轿厢安全门的高度不应小于 1.80m，宽度不应小于 0.40m。轿厢安全门不应向轿厢外开启，应能不用钥匙从轿厢外开启，并应能用规定的三角钥匙从轿厢内开启。

b. 安全窗。如果轿顶有援救和撤离乘客的轿厢安全窗，其尺寸不应小于 0.40m×0.50m。

轿厢安全窗不应向轿内开启，应能不用钥匙从轿厢外开启，并能用规定的三角形钥匙从轿厢内开启。

安全门和安全窗均要求有电气安全装置来验证是否锁紧。如果锁紧失

📄 学习笔记

🔧 知识贴士

水平方向上轿顶外边缘与井道壁之间的净距离不大于 0.3m 时，轿顶只需要设置踢脚板；当此距离大于 0.3m 时，既需要设置踢脚板，又需要设置护栏。

🔧 知识贴士

轿厢安全门设置的前提是两个轿厢共用一个井道，受诸多因素限制。

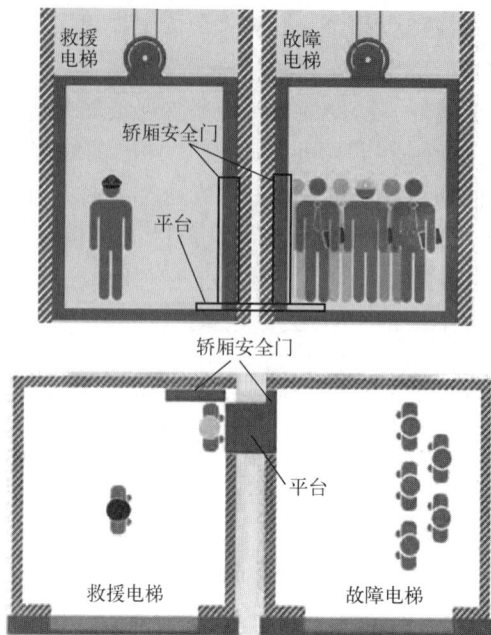

图 4-17　轿厢安全门示意图

效，该电气装置应使电梯停止，只有在重新锁紧后，电梯才有可能恢复运行。

⑥ 通风与照明。

a. 通风。无孔门轿厢应在其上部及下部设通风孔，通风孔应这样设置：用一根直径为 10mm 的坚硬直棒，不可能从轿厢内经通风孔穿过轿壁。

通风孔的有效面积均不应小于轿厢有效面积的 1%。轿门四周的间隙在计算通风孔面积时可以考虑进去，但不得大于所要求的有效面积的 50%。

b. 照明。轿厢应设置永久性的电气照明装置，确保在控制装置上和在轿厢地板以上 1.0m 且距轿壁至少 100mm 的任一点的照度不小于 100lx。

如果照明是白炽灯，至少要有两只并联的灯泡。应有自动再充电的紧急照明电源，在正常照明电源中断的情况下，它能提供至少 5lx 的照度且持续 1h。

⑦ 轿厢与井道壁及对重的间距要求。电梯井道内表面与轿厢地坎、轿厢门框架或滑动门的最近门口边缘的水平距离不应大于 0.15m（图 4-18）。如果轿厢装有机械锁紧的门且只能在层门的开锁区内打开，且轿门锁紧由符合要求的电气安全装置来证实，则上述间距不受限制。

轿厢地坎与层门地坎之间的水平距离不应大于 35mm。

轿厢及其关联部件与对重及其关联部件之间的距离不应小于 50mm。

轿门门刀与层门地坎、层门门锁滚轮与轿厢地坎的间隙不应小于 5mm，以保证电梯运行时不互相碰擦。

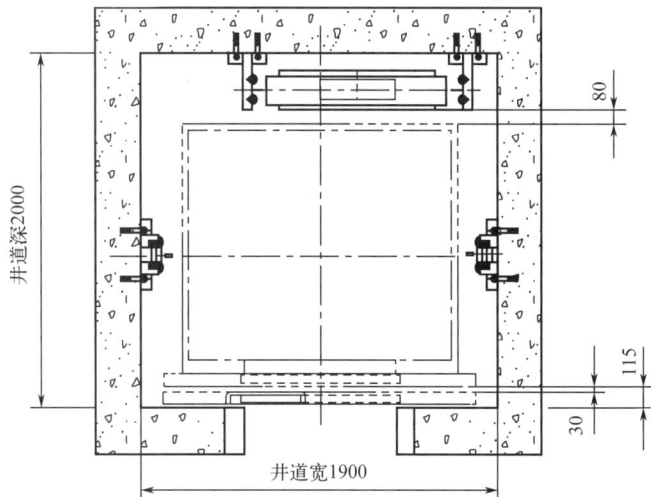

图 4-18 轿厢与井道壁及对重的间距示意图（单位：mm）

2. 对重的要求及标准

对重（或平衡重）由对重块组成，要防止它们移位。为此，对重块应由框架固定并保持在框架内。应具有能快速识别对重块数量的措施（例如图 4-19：标明对重块的数量或总高度等）。

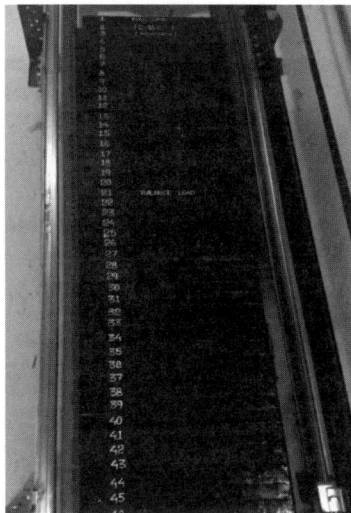

图 4-19 对重块数量标识

应采取下列措施：

a. 对重块固定在一个框架内；

b. 对于金属对重块，且电梯额定速度不大于 1m/s，则至少要用两根拉杆将对重块固定住。

装在对重（或平衡重）上的滑轮和（或）链轮应设置防护装置。

学习笔记

知识贴士
对重块数量标记按从上往下顺序标记，防止对重块缺失。

学习笔记

微课扫一扫

悬挂装置与补偿
装置技术标准

案例分析

电梯超载坠落导致 20 人受伤

7 男 13 女乘坐电梯下楼，电梯自 19 楼非正常下降到 8 楼后稍作停顿，随后急速坠落至 1 楼，当场造成 20 人不同程度受伤。

据当事人黎先生介绍，当时他在组织员工疏散，因时至深夜，员工刚结束培训课急于疏散，便在 19 楼乘电梯下楼。当时有 20 人进入电梯，电梯并未发出超载警报，但就在电梯门还没关闭的情况下，电梯突然急速下坠，滑落至 8 楼时停顿 1s 左右后继续急速下坠，至一1 楼才停止。"当时我看到的电梯屏幕显示的数字就像秒表一样在跳动，当时 8 楼短暂的停顿是显示横杠，好似停机状态一样，随后便又开始急速下滑，直至下滑到一1 楼，期间伴有很响的'啪'的一声，然后天花板就掉了一块。"后来，他们是从一1 楼地面以下 1m 多的地方爬上来的。他们出来时留意到，电梯顶部已经严重变形，好似被重物砸过一样，电梯天花板有部分脱落。另据一同乘坐该电梯，因电梯下坠致全身多处软组织挫伤和脊椎受损的文先生回忆，"当时电梯在未有丝毫异样的情况下突然下坠，或许是当时 8 楼有人需乘梯，如果没有 8 楼的停顿而直接下坠到一1 楼，60 多米的急速滑降，后果真的不堪设想，也许我们都已经'光荣'了。"

事故现场勘查发现，电梯超载保护失效，致使电梯超速运行。由于超速致电梯限速器电气开关作用，制动器动作致电梯在 8 楼短暂减速，但由于严重超载，制动器未能刹停，直至下滑到一1 楼。经调查，事发电梯额定载重量 1000kg（13 人），而 9 日凌晨实际进入电梯的有 20 人。

五、悬挂装置、补偿装置要求及标准

1. 曳引式驱动钢丝绳的要求及标准

（1）曳引钢丝绳的技术要求

轿厢和对重应采用钢丝绳或钢质平行链节链条或钢质滚子链条悬挂。

① 钢丝绳的公称直径不小于 8mm。

② 钢丝绳或链条最少应有 2 根，每根钢丝绳或链条应是独立的。

③ 不论钢丝绳的股数多少，曳引轮、滑轮或卷筒的节圆直径与悬挂绳的公称直径之比不应小于 40。

④ 钢丝绳的安全系数不应小于下列值：对于用 3 根或 3 根以上钢丝绳的曳引驱动电梯为 12；对于用 2 根钢丝绳的曳引驱动电梯为 16；对于卷筒驱动电梯为 12。

（2）曳引条件

钢丝绳曳引应满足以下三个条件：

① 轿厢装载至 125% 规定额定载荷的情况下应保持平层状态不打滑。

② 无论轿厢内是空载还是额定载重量，确保任何紧急制动能使轿厢减速到小于或等于缓冲器的设计速度（包括减行程的缓冲器）。

③ 如果轿厢或对重滞留，应通过下列方式之一，不能提升空载轿厢或对重至危险位置：a. 钢丝绳在曳引轮上打滑；b. 通过电气安全装置使驱动主机停止。

2. 强制式驱动钢丝绳的卷绕

强制式驱动条件下使用的卷筒，应加工出螺旋槽，该槽应与所用钢丝绳相适应（图 4-20）。

当轿厢停在完全压缩的缓冲器上时，卷筒的绳槽中应至少保留一圈半的钢丝绳。

卷筒上只能绕一层钢丝绳。

钢丝绳相对于绳槽的偏角（放绳角）不应大于 4°。

图 4-20　强制式驱动电梯

3. 补偿装置的要求及标准

（1）补偿装置

为了保证足够的曳引力或驱动电动机功率，应按下列条件设置补偿悬挂钢丝绳质量的补偿装置：

① 对于额定速度不大于 3.0m/s 的电梯，可采用链条、绳或带作为补偿装置。

② 对于额定速度大于 3.0m/s 的电梯，应使用补偿绳。

③ 对于额定速度大于 3.5m/s 的电梯，还应增设防跳装置。防跳装置动作时，符合规定的电气安全装置应使电梯驱动主机停止运转。

④ 对于额定速度大于 1.75m/s 的电梯，未张紧的补偿装置应在转弯处附近进行导向。

（2）补偿绳

补偿绳使用时必须符合下列条件：

① 使用张紧轮。

② 张紧轮的节圆直径与补偿绳的公称直径之比不小于 30。

学习笔记

知识贴士

①、② 按欧拉公式 $\dfrac{T_1}{T_2} \leq e^{f\alpha}$ 计算，③ 按 $\dfrac{T_1}{T_2} > e^{f\alpha}$ 计算。

学习笔记

③ 张紧轮设置防护装置。

④ 用重力保持补偿绳的张紧状态。

⑤ 用一个符合规定的电气安全装置来检查补偿绳的最小张紧位置。

若电梯额定速度大于 3.5m/s，除满足上述的规定外，还应增设一个防跳装置。防跳装置动作时，一个符合规定的电气安全装置应使电梯驱动主机停止运转。

4. 曳引轮、滑轮和链轮的防护

（1）防护装置

曳引轮、滑轮和链轮应设置防护装置，以避免：a. 人身伤害；b. 钢丝绳或链条因松弛而脱离绳槽或链轮；c. 异物进入绳与绳槽或链与链轮之间。

所采用的防护装置应能见到旋转部件且不妨碍检查与维护工作。防护装置只能在下列情况下才能被拆除：a. 更换钢丝绳或链条；b. 更换绳轮或链轮；c. 重新加工绳槽。

（2）防脱槽装置

为防止钢丝绳脱离绳槽，在入槽和出槽位置附近应各设置一个防脱槽装置。如果钢丝绳在轮轴水平以下的包角大于 60°且整个包角大于 120°，应至少设置一个中间防脱槽装置（图 4-21）。

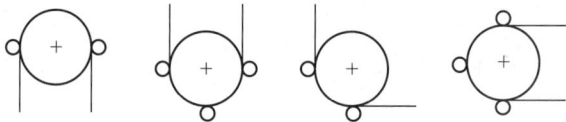

图 4-21　防脱槽装置布置示例

📚 案例分析

谨防电梯轿厢过度装修

市民走进电梯，有时会发现轿厢地面重新装修了大理石、瓷砖地板，轿厢壁板还贴着沉重的名贵木材，不少人会感叹："真豪华！"但他们可能不会想到，电梯过度装修会埋下安全隐患。

8月6日22时21分左右，13名乘客在一楼进入一台消防电梯，到达21层平层开门，有乘客正在进出电梯。这时，电梯突然开始向下"开门溜梯"，导致多名乘客不适。幸好当时进出电梯的人没有被电梯门夹住，否则就会酿成人员伤亡的惨剧。

事发后，市场监管局第一时间介入调查，组织进行技术勘验。经调查，直接原因是涉事电梯轿厢内过度装修了大理石，增加了约 200kg 的重量，导致电梯平衡系数过小，制动器动力矩不足，轿厢超载，曳引机曳引能力不足，出现溜梯现象。

容易出现电梯过度装修的地点集中在高档酒店、写字楼、商住楼、住宅小区。常见的情形：在电梯轿厢内铺设大理石或瓷砖地板；用沉重的木材装修轿厢壁板；在壁板上挂巨型广告牌；在轿厢内装空调等。装修的时间一般是电梯验收后的二次装修。电梯的类型主要是乘客电梯。

电梯过度装修改变轿厢重量，一方面涉嫌非法改造，另一方面由于轿厢自重增加，对电梯安全性能产生不利影响，容易引发伤人事故，容易造成电梯平衡系数过小、制动器制动力矩不足而导致溜梯，降低了安全钳或缓冲器等安全部件安全性能，如电动机功率不足或机械部件强度不足，将导致电梯不能正常启动或损坏电动机、传动部件。

学习笔记

微课扫一扫

限速器与安全钳技术标准

六、安全部件及主要部件的要求及标准

1. 安全钳的要求及标准

（1）安全钳的基本使用要求

轿厢应装有能在下行时动作的安全钳，在达到限速器动作速度时，甚至在悬挂装置断裂的情况下，安全钳应能夹紧导轨，使装有额定载重量的轿厢制停并保持静止状态。

对重装置下方井道底坑有人员能达到的空间时，对重也应设置仅能在其下行时动作的安全钳。在达到限速器动作速度时，安全钳应能通过夹紧导轨而使对重制停并保持静止状态。

若电梯额定速度小于或等于 0.63m/s，轿厢可采用瞬时式安全钳。若电梯额定速度大于 0.63m/s，轿厢应采用渐进式安全钳。

若额定速度大于 1.0m/s，对重（或平衡重）安全钳应是渐进式的，其他情况下，可以是瞬时式的。如果轿厢、对重（或平衡重）具有多套安全钳，则它们均应是渐进式的。

（2）安全钳的动作方法

轿厢和对重安全钳的动作应由各自的限速器来控制。

对于曳引式电梯，在不超过额定载重量的任何载荷情况下，可通过紧急操作（手动盘车装置、紧急电动运行控制装置）或按现场操作程序，将轿厢或对重提起释放安全钳并自动复位。

不得用电气、液压或气动操纵的装置来触发安全钳。

（3）安全钳的结构要求

禁止将安全钳的夹爪或钳体充当导靴使用。如果安全钳是可调节的，则其调整后应加封记，以防在未破坏封记的情况下重新调整。

当轿厢安全钳作用时，装在轿厢上面的一个电气装置应在安全钳动作以前或同时使电梯驱动主机停转。

2. 限速器的要求及标准

（1）限速器绳的要求及标准

限速器绳使用时必须符合下列条件：

知识贴士

安全钳的触发只能是机械操纵的装置，例如安全钳提拉杆装置。

a. 限速器绳的公称直径不应小于 6mm；

b. 限速器绳轮的节圆直径与绳的公称直径之比不应小于 30；

c. 限速器绳应用张紧轮张紧，张紧轮（或其配重）应有导向装置；

d. 限速器绳的安全系数不应小于 8。

（2）限速器的动作

① 限速器的触发。触发安全钳的限速器的动作应发生在速度至少等于额定速度 v 的 115%，但应小于下列各值时：

a. 对于额定速度小于或等于 1.00m/s 的渐进式安全钳，为 1.50m/s；

b. 对于额定速度大于 1.00m/s 的渐进式安全钳，为 $1.25v + \dfrac{0.25}{v}$ m/s。

② 限速器绳的张紧力。限速器动作时，限速器绳的张力不得小于以下两个值的较大值：安全钳起作用所需力的 2 倍；300N。

安全钳起作用的力也称为提拉力，限速器绳的张力由张紧装置的重量所提供，提拉力不等于拉力（图 4-22）。

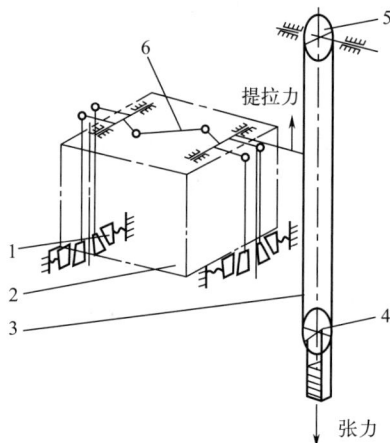

图 4-22　限速器装配关系示意图

1—安全钳；2—轿厢；3—限速器绳；4—张紧装置；5—限速器；6—安全钳操纵拉杆系统

（3）限速器的操作要求

① 限速器的方向。限速器上应标明与安全钳动作相应的旋转方向。

② 限速器的可接近性。限速器应是可接近的，以便于检查和维修。

若限速器装在井道内，则应能从井道外面接近它。当下列条件都满足时，则无须满足从井道外接近限速器的要求：

a. 能够从井道外用远程控制的方式来实现限速器动作，这种方式应不会造成限速器的意外动作，且未经授权的人不能接近远程控制的操纵装置；

b. 能够从轿顶或从底坑接近限速器进行检查和维护；

c. 限速器动作后，提升轿厢、对重（或平衡重）能使限速器自动复位。

③ 限速器的电气检查。在轿厢上行或下行的速度达到限速器动作速度之前，限速器或其他装置上的一个符合规定的电气安全装置使电梯驱动主机

停止运转。但是，如果额定速度不大于 1.0m/s，该电气安全装置最迟可在限速器达到其动作速度时起作用。

如果安全钳释放后，限速器未能自动复位，则在限速器未复位时，一个符合规定的电气安全装置应防止电梯的启动。

限速器绳断裂或过分伸长，应通过一个符合规定的电气安全装置的作用，使电动机停止运转。该电气安全装置一般称为断绳开关，安装在限速器张紧装置上（图 4-23）。

图 4-23 限速器张紧装置

3. 缓冲器

蓄能型线性缓冲器固定在轿厢上或对重上时，在底坑地面上的缓冲器撞击区域应设置高度不小于 300mm 的障碍物（缓冲器支座）。

强制驱动电梯应在轿顶上设置能在行程上部极限位置起作用的缓冲器（图 4-24）。此时，强制驱动电梯轿厢顶、轿厢底部底坑各有 1 个缓冲器。

图 4-24 强制驱动电梯轿顶缓冲器

蓄能型缓冲器（包括线性和非线性）只能用于额定速度小于或等于 1.0m/s 的电梯。耗能型缓冲器可用于任何额定速度的电梯。

缓冲器可能的总行程应至少等于相应于 115% 额定速度的重力制停距离

学习笔记

微课扫一扫

缓冲器技术标准

知识贴士
线性缓冲器指弹簧缓冲器，非线性缓冲器指聚氨酯缓冲器。

的两倍，即 $0.135v^2$（m），无论如何，此行程不应小于 65mm。

耗能型缓冲器可能的总行程应至少等于相应于 115% 额定速度的重力制停距离，即 $0.0674v^2$（m）。

在缓冲器动作后回复至其正常伸长位置后，电梯才能正常运行。为检查缓冲器的正常复位所用的装置，应是一个符合规定的电气安全装置。

4. 上行超速保护装置

曳引驱动电梯的轿厢上行超速保护装置包括速度监控和减速元件，应能检测出上行轿厢的速度失控，其下限是电梯额定速度的 115%，并应能使轿厢制停，或至少使其速度降低至对重缓冲器的设计范围。

上行超速保护装置动作的速度监控部件应是限速器。减速元件（图 4-25）可作用于：

a. 轿厢，例如双向安全钳或类似的夹紧导轨的装置；

b. 对重，例如对重安全钳或类似的夹紧导轨的装置；

c. 钢丝绳系统，例如作用于曳引绳或补偿绳的夹绳器；

d. 曳引轮，例如曳引轮制动器或曳引轮轴制动器；

e. 只有两个支撑的曳引轮轴上。

上行超速保护装置动作时，应使一个符合规定的电气安全装置动作。该装置动作后，应由专职人员使其释放。该装置释放时，应不需要接近轿厢或对重。

5. 极限开关

电梯应设极限开关。极限开关应设置在尽可能接近端站时起作用而无误动作危险的位置上。极限开关应在轿厢或对重（如有）接触缓冲器之前起作用，并在缓冲器被压缩期间保持其动作状态。

正常的端站停止开关和极限开关必须采用分别的动作装置。对曳引式驱动的单速或双速电梯，极限开关应能：

a. 切断电路；

b. 通过一个符合规定的电气安全装置，切断向两个接触器线圈直接供电的电路；

c. 对于可变电压或连续调速电梯，极限开关应能迅速地，即在与系统相适应的最短时间内使电梯驱动主机停止运转。

极限开关动作后，电梯应不能自动恢复运行。

6. 轿厢意外移动保护装置

在层门未被锁住且轿门未关闭的情况下，由轿厢安全运行所依赖的驱动主机或驱动控制系统的任何单一元件失效引起轿厢离开层站的意外移动，电梯应具有防止该移动或使移动停止的装置。该装置应能够检测到轿厢的意外移动，并应制停轿厢且使其保持停止状态。

该装置的制停部件（图 4-25）应作用在轿厢、对重、钢丝绳系统（悬挂绳或补偿绳）、曳引轮或只有两个支撑的曳引轮轴上。

该装置应在下列距离内制停轿厢，如图 4-26 所示。

学习笔记

知识贴士

无齿轮曳引机制动器可以直接作为上行超速保护装置，有齿轮曳引机制动器不能作为上行超速保护装置，需要额外增加夹绳器。

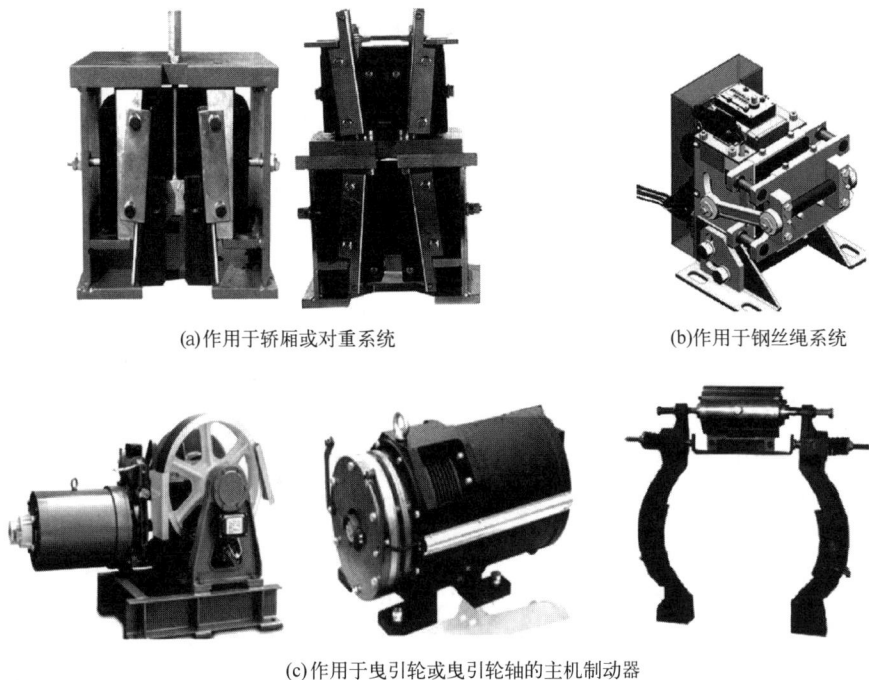

(a)作用于轿厢或对重系统   (b)作用于钢丝绳系统

(c)作用于曳引轮或曳引轮轴的主机制动器

图 4-25 制停部件

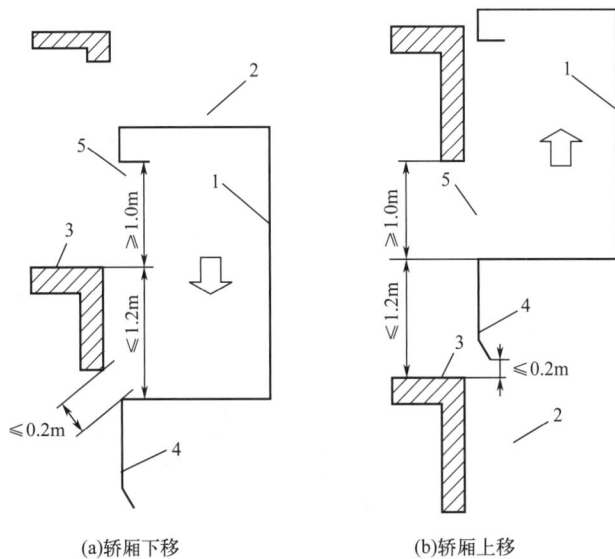

(a)轿厢下移   (b)轿厢上移

图 4-26 轿厢意外移动

1—轿厢；2—井道；3—层站；4—轿厢护脚板；5—轿厢入口

a. 与检测到轿厢意外移动的层站的距离不大于 1.20m；

b. 层门地坎与轿厢护脚板最低部分之间的垂直距离不大于 0.20m；

c. 设置井道围壁时，轿厢地坎与面对轿厢入口的井道壁最低部件之间

学习笔记

的距离不大于 0.20m；

d. 轿厢地坎与层门门楣之间或层门地坎与轿厢门楣之间的垂直距离不小于 1.00m。

轿厢载有不超过 100% 额定载重量的任何载荷，在平层位置从静止开始移动的情况下，均应满足上述值。

该装置动作时，应使符合要求的电气安全装置动作。当该装置被触发或当自监测显示该装置的制停部件失效时，应由称职人员使其释放或使电梯复位。释放该装置应不需要接近轿厢、对重或平衡重。

轿厢的平层准确度应为 ±10mm。平层保持精度应为 ±20mm，如果装卸载时超出 ±20mm，应校正到 ±10mm 以内。

7. 导轨

导轨及其附件和接头应能承受施加的载荷和力，以保证电梯安全运行。

轿厢、对重（或平衡重）各自应至少由两根刚性的钢质导轨导向。每根导轨至少设置 2 个导轨支架，支架间距不宜大于 2.5m。

T 型导轨的最大计算允许变形：

a. 对于装有安全钳的轿厢、对重导轨，安全钳动作时，在两个方向上为 5mm；

b. 对于没有安全钳的对重导轨，在两个方向上为 10mm。

对于没有安全钳的对重（或平衡重）导轨，可使用成型金属板材，且应做防腐蚀保护。

两列导轨顶面间距离的允许偏差为：轿厢导轨为 $^{+2}_{0}$mm；对重导轨为 $^{+3}_{0}$mm。

📝 学习笔记

💡 知识贴士

"平层准确度"指电梯停靠后，轿厢地坎与层门地坎之间的铅垂距离；"平层保持精度"指电梯装载、卸载期间，轿厢地坎与层门地坎之间的铅垂距离。

💡 拓展阅读

电梯坠落如何自救

2012 年 9 月 13 日下午 1 时许，某建筑工地，一台施工升降机在升至 100m 处时发生坠落，造成梯内准备进场作业的施工人员随升降机坠落，19 人死亡。

在生活中，不少电梯故障源于人们对电梯操作不当，这些故障或事故是可以避免的。电梯滑层后会不会形成自由落体？不会。电梯滑层后电梯会自动采取保护性措施，每个电梯轿厢底部都设有安全钳。当电梯运行速度超过额定速度后，限速器超速开关动作，切断电路，电梯制动器立即实施制动；如果制动器无法将电梯停止，安全钳发挥作用，将轿厢夹停在导轨上。目前，很多电梯都设有自动返平层。

电梯突发故障，如何自救？

① 保持冷静。若突然被困在电梯中，千万不要慌张，保持镇定，并且安慰其他受困者，向大家解释电梯轿厢有防坠落安全装置，它牢牢夹住电梯两旁的导轨，电梯不会坠下，安全装置也不会失灵，消除大家的慌乱心理。

② 通过各种方式求援。利用电梯内的电话、警铃或对讲机、手机等一切可能的求援方式求救，但切忌自行扒门逃生。

③ 用最安全方法等待救援。如果不能立刻找到电梯维修工，可请外面的人打电话通知消防员。消防员通常会把电梯盘车到最接近的一层楼，然后打开门。

三不要

① 不要频繁踢门、拍门。若无警铃、电话或对讲机，手机又失灵时，可拍门叫喊或脱下鞋子拍门敲打，发信号求救。如无人回应，需镇静等待，等待救援。

② 不要强行扒门。被困电梯者无法确认电梯的所在位置，因此不要强行扒门，即使能打开，也未必够得着厅门，电梯外壁的油垢还可能使人滑倒，这样会带来新的险情。

③ 不要从安全窗爬出。电梯顶部如果设有安全窗，该安全窗仅供电梯维修人员使用，勿扒撬电梯轿厢上的安全窗，否则从安全窗爬出电梯会更危险。因为安全窗一旦打开，安全开关就使电梯刹住不动。若安全窗意外关上，电梯会重新开动，致使在电梯轿顶上的人失去平衡，容易被电梯缆索绊倒，或因踩到油垢而滑倒掉下电梯。

电梯下坠，怎样才是最佳保护动作？

① 马上按下电梯内每一层楼的按键，有可能让电梯停止继续下坠。

② 如果电梯有手把，一只手紧握之，这样可助你固定自己的位置，防止因重心不稳而摔伤。

③ 由头到背部紧贴电梯轿壁，利用电梯轿壁作为脊椎的防护。

④ 弯曲膝盖。韧带是人骨中最具弹性的组织，这个动作可借助韧带而不是骨头来承受压力。脖子比较脆弱，用手固定颈部可以减少颈椎骨折。

学习笔记

七、电梯驱动主机要求及标准

每部电梯至少应有一台专用的电梯驱动主机。电梯允许使用两种驱动方式：

① 曳引式（使用曳引轮和曳引绳）；

② 强制式，即使用卷筒和钢丝绳或使用链轮和链条。

1. 制动系统

（1）制动系统的动作要求

电梯必须设有制动系统，在出现下述情况时能自动动作：

a. 动力电源失电；

b. 控制电路电源失电。

正常运行时，制动器应在持续通电下保持松开状态。当轿厢载有125%额定载重量并以额定速度向下运行时，仅用制动器应能使驱动主机停止

微课扫一扫

电梯驱动主机技术标准

运转。

制动系统应具有一个机-电式制动器（摩擦型）。此外，还可装设其他制动装置（如电气制动）。

（2）制动系统的结构要求

所有参与向制动轮或盘施加制动力的制动器机械部件应分两组装设。如果由于部件失效其中一组不起作用，应仍有足够的制动力使载有额定载重量以额定速度下行的轿厢和空载以额定速度上行的轿厢减速、停止并保持停止状态。

电磁线圈的铁芯被视为机械部件，而线圈则不是。

被制动部件应以机械方式与曳引轮或卷筒、链轮直接刚性连接。制动闸瓦或衬垫的压力应用有导向的压缩弹簧或重砣施加。禁止使用带式制动器。制动衬垫应是不易燃的。

2. 紧急操作

（1）手动盘车装置

使轿厢移动到层站所需的操作力不大于 150N 时，可以使用手动操作机械装置，即盘车装置。盘车手轮应是平滑且无辐条的，如果该装置是可拆卸的，则应放置在机器空间内容易接近的地方。如果该装置有可能与相配的驱动主机混淆，则应适当标记。轿厢运动方向应清晰地标在驱动主机上靠近盘车手轮的位置。如果盘车手轮是不可拆卸的，则轿厢运动方向可标在盘车手轮上。

如果该装置可从驱动主机上拆卸或脱出，符合规定的电气安全装置最迟应在该装置连接到驱动主机上时起作用。

（2）紧急电动运行控制装置

如果向上移动载有额定载重量的轿厢所需的手动操作力大于 400N，可以在机房内、机器柜内、紧急和测试操作屏上设置一个紧急电动运行控制装置。

紧急电动运行开关应通过本身或一个符合规定的电气开关使下列电气装置失效：

　　a. 用于检查绳或链松弛的电气安全装置；

　　b. 轿厢安全钳上的电气安全装置；

　　c. 检查超速的电气安全装置；

　　d. 轿厢上行超速保护装置上的电气安全装置；

　　e. 缓冲器上的电气安全装置；

　　f. 极限开关。

根据轿厢实际载荷情况，选择不同的轿厢移动方式，轿厢在紧急操作情况下的移动方式如图 4-27 所示，图中 Q 为额定载重量，k 为平衡系数。

3. 速度及电动机运转时间限制器

（1）速度

当电源为额定频率，电动机施以额定电压时，电梯轿厢在半载、向上和

学习笔记

知识贴士

原GB 7588—2003 要求一组失效时，剩下的一组制动器能让电梯减速即可；本文 GB/T 7588.1—2020 要求减速并停止，要求更高。

知识贴士

电气安全装置确保在断电情况下实施紧急操作。

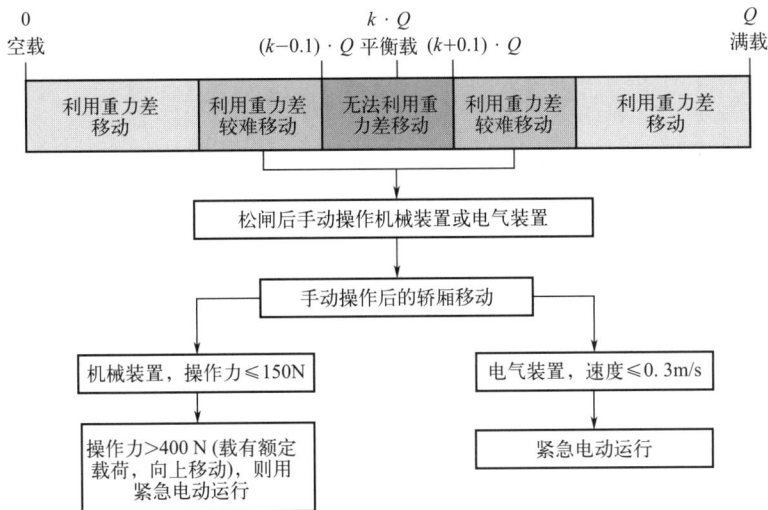

图 4-27　轿厢在紧急情况下的移动方式

向下运行至行程中段（除去加速和减速段）时的速度，不应大于额定速度的 105%，不宜小于额定速度的 92%。

例如，额定速度 4.0m/s 的电梯，实际运行速度范围在 3.68～4.2m/s 之间。

（2）电动机运转时间限制器

曳引驱动电梯应设有电动机运转时间限制器，在下述情况下使电梯驱动主机停止转动并保持在停止状态：

a. 当启动电梯时，驱动主机不转；

b. 轿厢或对重向下运动时由于障碍物而停住，导致曳引绳在曳引轮上打滑。

电动机运转时间限制器应在不大于下列两个时间值的较小值时起作用：

a. 45s；

b. 电梯运行全程的时间再加上 10s，若运行全程的时间小于 10s，则最小值为 20s。

恢复正常运行只能通过手动复位。恢复断开的电源后，曳引机无须保持在停止位置。电动机运转时间限制器不应影响到轿厢的检修运行和紧急电动运行。

4. 机械部件的防护

强制式驱动电梯应有一个电气安全装置来保护绳或链防止松弛。

对可能产生危险并可能接近的旋转部件应涂成黄色，至少部分涂成黄色。特别是下列部件，必须提供有效的防护：传动轴上的键和螺钉、钢带、链条、皮带、齿轮、链轮、电动机的外伸轴、甩球式限速器。

学习笔记

知识贴士

例如，电梯提升高度100m，100m/45s≈2.2m/s，可以估算出该电梯的速度不低于2.2m/s。

学习笔记

📖 案例分析

> **润滑油导致制动器失效酿成电梯惨祸**
>
> 2013年5月15日中午11时30分，王某乘坐电梯下行，电梯到达3楼，但未与3楼的楼层地面停平，门打开一半，王某刚把头伸出电梯，电梯突然继续下行，她的头部被卡在电梯外，电梯最终停在-1楼。王某因动脉破裂、大量出血当场死亡。
>
> 检察机关出示的事故鉴定报告指出，电梯制动器制动力矩不足是发生本次事故的直接原因，而制动力矩不足的原因是制动鼓与制动闸瓦之间摩擦表面存在润滑油。润滑油有两个来源：一是蜗杆轴通孔端油封有渗油，电梯运行时，蜗杆轴旋转把润滑油甩到制动鼓与制动闸瓦之间的摩擦表面；二是制动器制动臂上销轴使用了过量润滑油进行润滑，并发现有油珠滴到制动鼓及制动闸瓦上。当制动鼓与制动闸瓦之间摩擦表面的润滑油积累到一定的程度，制动力矩将下降到不足以制停事故发生时的轿厢，致使轿厢失控下滑。
>
> 被告人表示，在5月5日、12日两次的日常检查中，都发现了一点点漏油，但认为不严重，而且更换油封是个很大的工程。他只是打电话告知上级领导，上级表示知道了，找机会把油封换了。
>
> 被告人作为一个有十几年电梯维修保养的工作人员，发现漏油却没有及时处理，导致了事故的发生。

八、电气设备与电气控制要求及标准

1. 电气安装与电气设备

（1）适用范围

本标准对电气安装和电气设备组成部件的各项要求适用于：

a. 动力电路主开关及其从属电路；

b. 轿厢照明电路开关及其从属电路；

c. 井道照明及其从属电路。

在机房和滑轮间内，必须采用防护罩壳以防止直接触电。所用外壳防护等级不低于 IP2X。

应测量每个通电导体与地之间的电阻，绝缘电阻的最小值应按照表4-5来取。

表4-5　绝缘电阻表

额定电压/V	测试电压（直流）/V	绝缘电阻/MΩ
大于100VA的安全特低电压和保护特低电压	250	≥0.5
≤500，包括功能特低电压	500	≥1.0
>500	1000	≥1.0

当电路中包含电子装置时，测量时应将相线和零线连接起来。

对于控制电路和安全电路，导体之间或导体对地之间的直流电压平均值和交流电压有效值均不应大于250V。零线和接地线应始终分开。

（2）主接触器、接触器式继电器、安全电路元件

① 主接触器。要求使电梯驱动主机停止运转的主接触器为下列类型：

a. AC-3，用于交流电动机的接触器；

b. DC-3，用于直流电源的接触器。

② 接触器式继电器。由于承受功率的原因，必须使用接触器式继电器去操作主接触器时，这些接触器式继电器应为下列类型：

a. AC-15，用于控制交流电磁铁；

b. DC-13，用于控制直流电磁铁。

对于上述主接触器和继电接触器，下列行为可认为是防止电气故障的措施：

a. 如果动断触点（常闭触点）中的一个闭合，则全部动合触点断开；

b. 如果动合触点（常开触点）中的一个闭合，则全部动断触点断开。

③ 安全电路元件。当继电接触器用于安全电路时，"如果动断触点（常闭触点）中的一个闭合，则全部动合触点断开；如果动合触点（常开触点）中的一个闭合，则全部动断触点断开"也应适用于安全电路。

连接在电气安全装置之后的装置应符合爬电距离和电气间隙的要求。

沿绝缘表面测得的两个导电零部件之间，在不同的使用情况下，由于导体周围的绝缘材料被电极化，导致绝缘材料呈现带电现象，此带电区的半径即为爬电距离。电气间隙是在两个导电零部件之间或导电零部件与设备防护界面之间测得的最短空间距离。

（3）电动机和其他电气设备的保护

直接与主电源连接的电动机应进行短路保护。

直接与主电源连接的电动机采用自动断路器进行过载保护，该断路器应切断电动机的所有供电。

如果一个装有温度监控装置的电气设备的温度超过了其设计温度，电梯不应再继续运行，此时轿厢应停在层站，以便乘客能离开轿厢。电梯应在充分冷却后才能自动恢复正常运行。

（4）主开关

在机房中，每台电梯都应单独装设一只能切断该电梯所有供电电路的主开关。该开关应具有切断电梯正常使用情况下最大电流的能力。

该开关不应切断下列供电电路：

a. 轿厢照明和通风；

b. 轿顶电源插座；

c. 机器空间和滑轮间照明；

d. 机器空间、滑轮间和底坑电源插座；

e. 电梯井道照明。

应能从机房入口处方便、迅速地接近主开关的操作机构。如果机房为几

学习笔记

台电梯所共用，各台电梯主开关的操作机构应易于识别。

对于群控电梯，当一台电梯的主开关断开后，如果其部分运行回路仍然带电，这些带电回路应能在机房中被分别隔开，而无需切断组内全部电梯的电源。

（5）电气配线

导线和电缆应设置在导管、线槽或等效的机械防护装置中。如果所安装的位置可以避免意外损坏（如被运动部件损坏），双层绝缘导线和电缆可不采用导管或线槽。

为了保证机械强度，门电气安全装置导线的截面积不应小于 0.75mm^2。

设置在安全电路中的连接器件和插接式装置应这样设计和布置，即如果不需要使用工具，就能将连接装置拔出时，或者错误的连接能导致电梯危险的故障时，则应保证重新插入时，绝对不会插错。

（6）照明与插座

轿厢、井道、机器空间、滑轮间与紧急和测试操作屏的照明电源应独立于驱动主机电源，可通过另外的电路或通过与主开关供电侧相连而获得照明电源。

应有一个控制电梯轿厢照明和插座电路电源的开关。如果机房中有几台电梯驱动主机，则每台电梯轿厢均须有一个开关。该开关应设置在相应的主开关近旁。

井道照明开关（或等效装置）应分别设置在底坑和主开关附近，以便这两个地方均能控制井道照明。如果轿顶上设置了附加的灯，应连接到轿厢照明电路，并通过轿顶上的开关控制。开关应在易于接近的位置，距检查或维护人员的入口处不超过 1m。

2. 电气故障的防护、控制

（1）故障分析和电气安全装置

① 故障分析。以下出现的任何单一电气故障，其本身不应成为导致电梯危险故障的原因：无电压、电压降低、导线中断、对地或对金属构件的绝缘损坏、电气元件的短路或断路、接触器或继电器的可动衔铁不吸合、接触器或继电器的可动衔铁不释放、触点不断开、触点不闭合、错相等。

如果含有电气安全装置的电路接地或接触金属构件而造成接地，应：

a. 使电梯驱动主机停止运转；

b. 在第一次正常停止运转后，防止电梯驱动主机再启动。

恢复电梯运行只能通过手动复位。

② 电气安全装置。当电气安全装置动作时，应按规定防止电梯驱动主机启动，或使其停止运转。内、外部电感或电容的作用不应引起电气安全装置失灵。

a. 安全触点。安全触点的动作，应由断路器装置将其可靠地断开，甚至两触点熔接在一起也应断开。安全触点的设计，应尽可能减小由其元件失效而引起的短路危险。

如果保护外壳的防护等级不高于 IP4X，则其电气间隙不应小于 3mm，爬电距离不应小于 4mm，触点断开后的距离不应小于 4mm。如果保护外壳的防护等级高于 IP4X，其爬电距离可降至 3mm。

b. 安全电路。如果某个故障（第一故障）与随后的另一个故障（第二故障）组合导致危险情况，那么最迟应在第一故障元件参与的下一个操作程序中使电梯停止。

只要第一故障仍存在，电梯的所有进一步操作都应是不可能的。

如果两个故障组合不会导致危险情况，而它们与第三故障组合就会导致危险情况时，那么最迟应在前两个故障元件中任何一个参与的下一个操作程序中使电梯停止。

如果存在三个以上故障同时发生的可能性，则安全电路应设计成有多个通道和一个用来检查各通道的相同状态的监控电路（图 4-28）。

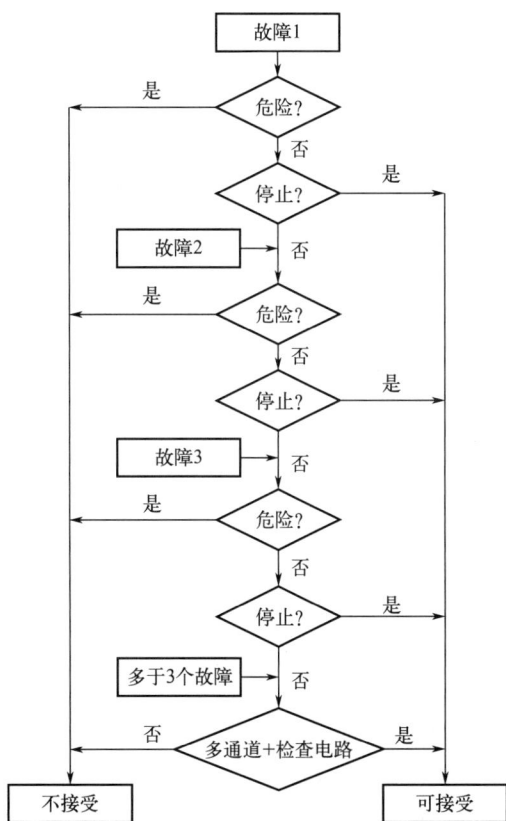

图 4-28　安全电路评价流程

含有电子元件的安全电路是安全部件，应进行型式试验。

c. 电气安全装置的动作。当电气安全装置为保证安全而动作时，应防止电梯驱动主机启动或立即使其停止运转，制动器的电源也应被切断。电气安全装置应直接作用在控制电梯驱动主机的设备上。

d. 电气安全装置的操作。操作电气安全装置的部件，应能在连续正常操作产生机械应力条件下，正确地起作用。

如果操作电气安全装置的装置设置在人们容易接近的地方，则它们应这样设置，即采用简单的方法不能使其失效。

（2）电气控制

① 电梯运行控制。

a. 正常运行控制。这种控制应借助于按钮或类似装置，如触摸控制、磁卡控制等。这些装置应置于盒中，以防止使用人员触及带电零件。除报警触发装置外，黄颜色不能用于其他控制装置。

b. 门开着情况下的平层和再平层。具备下列条件，允许层门和轿门打开时进行轿厢的平层和再平层运行：

（a）运行只限于开锁区域，应至少由一个开关防止轿厢在开锁区域外的所有运行，该开关装于门及锁紧电气安全装置的桥接或旁接式电路中；在预备操作期间，轿厢应保持在距层站 20mm 的范围内。

（b）平层速度不大于 0.8m/s。

（c）再平层速度不大于 0.3m/s。

c. 检修运行控制。为便于检修和维护，应在轿顶上、底坑内、轿厢内、平台上永久设置易于操作的检修运行控制装置，该装置由一个满足电气安全装置要求的开关操作。该开关为双稳态的，并设有误操作的防护。

检修运行开关处于检修位置时，应同时满足下列条件：

（a）使正常运行控制失效。

（b）使紧急电动运行控制失效。

（c）不能进行平层和再平层。

（d）防止动力驱动的门的任何自动运行。

（e）轿厢速度不大于 0.63m/s。

（f）轿顶上任何站人区域或底坑内的任何站人区域上方的净垂直距离不大于 2.0m 时，轿厢速度不大于 0.30m/s。

（g）不能超越轿厢正常行程的限制，即不能超过电梯正常运行的停止位置。

（h）电梯运行仍依靠安全装置。

（i）如果多个检修运行控制装置切换到"检修"状态，操作任一检修运行控制装置，均应不能使轿厢运行，除非同时操作所有切换到"检修"状态的检修运行控制装置上的相同按钮。

d. 紧急电动运行控制。对于人力操作提升装有额定载重量的轿厢所需力大于 400N 的电梯驱动主机，其机房内应设置一个紧急电动运行开关，紧急电动运行时，轿厢速度不应大于 0.3m/s。

紧急电动运行开关应使下列电气装置失效：

（a）用于检查绳或链松弛的电气安全装置。

（b）轿厢安全钳上的电气安全装置。

（c）检查超速的电气安全装置。

（d）轿厢上行超速保护装置上的电气安全装置。

学习笔记

（e）缓冲器上的电气安全装置。

（f）极限开关。

② 停止装置。电梯应在底坑、滑轮间、轿顶、检修运行控制装置上、电梯驱动主机上、紧急和测试操作屏上（除非在1m之内可直接操作主开关或其他停止装置）设置停止装置；轿厢内不应设置停止装置。

停止装置由符合规定的电气安全装置组成，为双稳态，误动作不能使电梯恢复运行。

③ 紧急报警装置。为使乘客能向轿厢外求援，轿厢内应装设乘客易于识别和触及的报警装置。该装置的供电应来自紧急照明电源或等效电源。该装置应采用一个对讲系统，以便与救援服务持续联系。

如果电梯行程大于30m或轿厢内与进行紧急操作处之间无法直接对话，则在轿厢内和进行紧急操作处应设置紧急电源供电的对讲系统或类似装置。

④ 层门和轿门旁路装置。为了维护层门触点、轿门触点和门锁触点，在控制屏（柜）或紧急和测试操作屏上应设置旁路装置。该装置应为通过永久安装的可移动的机械装置（如盖、防护罩等）防止意外使用的开关，或者插头插座组合；在层门和轿门旁路装置上或其近旁应标明"旁路"字样（图4-29）。

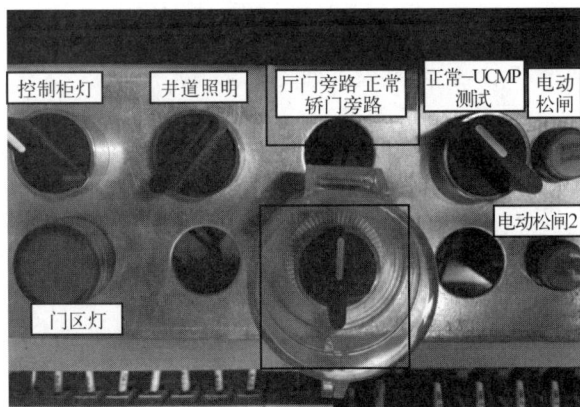

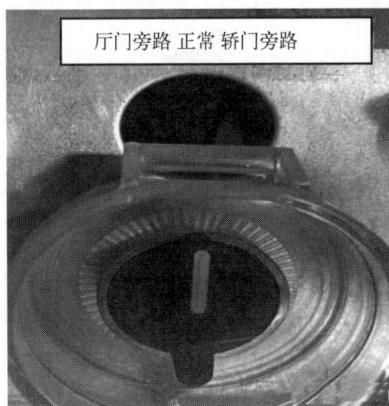

图4-29 旁路装置

学习笔记

知识贴士

"旁路"的目的是防止滥用短接线及使用后忘记拆除。

旁路装置应能满足以下功能要求：

a. 使正常运行控制无效，正常运行包括动力驱动的自动门的任何运行；

b. 能旁路层门关闭触点、层门门锁触点、轿门关闭触点和轿门门锁触点；

c. 不能同时旁路层门和轿门的触点；

d. 为了允许旁路轿门关闭触点后轿厢运行，提供独立的监控信号来证实轿门处于关闭位置；

e. 只有在检修运行或紧急电动运行模式下，轿厢才能运行。

⑤ 载荷控制。在轿厢超载时，电梯上的一个装置应防止电梯正常启动及再平层。应最迟在载荷超过额定载重量的110％时检测出超载。

在超载情况下：

a. 轿厢内应有听觉和视觉信号通知使用者；

b. 动力驱动自动门应保持在完全开启位置；

c. 手动门应保持在未锁紧状态。

拓展阅读

电梯底坑积水的危害

进入梅雨季节，作为电梯使用单位要第一时间检查电梯底坑是否有积水，如有，要立即让维保单位进行清理，这样才能保证电梯的使用寿命，保障电梯安全运行。电梯底坑进水运行存在安全隐患，发现后一定要立即向电梯公司汇报，在未恢复安全状态下，电梯该停就得停，否则后果很严重。

电梯底坑一旦积水，表现出的主要影响有以下两点：

第一，电梯底坑积水会使原本被安装在底坑的机电装置与线路完全浸泡在水中，如导轨、缓冲器、限速器钢丝绳张紧装置、限位开关、极限开关等。一旦积水过多，电梯补偿链等部件被浸泡在水中后，很有可能会将水带起并粘到电梯的其他部位，例如电梯的轿厢门机或接线盒等。

第二，电梯井道本处于四面封闭的空间状态内，一旦底坑积水时间较长，积水逐渐蒸发产生的湿气会聚集在井坑之内，还会附着在相关装置和电梯线路上。

一旦出现这两种情况，则会对电梯造成严重危害，主要危害有以下五点。

第一，电梯底坑积水浸泡相关装置或线路，包括积水产生的湿气会造成电梯的导轨机械部件等零部件锈蚀，其强度、塑性、韧性等性能也会遭到损毁，导致相关零件根本无法满足电梯的正常运行使用。

第二，电梯底坑长期积水会导致电气线路的绝缘性能不断降低，甚至会直接破坏电气线路的绝缘性能，导致电梯无法正常运行。

第三，电梯底坑长期积水，会导致电气开关受到水浸泡或湿气影响出现短路、电火花等危害。

第四，电梯底坑长期积水，会导致电气元件触点氧化，进而出现触点接触不良或断路情况。

第五，电梯底坑长期积水，会将导轨上的金属表面润滑油膜冲走，导致导轨运行过程中始终处于干摩擦状态，严重危害导轨的正常使用。

这些问题会对电梯的使用寿命造成阻碍，还会给电梯维修人员带来较大工作量，甚至有可能会使乘客与维修人员在接触电梯过程中受触电伤害。

学习笔记

九、电梯整机技术条件

电梯的零部件应设计正确、结构合理，并遵行机械、电气及建筑结构的通用技术要求。电梯整机的运行性能应符合舒适性、可靠性、安全性等基本技术要求。

1. 整机动态性能

乘客电梯启动加速度和制动减速度最大值均不应大于 1.5m/s^2。

当乘客电梯额定速度为 $1.0\text{m/s}<v\leq2.0\text{m/s}$ 时，A95 加、减速度不应小于 0.5m/s^2；当乘客电梯额定速度为 $2.0\text{m/s}<v\leq6.0\text{m/s}$ 时，A95 加、减速度不应小于 0.7m/s^2。

乘客电梯轿厢运行期间水平（X 轴和 Y 轴）振动的最大峰峰值不应大于 0.2m/s^2，A95 峰峰值不应大于 0.15m/s^2；运行恒加速度区域内的垂直（Z 轴）振动的最大峰峰值不应大于 0.2m/s^2，A95 峰峰值不应大于 0.2m/s^2。电梯振动加速度曲线图如图 4-30 所示。

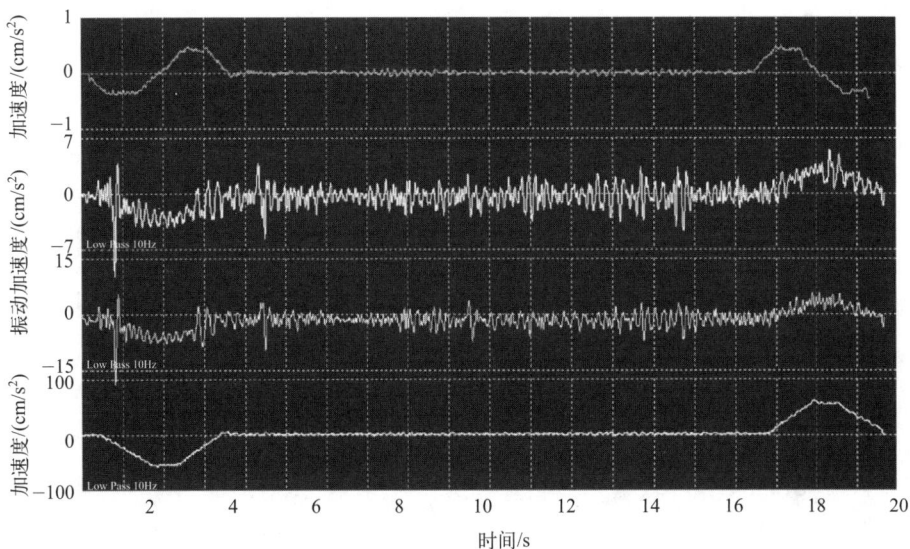

图 4-30 电梯振动加速度曲线

学习笔记

2. 开门时间及噪声

乘客电梯的中分自动门和旁开自动门的开关门时间不宜大于表 4-6 规定的值。

表 4-6　乘客电梯的开关门时间　　　　s

开门方式	开门宽度（B）/mm			
	$B\leqslant800$	$800<B\leqslant1000$	$1000<B\leqslant1100$	$1100<B\leqslant1300$
中分自动门	3.2	4.0	4.3	4.9
旁开自动门	3.7	4.3	4.9	5.9

注：1. 开门宽度超过 1300mm 时，其开门时间由制造商与客户协商确定。

　　2. 开门时间指从开门启动至达到开门宽度的时间；关门时间指从关门启动至证实层门锁紧装置、轿门锁紧装置以及层门、轿门关闭状态的电气安全装置的触点全部接通的时间。

电梯的各机构和电气设备在工作时不应有异常振动或撞击声响。电梯的噪声值应符合表 4-7 规定。

表 4-7　乘客电梯的噪声值　　　　dB（A）

额定速度 v/（m/s）	$v\leqslant2.5$	$2.5<v\leqslant6.0$
额定速度运行时机房内平均噪声值	$\leqslant80$	$\leqslant85$
运行中轿厢内最大噪声值	$\leqslant55$	$\leqslant60$
开关门过程最大噪声值	$\leqslant65$	

注：无机房电梯的"机房内平均噪声值"指距离曳引机 1m 处所测得的平均噪声值。

电梯轿厢的平层准确度宜在 ±10mm 范围内，平层保持精度宜在 ±20mm 范围内。

曳引式电梯的平衡系数应在 0.4～0.5 范围内。

3. 整机可靠性

（1）整机可靠性检验

电梯安装后应进行运行试验：轿厢分别在空载、额定载荷工况下，按产品设计规定的每小时启动次数和负载持续率各运行 1000 次（每天不少于 8h），电梯应运行平稳、制动可靠，连续运行无故障。

整机可靠性检验为启、制动运行 60000 次中失效（故障）次数不应超过 5 次。每次失效（故障）修复时间不应超过 1h。

（2）控制柜可靠性

控制柜可靠性检验为被其驱动与控制的电梯启、制动运行 60000 次中，控制柜失效（故障）次数不应超过 2 次。由控制柜本身原因造成的停机等非正常运行，均被认为是失效（故障）。与控制柜相关的整机性能项目包括：

① 启动加速度与制动减速度；

② 最大加、减速度和 A95 加、减速度；

③ 平层准确度。

（3）可靠性检验的负载条件

在整机可靠性检验及控制柜可靠性检验期间，轿厢载有额定载重量以额定速度上行不应少于 15000 次。

案例分析

电梯噪声超标，开发商被判整改赔偿

南宁市某小区顶楼的业主家紧挨着电梯间，因电梯运行引起的噪声较大，只要电梯运行，家里就会"嗡嗡"作响，特别是夜间，时断时续，刺耳的噪声使人根本无法入睡。业主委托专业鉴定机构对房屋内噪声进行检测，结果显示：电梯夜间运行时，业主家客厅、主卧、次卧的噪声均已超出《民用建筑隔声设计规范》及《社会生活环境噪声排放标准》规定的最高限值标准。业主将检测报告交给开发商，多次与开发商及小区物业公司沟通，希望整改，但开发商一直未作出整改。在多次沟通无果后，业主将开发商告上法院。

法院认为，开发商在开发建设房屋时，应对电梯有关事宜进行合理的设计、选购、安装等，有义务对电梯相关设施采取有效的隔声降噪措施，以保证电梯在日后运行中产生的噪声符合国家相关标准，且不对住宅中的居民造成噪声污染。现检测报告表明，该业主所购买的房屋客厅、主卧、次卧在电梯夜间运行时的噪声均超标。

根据《民用建筑隔声设计规范》第 4.3.4 规定："电梯不得紧邻卧室布置，也不宜紧邻起居室（厅）布置。受条件限制需要紧邻起居室（厅）布置时，应采取有效的隔声和减振措施。"为了防止电梯运行时的噪声和振动干扰居室环境、影响睡眠休息，在住宅设计中要尽可能使电梯井远离居住空间。不得不紧邻起居室（厅）布置时，必须采取相应的技术措施，例如选用低噪声电梯、在电梯轨道和井壁之间设置减振装置等。

因开发商未举证证明其对电梯已采取有效的隔声和减振措施，该公司应承担侵权责任。法院判决，开发商公司对涉案单元内的电梯及电梯井采取隔声降噪等整改措施，使业主房屋的噪声符合《民用建筑隔声设计规范》及《社会生活环境噪声排放标准》的标准，同时应支付业主精神抚慰金 5000 元、检测费 5000 元。

电梯专业技术人员分析，因为机房建在楼房顶层，主机、控制柜等都在其中，电梯运行对顶楼影响较大。电梯噪声超标，有可能是电梯轨道未调试好，刹车声过大，或者是控制柜里的接触器声音过大。业主可以与电梯维保公司沟通，查看声音来源，如果检查未发现问题，还可以在机房墙壁上安装隔音棉，进行降噪处理。

同步测试

一、选择题

1. 当相邻两层门地坎间的距离大于（　　　）m时，可以设置中间井道安全门。

A. 10　　　　　　　B. 11　　　　　　　C. 12　　　　　　　D. 13

2. 对重的运行区域应采用刚性隔障防护，从底坑地面到隔障的最低部分不应大于（　　　）m；隔障应从对重完全压缩缓冲器位置时最低点起延伸到底坑地面以上最小（　　　）m处。

A. 0.3　　　　　　B. 0.5　　　　　　C. 2.0　　　　　　D. 2.5

3. 电梯轿厢内照度至少为（　　　）lx，底坑地面照度至少为（　　　）lx，机器空间中工作区域照度至少为（　　　）lx。

A. 50　　　　　　　B. 100　　　　　　C. 150　　　　　　D. 200

4. 机器空间中，特别是工作区域的净高不应小于（　　　）m。

A. 1.8　　　　　　B. 2.0　　　　　　C. 2.1　　　　　　D. 2.5

5. 层门和轿门入口的净高度不应小于（　　　）m。

A. 1.8　　　　　　B. 2.0　　　　　　C. 2.1　　　　　　D. 2.5

6. 层门宜采用金属制造，如果采用玻璃，玻璃类型为（　　　）。

A. 钢化玻璃　　　　B. 硬质玻璃　　　　C. 夹层玻璃　　　　D. 防爆玻璃

7. 门锁装置的锁紧元件啮合深度不小于（　　　）mm。

A. 5　　　　　　　　B. 6　　　　　　　　C. 7　　　　　　　　D. 8

8. 额定载重量1000kg的电梯，最大允许乘坐人员数量为（　　　）人。

A. 10　　　　　　　B. 11　　　　　　　C. 12　　　　　　　D. 13

9. 不论钢丝绳的股数多少，曳引轮、滑轮或卷筒的节圆直径与悬挂绳的公称直径之比不应小于（　　　）。

A. 10　　　　　　　B. 20　　　　　　　C. 30　　　　　　　D. 40

10. 对于用3根或3根以上钢丝绳的曳引驱动电梯的安全系数最小为（　　　）。

A. 10　　　　　　　B. 11　　　　　　　C. 12　　　　　　　D. 13

11. 若电梯额定速度大于0.63m/s，轿厢应采用（　　　）安全钳。

A. 瞬时式　　　　　B. 渐进式

12. 以下（　　　）装置可以用来触发安全钳。

A. 电气　　　　　　B. 液压　　　　　　C. 气动　　　　　　D. 机械

13. 触发安全钳的限速器的动作应发生在速度至少等于额定速度的（　　　）%时。

A. 110　　　　　　B. 115　　　　　　C. 120　　　　　　D. 150

14. 上行超速保护装置动作的速度监控部件应是（　　　）。

A. 限速器　　　　　B. 制动器　　　　　C. 选层器

15. 有齿轮曳引机的上行超速保护装置类型不包括（　　　）。

A. 双向安全钳　　　B. 对重安全钳　　　C. 制动器　　　　　D. 夹绳器

16. 每根导轨至少设置2个导轨支架，支架间距不宜大于（　　　）m。

A. 2.0　　　　　　B. 2.5　　　　　　C. 3.0　　　　　　D. 3.5

17. 正常运行时，制动器应在持续通电下保持（　　　）状态。

A. 松开　　　　　　　　B. 制动

18. 使轿厢移动到层站所需的操作力不大于（　　）N 时，可以使用手动盘车装置。

A. 150　　　　　　B. 200　　　　　　C. 300　　　　　　D. 400

19. 电动机运转时间限制器动作时间一般不大于（　　）s。

A. 40　　　　　　B. 45　　　　　　C. 50　　　　　　D. 60

20. 紧急电动运行开关不能使（　　）电气安全装置失效。

A. 限速器　　　　　　B. 安全钳　　　　　　C. 缓冲器　　　　　　D. 门锁

二、判断题

1. 电梯井道下方确有人员能够到达的空间，对重上需装设安全钳。（　　）

2. 井道底坑必须设置 2 个停止装置。（　　）

3. 机器可以被设置在机房内、井道内、井道外、滑轮间等不同位置。（　　）

4. 手动释放制动器的操作部件应涂成黄色。（　　）

5. 除了必要的间隙之外，层门与轿门应是无孔的。（　　）

6. 层门的关闭与锁紧是电梯使用者安全的首要条件。（　　）

7. 为了乘坐舒适性，轿厢的有效面积可以宽松。（　　）

8. 每一轿厢地坎上均须装设护脚板，其宽度应等于相应层站入口的整个净宽度。

（　　）

9. 轿厢安全门和安全窗的开门方向都是朝向轿厢外侧。（　　）

10. 卷筒上最多能绕两层钢丝绳。（　　）

11. 当采用补偿绳作为补偿装置时，必须配张紧装置。（　　）

12. 绳轮防护装置应能见到旋转部件且不妨碍检查与维护工作。（　　）

13. 蓄能型缓冲器可用于任何额定速度的电梯。（　　）

14. 主机允许的驱动方式有曳引式、强制式、液压式。（　　）

15. 制动系统应具有一个机-电式制动器（摩擦型）。（　　）

16. 主开关不应切断轿厢照明和通风、轿顶电源插座、机器空间和滑轮间照明、机器空间、滑轮间和底坑电源插座、电梯井道照明的供电电路。（　　）

17. 曳引式电梯的平衡系数应在 0.4～0.5 范围内。（　　）

18. 当载重量超过额定载荷的 10% 时，就是超载。（　　）

19. 机器在井道内，这种情况最常见的就是无机房电梯的布置形式。（　　）

20. 当轿厢处于最高极限位置时，轿厢向上超越顶层平层位置一段距离，轿顶上至少具有一块净面积用于避险空间。（　　）

三、简答题

1. 简述单井道与通井道内的防护技术要求。

2. 简述井道顶层与底坑空间技术要求。

3. 简述机器在井道内时工作区域的技术要求。

4. 简述门的间隙与尺寸技术要求。

5. 有一台额定载重量 1000kg 的乘客电梯，轿厢宽 1.6m、深 1.5m，分析该电梯面积是否符合要求。

6. 简述电梯轿顶防护栏的技术要求。

7. 简述电梯曳引钢丝绳技术要求。

8. 简述电梯上行超速保护装置的类型及要求。

9. 简述电梯制动系统技术要求。

10. 简述电梯整机动态性能的技术要求。

答案扫一扫

模块五

自动扶梯和自动人行道法规与标准

▶ 素质目标

① 遵守特种设备安全操作规程与企业规章制度，履行电梯从业人员职责与义务，具有"安全至上、生命至上"的职业安全意识。

② 具有自动扶梯和自动人行道基本的法规标准意识，形成遵纪守法的道德准则和行为规范。

③ 具有良好的信息意识，以及规范收集、处理、归纳、呈现等信息素养。

▦ 知识目标

① 了解自动扶梯的基本主要参数。

② 掌握驱动系统与扶手系统的技术要求。

③ 掌握梯级与梯路系统的技术要求。

④ 掌握相邻区域空间尺寸的技术要求。

⑤ 掌握安全保护系统的技术要求。

⊕ 能力目标

① 通过参观实物自动扶梯和人行道，能归纳自动扶梯基本结构原理与法规标准知识。

② 能够对自动扶梯相邻空间、梯级与梯路系统等的配合尺寸等进行简单的检测。

③ 能看懂自动扶梯井道图，明确各部件及相关尺寸包含的法规与标准知识。

④ 能简单概述自动扶梯与自动人行道的关键部件检验的内容、要求与方法。

学习笔记

📝 模块描述

　　自动扶梯安装在室内或室外的公共场所，扶梯与建筑物之间的间隙、梯级与梳齿板的缝隙等都会给乘坐者带来挤压剪切危险，扶手带对于儿童而言犹如一个天然的游乐设施，充满了潜在的安全隐患。基于此，国家标准规范对自动扶梯的空间尺寸位置、机械部件、安全保护装置等方面都进行了详尽的要求。通过本模块的学习，熟练掌握自动扶梯相邻区域、扶手系统、梯级系统、梯路系统、驱动系统、安全保护系统、电力拖动系统等技术标准知识，能安全、规范乘坐自动扶梯，能针对相关结构部件讲述相关技术标准知识。

✈ 相关知识

　　自动扶梯与自动人行道涉及的标准主要包括 GB 16899—2011《自动扶梯和自动人行道的制造与安装安全规范》、TSG T7001—2023《电梯监督检验和定期检验规则》等。

　　GB 16899—2011 等效采用欧洲标准 EN115-1：2008＋A1：2010 的版本，该版本是 CEN 在多年自动扶梯技术发展和实践经验的基础上，对 EN115：1995 进行的修订。EN115-1：2008 与 EN115：1995 相比，增加了一些自动扶梯安全要求，例如制动减速度的要求、梯级扭转试验要求、用于输送购物车和行李车的自动扶梯和自动人行道的要求等，同时改正了旧标准的不足，更适用于市场的需要。

💡 知识贴士

我国电梯标准等效采用国际标准可保证国家标准制定的透明度，也是促进国际贸易的基本条件。

一、主要术语及参数

1. 主要术语

（1）自动扶梯与自动人行道（表 5-1）

表 5-1　自动扶梯与自动人行道定义

序号	术语	新标准 GB 16899—2011	旧标准 GB 16899—1997	对比
1	自动扶梯定义	自动扶梯：用于升降人员，动力驱动的、倾斜的、连续运行的阶梯，其人员运载面（例如梯级踏面）保持水平。自动扶梯是机器，即使在非运行状态下，也不能当作固定楼梯使用	自动扶梯：带有循环运动梯路向上或向下倾斜输送乘客的固定电力驱动设备	明确自动扶梯在非运行状态下不能当作固定楼梯使用，与以前的"在停电情况下兼可供疏散乘客使用"的提法不同

续表

序号	术语	新标准 GB 16899—2011	旧标准 GB 16899—1997	对比
2	自动人行道定义	自动人行道（moving walk）：动力驱动的人员输送设备，其人员运载面（例如踏面、胶带）始终与运行方向平行且保持连续。自动人行道是机器，即使在非运行状态下，也不能当作固定通道使用	自动人行道（passenger conveyor）：带有循环运动走道（例如板式或带式）水平或倾斜输送乘客的固定电力驱动设备	英文的术语也不同

（2）名义速度与额定速度（表5-2）

表5-2　名义速度与额定速度定义

序号	术语	新标准 GB 16899—2011	旧标准 GB 16899—1997	对比
1	名义速度	由制造商设计确定的，自动扶梯或自动人行道的梯级、踏板或胶带在空载情况下的运行速度		新标准的名义速度也即旧标准的额定速度，指设计的空载运行速度，而新标准的额定速度指实际的满载时的运行速度，应以现场实测的为准
2	额定速度	额定速度是自动扶梯和自动人行道在额定载荷时的运行速度	自动扶梯和自动人行道的梯级、踏板或胶带在空载情况下的运行速度，也是由制造厂商所设计确定并实际运行的速度	

自动扶梯的名义速度不应大于：自动扶梯倾斜角 α 不大于 30°时，为 0.75m/s；自动扶梯倾斜角 α 大于 30°但不大于 35°时，为 0.50m/s。

自动人行道的名义速度不应大于 0.75m/s。如果踏板或胶带的宽度不大于 1.1m，且在出入口踏板或胶带进入梳齿板之前的水平距离不小于 1.6m 时，自动人行道的名义速度最大允许达到 0.9m/s。

（3）名义宽度（表5-3）

表5-3　名义宽度定义

术语	新标准 GB 16899—2011	旧标准 GB 16899—1997	对比
名义宽度	自动扶梯和自动人行道的名义宽度不应小于 0.58m，也不应大于 1.10m。对于倾斜角不大于 6°的自动人行道，该宽度允许增大至 1.65m	自动扶梯和自动人行道的名义宽度不应小于 0.58m，且不超过 1.1m。对于倾斜角不大于 6°的自动人行道，允许有较大的宽度	新标准中自动扶梯的名义宽度要求不变，而自动人行道要求最大不超过 1.65m

学习笔记

自动人行道名义宽度超过 1.00m 时，其输送能力不会随着名义宽度的增加而增加，因为使用者需要握住扶手带，同一个踏板上最多站 2 个人，其额外的宽度原则上是供购物车和行李车使用的。

（4）倾斜角

倾斜角指梯级、踏板或胶带运行方向与水平面构成的最大角度。

自动扶梯的倾斜角不应大于 30°。当提升高度不大于 6m 且名义速度不大于 0.5m/s 时，倾斜角允许增至 35°。

自动人行道的倾斜角不应大于 12°。

（5）提升高度

提升高度指自动扶梯或自动人行道出入口两楼层之间的垂直距离。

（6）最大输送能力与理论输送能力（表 5-4）

表 5-4　最大输送能力与理论输送能力定义

序号	术语	新标准 GB 16899—2011	旧标准 GB 16899—1997	对比
1	最大输送能力	在运行条件下，可达到的最大人员流量		
2	理论输送能力		自动扶梯或自动人行道每小时理论输送的人数。理论输送能力 ct 按公式计算：$$ct=v\times3600\times k/0.4$$ 式中　v——额定速度，m/s；k——系数。对常用的宽度 z_1 其 k 值为：当 $z_1=0.6\text{m}$ 时，$k=1.0$ 当 $z_1=0.8\text{m}$ 时，$k=1.5$ 当 $z_1=1.0\text{m}$ 时，$k=2.0$	理论输送能力通过公式计算，而最大输送能力一般进行估算

理论输送能力的计算公式实际上就是梯级上站满人时的输送能力。实际上在拥挤的情况下也不会出现全部满人的情况，人们出于安全的本能，总会留出一定的空间。另外，由于受人们反应时间的限制，速度越快，前后梯级间留下的间隙越大，因此理论输送能力并没有很大的意义。新标准上引入了最大输送能力的概念，它与理论输送能力不同，不能通过简单的公式进行计算，而是采用理论分析及经验值，其数据比较难记，可以进行估算。新旧标准中常用宽度和速度的输送能力对比如表 5-5 所示。

表 5-5　常用宽度和速度的输送能力对比

梯级、踏板宽度/m	名义/额定速度/（m/s）					
	0.50		0.65		0.75	
	新	旧	新	旧	新	旧
0.6	3600	4500	4400	5850	4900	6750

续表

梯级、踏板 宽度/m	名义/额定速度/（m/s）					
	0.50		0.65		0.75	
	新	旧	新	旧	新	旧
0.8	4800	6750	5900	8775	6600	10125
1.0	6000	9000	7300	11700	8200	13500

（7）重大危险清单

① 机械危险。由于机器设计或接近机器区域，可能引发的机械危险。例如，建筑物碰撞人体、扶手带挤压手指、围裙板和梯级之间被夹住、梳齿板和梯级之间被夹住、地板和扶手带之间被夹住等。

② 电气危险。由电气设备的设计或操作引发的危险。例如，人体与带电部件接触、不适当的紧急停止开关、静电现象、外界对电气设备的影响等。

③ 辐射危险。由机器产生的电磁辐射或受到外界的电磁辐射。

④ 设计时忽视人类工效学原则产生的危险。例如，扶手装置的高度、扶手带的宽度、工作场所通道的照明不足等。

⑤ 控制电路失效产生的危险。例如，短路、过载、超速、驱动的意外逆转等。

⑥ 运行期间断裂或破裂产生的危险。即使自动扶梯或自动人行道是按标准的要求进行设计的，仍可能产生特殊的危险。例如，大于规定的使用者和结构载荷作用于桁架上，大于规定的载荷作用于扶手装置上等。

⑦ 滑倒、绊倒或跌倒的危险。多数自动扶梯或自动人行道上的危险状态是由人员的滑倒和跌倒导致的。例如，运行方向改变导致的跌倒等。

⑧ 机器特有的危险。例如，梯级或踏板的缺失、运送除人员外的其他物品、爬上扶手装置的外侧、在扶手装置间滑行、翻越扶手装置等。

2. 主要参数

参数符号和相应的计量单位如表 5-6 所示，自动扶梯主要尺寸如图 5-1 所示。

表 5-6 本标准使用的参数符号和计量单位

符号	说明	单位
b_1	扶手带中心线之间的距离	m
b_2	扶手带的宽度	mm
b_3	围裙板和护壁板之间的水平距离	mm
b_4	直接连接护壁板的内盖板的水平部分宽度	mm
b_5	扶手带内边缘和护壁板边缘之间的水平距离	mm

续表

符号	说明	单位
b'_6、b''_6	扶手带开口侧面与导轨或扶手支架侧面之间的水平距离	mm
b_7	槽的宽度	mm
b_8	齿的宽度	mm
b_9	扶手带外侧边缘与非连续性障碍物之间的水平距离	mm
b_{10}	扶手带外侧边缘与连续性障碍物之间的水平距离	mm
b_{11}	相邻自动扶梯或自动人行道的扶手带之间的距离	mm
b_{12}	扶手带下缘和扶手盖板之间的垂直距离	mm
b_{13}	外盖板的宽度	mm
b_{14}	相邻自动扶梯或自动人行道护壁板外侧边缘之间的距离	mm
b_{15}	建筑结构和扶手带中心线之间的水平距离	mm
b_{16}	相邻自动扶梯或自动人行道扶手带中心线之间的水平距离	mm
b_{17}	防滑行装置与扶手带外侧边缘之间的水平距离	mm
h_1	扶手带上缘和梯级、踏板或胶带表面之间的距离	m
h_2	围裙板上缘或内盖板折线底部与梯级前缘连线、踏板或胶带表面之间的垂直距离	mm
h_3	扶手转向端入口处与地板之间的距离	m
h_4	扶手带外侧边缘之间区域内梯级、踏板或胶带上方的垂直净高度	m
h_5	垂直防护挡板的高度	m
h_6	踏面和梳齿齿根之间的间隙	mm
h_7	槽的深度	mm
h_8	梳齿与踏面齿槽的啮合深度	mm
h_9	地板和防爬装置下端之间的垂直距离	mm
h_{10}	扶手带下侧边缘和阻挡装置的上缘之间的垂直距离	mm
h_{11}	防滑行装置的高度	mm
h_{12}	扶手带外部自由空间的高度	mm
h_{13}	上下楼层之间的垂直距离	m
L_1	梳齿板的齿根宽	—
l_1	支承之间的水平距离	m
L_2	梳齿与踏面相交线	—

续表

符号	说明	单位
l_2	平行于踏面测得的扶手带转向顶点到梳齿与踏面相交线之间的距离	m
l_3	自梳齿与踏面相交线起测得的沿出入口方向上扶手带直线段的距离	m
l_4	平行于踏面测得的扶手带转向顶点到转向端入口处之间的距离	m
l_5	外盖板上防爬装置的长度	mm
v	名义速度	m/s
x_1	梯级高度	m
y_1	梯级深度	m
z_1	承载面的名义宽度（梯级、踏板或胶带）	m
z_2	围裙板之间的水平距离	m
z_3	支承滚轮之间的横向距离	mm
α	自动扶梯和自动人行道的倾斜角	(°)
β	梳齿的设计角度	(°)
γ	内盖板的倾斜角	(°)

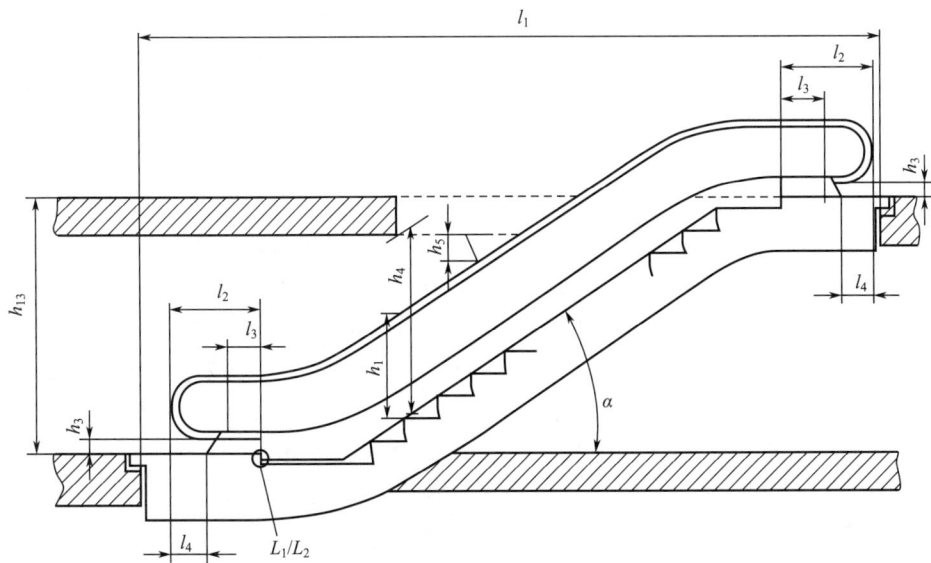

图 5-1　自动扶梯主要尺寸

二、扶手系统要求及标准

自动扶梯或自动人行道的两侧应装设扶手装置。

学习笔记

知识贴士

扶手带不允许比梯级慢，防止人向后跌倒。

微课扫一扫

扶手系统技术标准

知识贴士

电梯的玻璃为夹层玻璃，扶梯的玻璃为钢化玻璃。

1. 扶手带的运行速度偏差

扶手带的运行速度相对于梯级、踏板或胶带的实际速度的允差为 $0 \sim 2\%$。

2. 扶手装置的尺寸

扶手带顶面距梯级前缘或踏板表面或胶带表面之间的垂直距离 h_1 不应小于 $0.90m$，也不应大于 $1.10m$（图 5-2）。

图 5-2 扶手高度安全尺寸示意图

扶手装置应没有任何部位可供人员正常站立。如果存在人员跌落的风险，应采取适当措施阻止人员爬上扶手装置外侧。

自动扶梯和自动人行道的外盖板上应装设防爬装置。防爬装置位于地面上方高度 h_9 为（1000 ± 50）mm，下部与外盖板相交，平行于外盖板方向上的延伸长度 l_5 不应小于 $1000mm$，并应确保在此长度范围内无踩脚处。

当自动扶梯或自动人行道与墙相邻，且外盖板的宽度 b_{13} 大于 $125mm$ 时，在上、下端部应安装阻挡装置，防止人员进入外盖板区域。当自动扶梯或自动人行道为相邻平等布置，且共用外盖板的宽度 b_{14} 大于 $125mm$ 时，也应安装这种阻挡装置。该装置应延伸到距离扶手带下缘高度 h_{10}（$25 \sim 150mm$）。

当自动扶梯或倾斜式自动人行道和相邻的墙之间装有接近扶手带高度的扶手盖板，且建筑物和扶手带中心线之间的距离 b_{15} 大于 $300mm$ 时，应在扶手盖板上装设防滑行装置。该装置包含固定在扶手盖板上的部件，与扶手带的距离不应小于 $100mm$，并且防滑行装置之间的间隔距离不应大于 $1800mm$，高度 h_{11} 不应小于 $20mm$。对相邻自动扶梯或倾斜式自动人行道，扶手带中心线之间的距离 b_{15} 大于 $400mm$ 时，也应满足上述要求。自动扶梯防误用装置尺寸如图 5-3 所示。

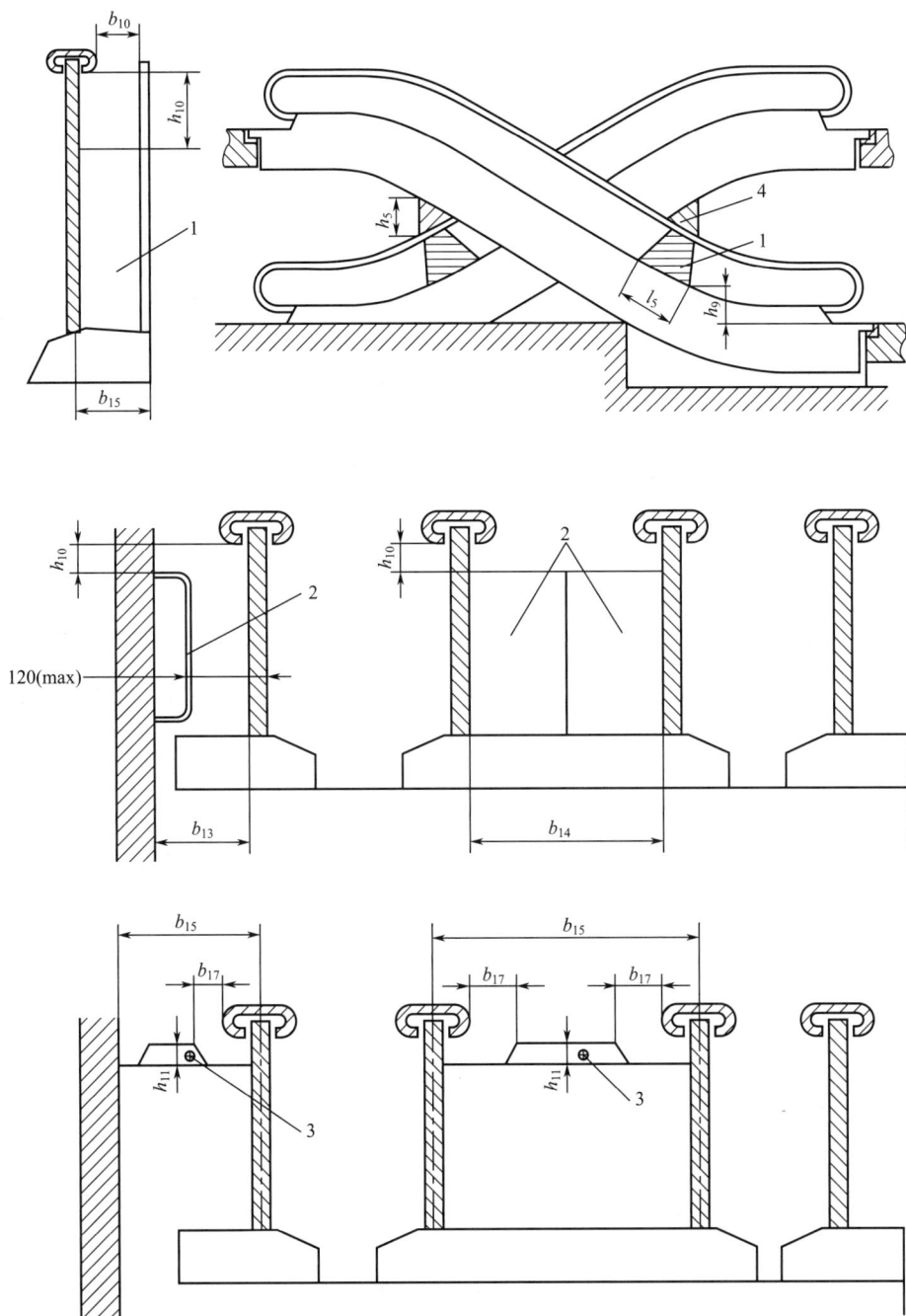

图 5-3　自动扶梯防误用装置尺寸示意图

1—防爬装置；2—阻挡装置；3—防滑行装置；4—垂直防护挡板

　　如果采用玻璃做成护壁板，这种玻璃应是钢化玻璃。单层玻璃的厚度不应小于 6mm。当采用多层玻璃时，应为夹层钢化玻璃，并且至少有一层的厚度不应小于 6mm。

3. 扶手带截面形状和位置

扶手带截面形状和位置尺寸如图5-4所示。扶手装置的扶手带截面及其导轨的成型组合件，不应挤夹手指或手。扶手带开口处与导轨或扶手支架之间的距离b'_6、b''_6，在任何情况下均不应大于8mm。扶手带宽度b_2应在70mm与100mm之间，扶手带与扶手装置边缘之间的距离b_5不应大于50mm。

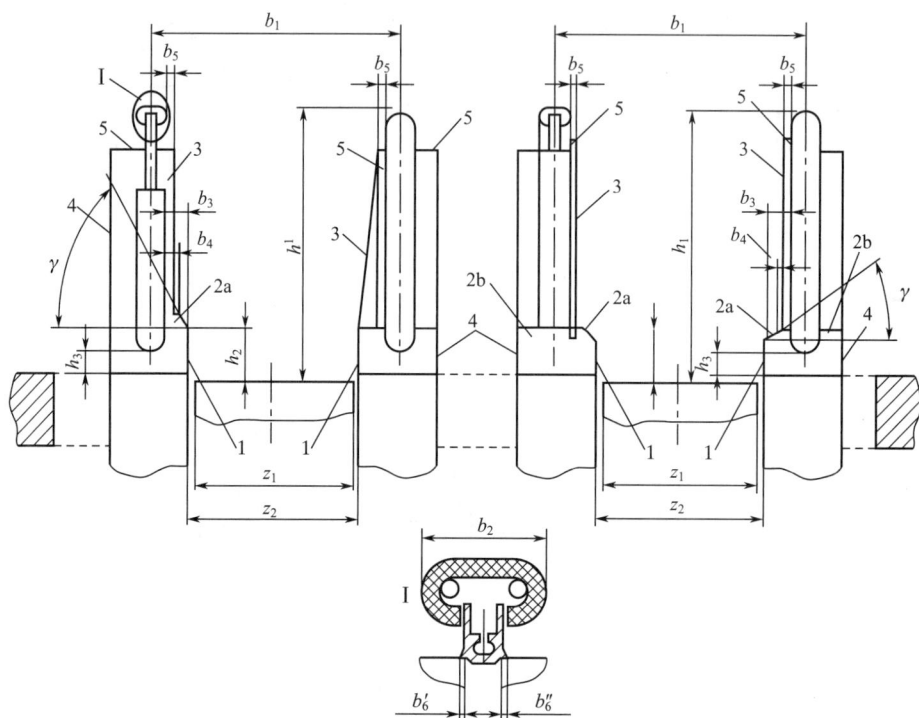

图5-4　扶手带截面形状和位置尺寸示意图
1—围裙板；2a—内盖板；2b—外盖板；3—护壁板；4—外装饰板；5—扶手盖板

4. 扶手带中心线之间的距离

扶手带中心线之间距离b_1所超出围裙板之间距离z_2的值，不应大于0.45m。

5. 扶手带入口

扶手带在扶手转向端入口处的最低点与地板之间的距离h_3不应小于0.10m，也不应大于0.25m。扶手转向端顶点到扶手带入口处之间的水平距离l_4不应小于0.3m。

6. 扶手转向端

包括扶手带在内的扶手转向端，距梳齿与踏面相交线的纵向水平距离l_2不应小于0.6m。

在出入口，扶手带水平部分的延伸长度l_3自梳齿与踏面相交线起不应小于0.3m。

📖 **案例分析**

自动扶梯防护装置事故分析

事故 1 2005 年 10 月 3 日晚，11 岁的彬彬随母亲李女士前往某书城购书。李女士在 3 楼买书时，彬彬独自一人上、下自动扶梯，就在彬彬再次从 3 楼上至 4 楼时，突然意外地从自动扶梯上翻出，直坠至 1 楼，当时虽被火速送往医院，仍无法挽救其生命。书城每个楼层与自动扶梯两侧之间均有 2m 宽的空隙，从 1 楼直通 4 楼，扶手两侧没有任何安全防护装置，彬彬正是从这个空隙中由 3 楼直坠至 1 楼死亡的。

事故 2 2004 年 5 月 19 日下午 1 时左右，一男童从某百货商场 7 楼的两台并行自动扶梯之间的一条宽 230mm 的缝隙中摔到了地下室死亡。该商场自从开业，一直用一个花盆挡住扶梯缝隙，他们认为"花盆底座直径有 280mm，植物高度和扶梯差不多，花盆很重，一般掉不下去，所以还是比较安全的"。

事故原因分析

对于事故 1，可以认为是由死者鲁莽轻率行为导致，GB 16899 已经考虑到某些情况下使用者的鲁莽轻率行为，但不是全部的情况。当自动扶梯或自动人行道与墙相邻，且外盖板的宽度大于 125mm 时，在上、下端部应安装阻挡装置，防止人员进入外盖板区域。

对于事故 2，导致发生坠落事故的直接原因是两台扶梯之间存在的 230mm 间隙。防爬挡装置，其目的是使乘客不能方便地站立在裙板上，从而能够阻止人员方便地翻越扶手。当自动扶梯为相邻平等布置，且共用外盖板的宽度大于 125mm 时，也应安装阻挡装置。

微课扫一扫

梯级系统
技术标准

三、梯级系统要求及标准

1. 梯级、踏板的尺寸

自动扶梯和自动人行道的梯级或踏板的高度 x_1 不应大于 0.24m；深度 y_1 不应小于 0.38m；名义宽度 z_1 不应小于 0.58m，也不应大于 1.1m（图 5-5），对于倾斜角不大于 6° 的自动人行道，该宽度允许增大至 1.65m。

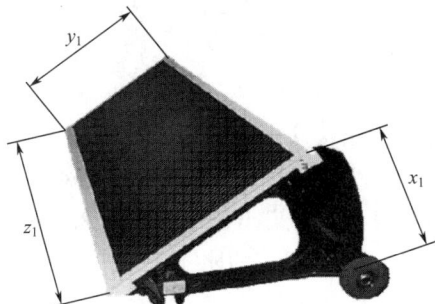

图 5-5 梯级尺寸

学习笔记

齿槽的宽度 b_7 不应小于 5mm，也不应大于 7mm，齿槽的深度 h_7 不应小于 10mm。

2. 梯级、踏板和胶带的导向

梯级或踏板偏离其导向系统的侧向位移，在任何一侧不应大于 4mm，在两侧测得的总和不应大于 7mm。对于垂直位移，梯级和踏板不应大于 4mm，胶带不应大于 6mm。

3. 梯级间或踏板间的间隙

在工作区段内的任何位置，从踏面测得的两个相邻梯级或两个相邻踏板之间的间隙不应大于 6mm（图 5-6）。

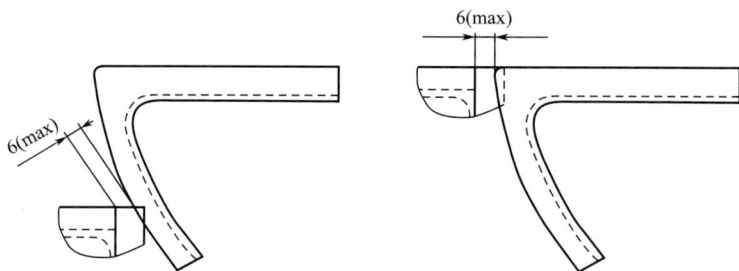

图 5-6　梯级间或踏板间的间隙

4. 梯级和踏板的驱动

自动扶梯的梯级应至少用两根链条驱动，梯级的每侧应不少于一根。

四、梯路系统要求及标准

1. 围裙板

围裙板应垂直、平滑且是对接缝的。

对自动扶梯，应降低梯级与围裙板之间滞阻的可能性。为此，应满足下列 4 个条件。

a. 在围裙板的最不利部件，垂直施加一个 1500N 的力于 $25cm^2$ 的方形或圆形面积上，其凹陷不应大于 4mm，且不应由此而导致永久性变形。

b. 自动扶梯或自动人行道的围裙板设置在梯级、踏板或胶带的两侧，任何一侧的水平间隙不应大于 4mm，在两侧对称位置处测得的间隙总和不应大于 7mm。

c. 应有符合规定的围裙板防夹装置（图 5-7）。

（a）由刚性和柔性部件（例如，毛刷、橡胶型材）组成；

（b）从围裙板垂直表面起的突出量应最小为 33mm，最大为 50mm；

（c）刚性部件应有 18～25mm 的水平突出，柔性部件的水平突出应为最小 15mm，最大 30mm；

（d）在倾斜区段，围裙板防夹装置的刚性部件最下缘与梯级前缘连线的

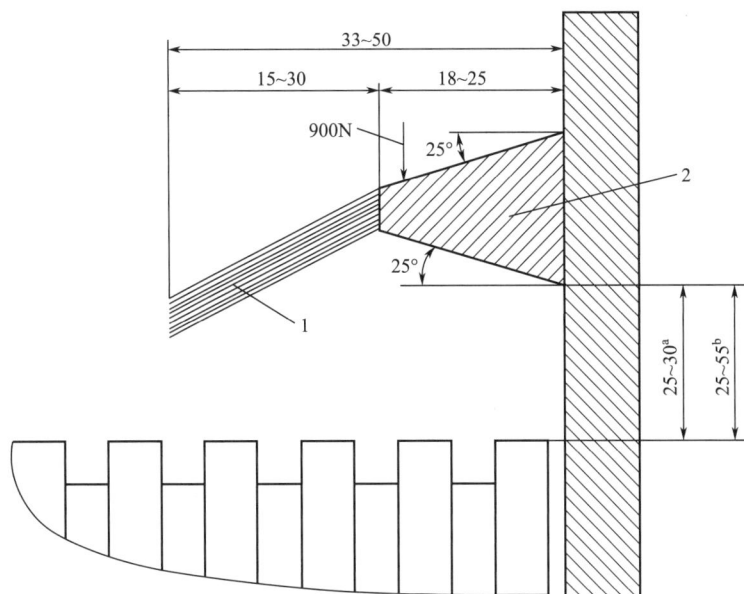

图 5-7　围裙板防夹装置尺寸

1—柔性部件；2—刚性部件；a—在倾斜区段；b—在水平区段和过渡区段

垂直距离应在 25mm 和 30mm 之间；

（e）在过渡区段和水平区段，围裙板防夹装置的刚性部件最下缘与梯级表面最高位置的距离应在 25mm 和 55mm 之间；

（f）刚性部件的下表面应与围裙板形成向上不小于 25°的倾斜角，其上表面应与围裙板形成向下不小于 25°的倾斜角；

（g）围裙板防夹装置的末端部分应逐渐缩减并与围裙板平滑相连，围裙板防夹装置的端点应位于梳齿与踏面相交线前（梯级侧）不小于 50mm，最大 150mm 的位置。

d. 围裙板防夹装置下方的围裙板宜采用合适的材料或合适的表面处理方式，以减小其与皮革、PVC 和橡胶之间的摩擦系数。

2. 梯级、踏板或胶带与围裙板之间的间隙

自动扶梯或自动人行道的围裙板设置在梯级、踏板或胶带的两侧（图 5-8），任何一侧的水平间隙不应大于 4mm，在两侧对称位置处测得的间隙总和不应大于 7mm。

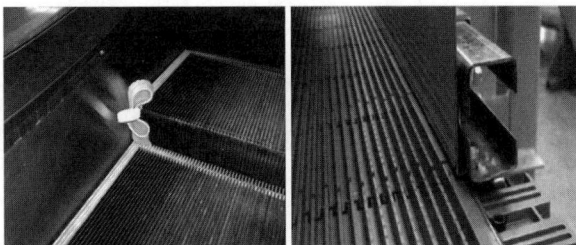

图 5-8　围裙板与梯级、踏板位置

📝学习笔记

知识贴士

2011年以前的扶梯遵行旧标准，没有强制性要求安装围裙板毛刷，所以生活中部分老旧扶梯没有设置。

学习笔记

如果自动人行道的围裙板位于踏板或胶带之上，则踏面与围裙板下端间所测得的垂直间隙不应大于 4mm。踏板或胶带的横向摆动不应在踏板或胶带的侧边与围裙板垂直投影间产生间隙。

3. 梳齿板

梳齿板应安装在两端出入口处，以方便使用者出入，梳齿板应易于更换。

梳齿板的梳齿应与梯级、踏板或胶带的齿槽相啮合，在梳齿板踏面位置测量梳齿的宽度不应小于 2.5mm。梳齿板的端部应为圆角，其形状应做成使其在与梯级、踏板或胶带之间造成挤夹的风险尽可能降至最低。

梳齿板应具有适当的刚度，并应设计成当有异物卡入时，梳齿在变形或断裂的情况下，仍能保持与梯级或踏板正常啮合。如果卡入异物后不能正常啮合，且产生损坏梯级、踏板、胶带或梳齿板支承结构的危险时，自动扶梯或自动人行道应停止运行。

梳齿板梳齿与踏板面（胶带）齿槽的啮合深度 h_8 应至少为 4mm，间隙 h_6 不应大于 4mm（图 5-9）。

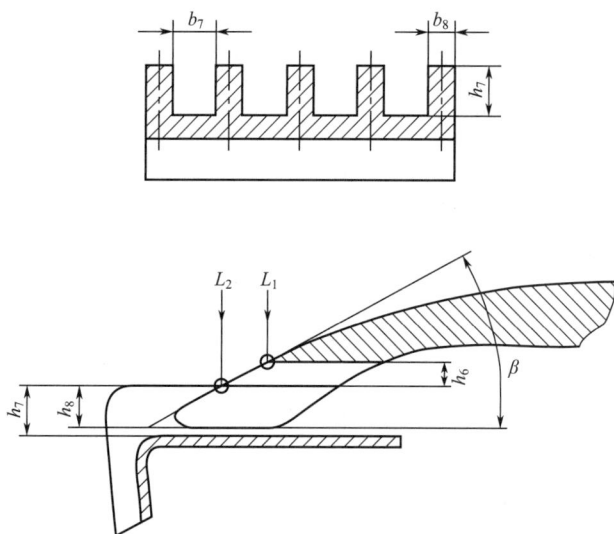

图 5-9　梯级与梳齿板啮合

案例分析

自动扶梯围裙板与梳齿板事故分析

事故 1　2006 年，在某市发生一起扶梯裙板夹伤儿童脚部的事故。然而这次事件后经检验，该台扶梯裙板与梯级间的间隙正常，在标准规定的范围内。分析有可能是因为裤子下摆或鞋子等物件先进入间隙后卡在裙板对接部位，引起脚部进入，从而发生了挤压事故。

　　事故 2　2007 年 8 月 13 日下午，在某市轻轨车站 A 入口处，2 岁大没有穿鞋的女孩和婆婆下自动扶梯时，很兴奋，非要下来自己站着。到扶梯末端，孩子没有抬脚，脚趾顺势滑进挡板与活动台阶的缝隙中，可扶梯并未停下，而是继续向下运动，右脚不慎卷入扶梯的挡板下。经过消防队 1 小时的营救，虽然孩子的腿被取出，但经医生诊断，其伤势严重，可能需要截肢。

　　事故原因分析

　　事故 1 和事故 2 均发生在扶梯出口梳齿板与围裙板的相交处，而实际上是在出口梳齿板前一段距离内小孩的脚已经夹进梯级踏板与围裙板的间隙之间，并且随着梯级的运动至梳齿板处，由于梳齿板的阻碍，使小孩的脚夹在梯级踏板与梳齿板和围裙板之间，而此时梯级仍然继续运行，其踏面的齿槽不断地伤害小孩的腿和脚，直至扶梯停止运行。其原因可能为以下几点：①围裙板的强度不够，受到挤压后与梯级之间的间隙变大，使脚夹入，而由于围裙板具有弹性，在将脚取出后，恢复到原来的间隙；②梯级下沉，使其与梳齿板的间隙增大；③梳齿断齿，使其与梯级踏面的间隙增大；④梯级驱动轮磨损，左右晃量增大，当与围裙板之间夹入异物时将梯级推向另一边，使其间隙更大，而当异物取出后其又回到原位运行。

五、相邻区域要求及标准

1. 周边照明

　　在桁架内的驱动站、转向站以及机房中，应提供可移动的电气照明装置。如果机房是分离式的，分离机房的照明应是永久性的。

　　自动扶梯或自动人行道周边，特别是在梳齿板的附近应有足够的照明。在地面测出的梳齿相交线处的光照度至少为 50lx。

2. 出入口通行区域

　　在自动扶梯和自动人行道的出入口，应有充分畅通的区域。该畅通区域的宽度至少等于扶手带外缘距离加上每边各 80mm，该畅通区域纵深尺寸从扶手装置端部算起至少为 2.5m；如果该区域的宽度不小于扶手带外缘之间的距离的 2 倍加上每边各加上 80mm，则其纵深尺寸允许减小至 2m（图 5-10）。

　　如果人员在出入口可能接触到扶手带的外缘并且引起危险，则应采取适当的预防措施。例如：

　　a. 设置固定的阻挡装置以阻止乘客进入该空间；

　　b. 在危险区域内，由建筑结构形成的固定护栏至少增加到高出扶手带 100mm，并且位于扶手带外缘 80～120mm。

3. 梯级、踏板或胶带上方的安全高度

　　自动扶梯的梯级或自动人行道的踏板或胶带上方，垂直净高度不应小于 2.30m。该净高度应当延续到扶手转向端端部（图 5-11）。

📱 学习笔记

微课扫一扫

相邻区域
要求及标准

💡 **知识贴士**

出入口通行区域
尺寸是为了避免
当乘客发生滚落
扶梯时发生堆积
踩踏危险，有充
足空间逃生。

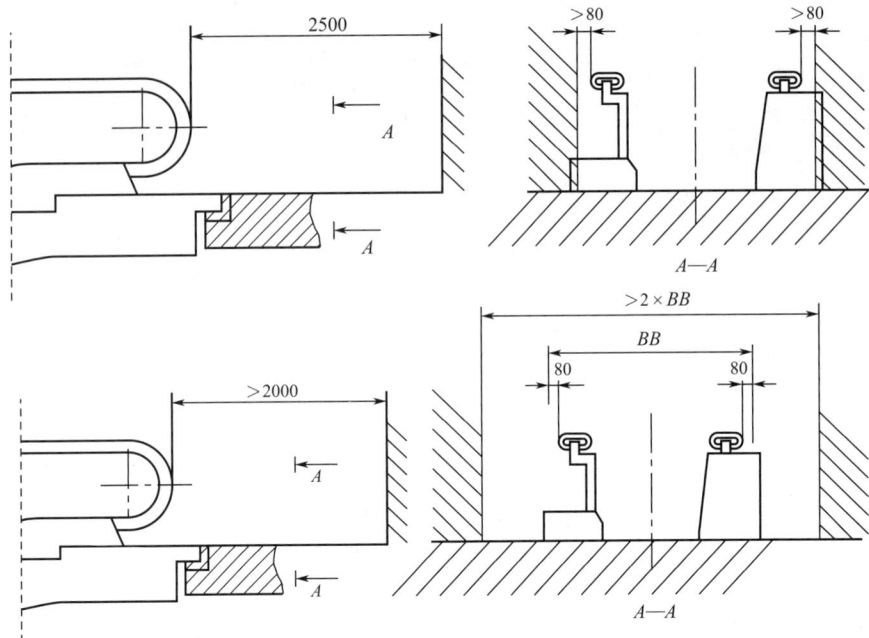

图 5-10　出入口区域（单位：mm）

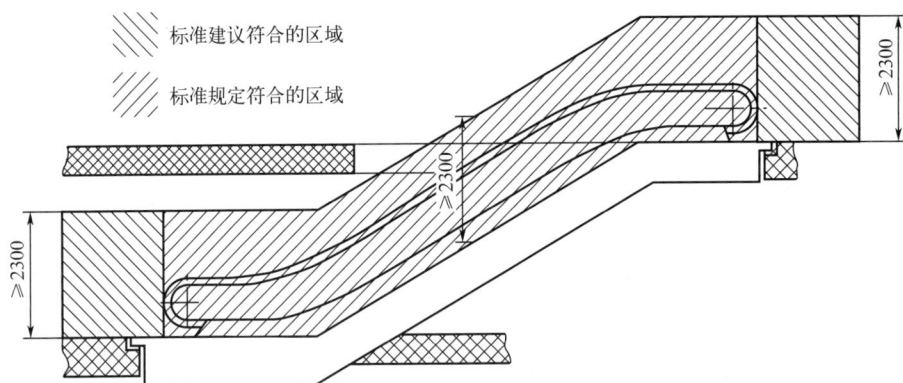

图 5-11　梯级、踏板或胶带上方的安全高度（单位：mm）

4. 防护挡板

如果建筑物的障碍物会引起人员伤害，则应采取相应的预防措施。特别是在与楼板交叉处以及各交叉设置的自动扶梯或自动人行道之间，应当设置一个高度不应小于 0.30m、无锐利边缘的垂直固定封闭防护挡板，位于扶手带上方，且延伸至扶手带外缘下至少 25mm（图 5-12），扶手带外缘与任何障碍物之间距离大于等于 400mm 的除外。

5. 扶手带外缘距离

墙壁或其他障碍物与扶手带外缘之间的水平距离在任何情况下均不得小

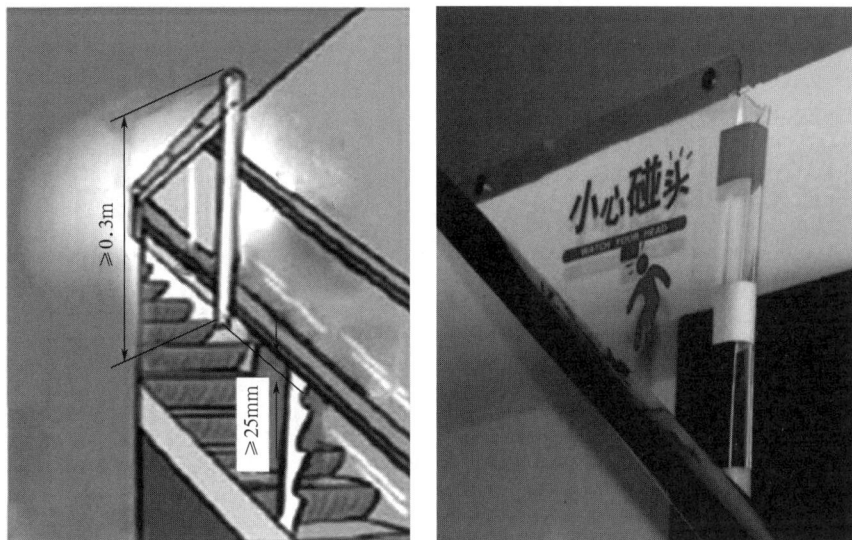

图 5-12 防护挡板

于 80mm，与扶手带下缘的垂直距离均不得小于 25mm，该距离应保持到自动扶梯梯级上方和自动人行道踏板上方或胶带上方至少 2.1m 的高度处（图 5-13）。

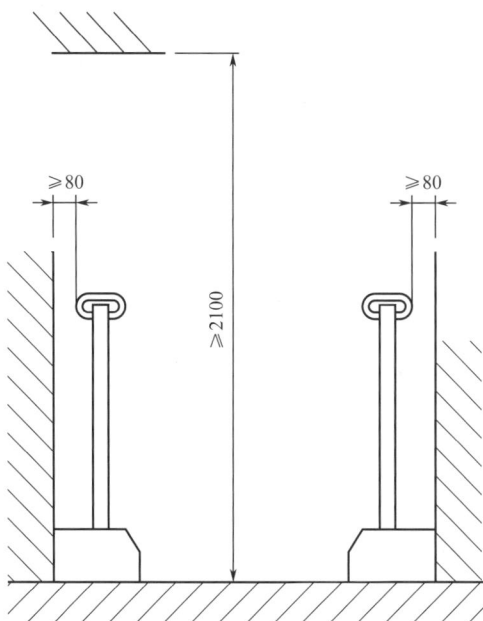

图 5-13 扶手带外缘距离

6. 上端部楼梯边缘保护

为了满足上述梯级、踏板或胶带上方的安全高度，在上层楼板上应开有

学习笔记

一定尺寸的孔。为了防止乘客有坠落或挤刮伤害的危险，在开孔楼板的边缘应设有规定高度的护栏。

六、驱动系统要求及标准

1. 驱动主机速度

一台驱动主机不应驱动一台以上的自动扶梯或自动人行道。

在额定频率和额定电压下，梯级、踏板或胶带沿运行方向空载时所测得的速度与名义速度之间的最大允许偏差为±5%。

2. 驱动链条

驱动链条基本上采用的是标准多排套筒滚子链，安全系数>5；如果采用V形带，安全系数>7，且不少于3根，还需要设置附加制动器。

3. 工作制动器

自动扶梯和自动人行道应设置一个制动系统。该制动系统使自动扶梯和自动人行道有一个接近匀减速的制停过程直到停机，并使其保持停止状态。

制动系统在下列情况下应能自动工作：

　a. 动力电源失电；

　b. 控制电路失电。

工作制动器应使用机-电式制动器或其他制动器来完成。机-电式制动器应持续通电，保持正常释放，制动器电路断开后，制动器应立即制动。如果不采用机-电式工作制动器，则应提供符合规定的附加制动器。

4. 工作制动器和梯级、踏板或胶带驱动装置之间的连接

工作制动器与梯级、踏板或胶带驱动装置之间的连接应优先采用非摩擦传动元件（轴、齿轮、多排链条、两根或两根以上的单排链条）。如果采用摩擦元件，应采用一个符合规定的附加制动器。

5. 附加制动器

在下列任何一种情况下，自动扶梯或倾斜式自动人行道应设置一个或多个附加制动器（图5-14）：

　a. 工作制动器与梯级、踏板或胶带驱动装置之间不是用轴、齿轮、多排链条或多根单排链条连接的；

　b. 工作制动器不是符合规定的机-电式制动器；

　c. 提升高度大于6m；

　d. 公共交通型。

附加制动器与梯级、踏板或胶带驱动装置之间应用轴、齿轮、多排链条或多根单排链条连接，不允许采用摩擦传动元件（例如，离合器）构成连接。

6. 手动盘车装置

对于可拆卸的手动盘车装置，一个符合规定的电气装置应在手动盘车装置装上驱动主机之前或装上时动作，不允许采用曲柄或多孔手轮（图5-15）。

学习笔记

微课扫一扫

驱动系统要求及标准

知识贴士

公共交通型自动扶梯每周运行时间约140h，在任何3h的间隔内，其载荷达100%制动载荷的持续时间不少于0.5h。

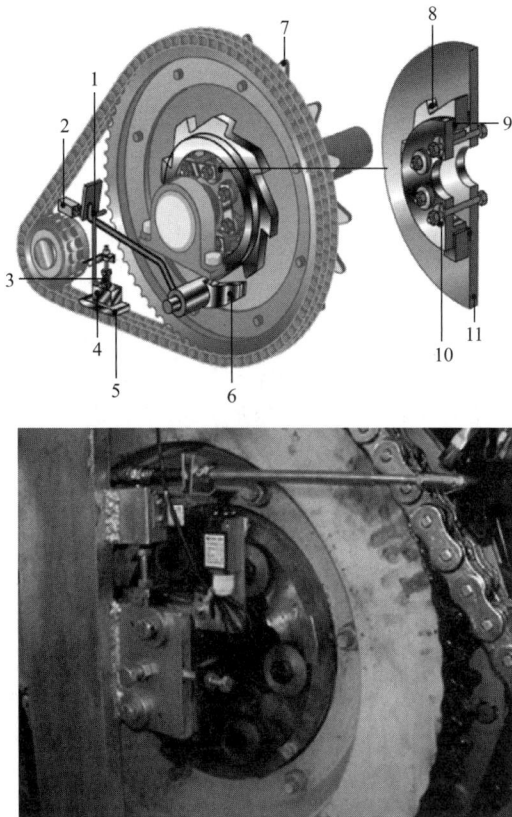

图 5-14　附加制动器

1—释放杆；2—开关；3—弹簧；4—重块；5—滑块；6—棘爪；7—梯级链轮；
8—棘轮；9—制动衬片；10—碟形弹簧；11—梯级链轮

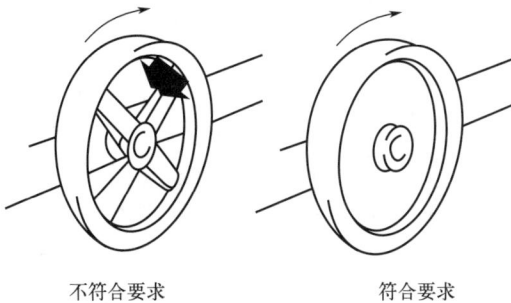

不符合要求　　　　　　符合要求

图 5-15　手动盘车装置

7. 制停距离

空载和有载向下运行自动扶梯，空载和有载水平运行或有载向下运行自动人行道的制停距离，应符合表 5-7 的规定。

表 5-7 自动扶梯的制停距离

名义速度 v/（m/s）	自动扶梯制停距离范围/m	自动人行道制停距离范围/m
0.50	0.20～1.00	0.20～1.00
0.65	0.30～1.30	0.30～1.30
0.75	0.40～1.50	0.40～1.50
0.90	—	0.55～1.70

8. 维修空间

在机房，尤其是在桁架内部的驱动站和转向站内，应具有一个没有任何永久固定设备的、站立面积足够大的空间，站立面积不小于 $0.3m^2$，其较短一边的长度不小于 0.5m。如果因维修目的必须移动或提升控制柜，则应提供合适的提升附件，例如吊环螺栓、手柄。

当驱动装置或制动器装在梯级、踏板或胶带的载客分支和返回分支之间时，在工作区段应提供一个水平的立足区域，其面积不小于 $0.12m^2$，最小边尺寸不小于 0.3m。

案例分析

自动扶梯逆转向下溜车事故

某地铁站一台提升高度为 8m 的扶梯正在向上运行时，突然发生故障，逆转向下溜车，造成梯上 14 名乘客摔倒，其中 1 人轻伤。

事故的直接原因，是自动扶梯驱动电机与减速箱之间的弹性联轴器中橡胶垫损坏，导致齿轮啮合失效，造成自动扶梯及主链下滑。而引起橡胶垫损坏的主要因素是该地铁站客流量较大，加上遭遇百年不遇的高温天气，使得设备运行工况恶劣，加速橡胶垫的老化。这种情况是罕见的。GB 16899—2011 对于联轴器的失效是不考虑的，因为它相当于电动机与制动器之间采用的是直接连接的方式，所以认为本质是安全的。

因为该台扶梯提升高度达到了 8m，按照标准的要求应该设置附加制动器，而该台自动扶梯并没有设置附加制动器，从而在主制动器功能失效的情况下导致了事故的发生。因此，事故的另一个直接原因是制造环节不符合要求。

七、安全保护系统要求及标准

根据国家标准 GB 16899—2011 规定，自动扶梯、自动人行道须设有如下安全装置：供电系统断、错相保护装置、电动机过载保护装置、梯级链保护装置、工作制动器、附加制动器（扶梯高度＞6m 时采用）、超速保护装置、非操纵性逆转保护装置、扶手带入口保护装置、梳齿板安全保护装置、梯级或踏板塌陷保护装置、急停按钮、其他机械保护装置等（图5-16）。

学习笔记

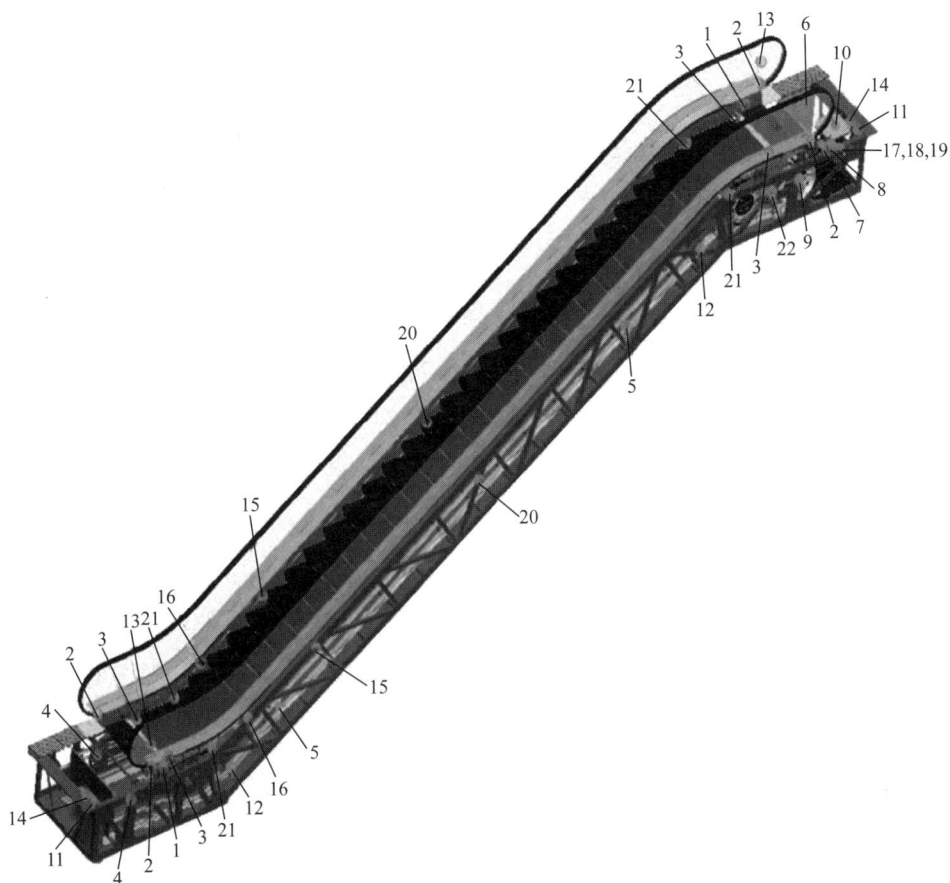

图 5-16 自动扶梯安全保护装置

1—紧急停止按钮；2—扶手带进出口保护；3—梳齿保护装置；4—梯级链断链保护装置；
5—梯级下踏保护；6—缺相及错相保护；7—防逆转保护装置；8—电机过热保护装置；
9—附加制动；10—电机保护罩装置；11—盖板检修打开开关；12—梯级遗失开关；
13—警示标记；14—机房进入踏板；15—扶手带断带保护装置；16—扶手带测速；
17—抱闸状态检测；18—抱闸衬垫磨损监控；19—主机超速保护；20—围裙板毛刷；
21—围裙板安全保护装置；22—驱动链断链保护装置

微课扫一扫

安全保护系统
要求及标准

1. 扶手带入口保护

在扶手转向端的扶手带入口处，应设置手指和手的保护装置（图5-17）。该装置动作时，驱动主机应当不能启动或立即停止。一旦有异物从扶手带1经过毛刷2进入入口时，碰到板3，板3利用杠杆原理放大行程后触及行程开关4，使行程开关动作，达到断电停机的目的。

2. 扶手带断带保护

当扶手带没有经过大于25kN的破断力试验时，必须设置扶手带断带保

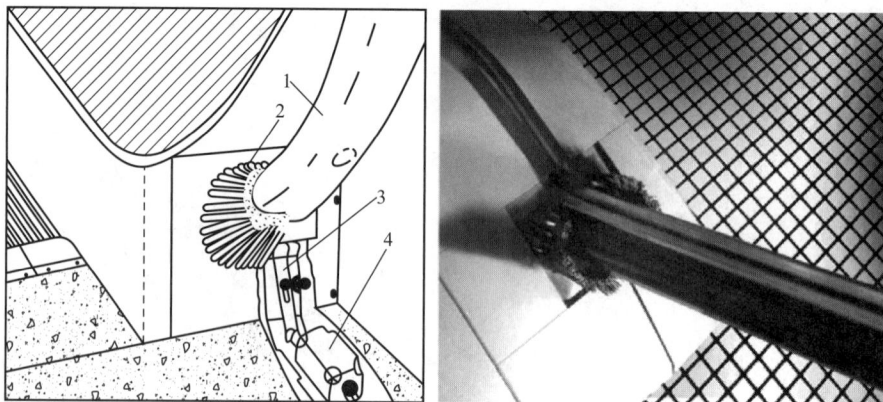

图 5-17 扶手带入口保护装置

1—扶手带；2—毛刷；3—板；4—行程开关

护装置（图 5-18）。扶手带 1 通过驱动轮使之传动，一旦扶手带断裂，受扶手带压制的行程开关 3 上的滚轮 2 向上摆动，行程开关动作，从而达到断电停机的目的。

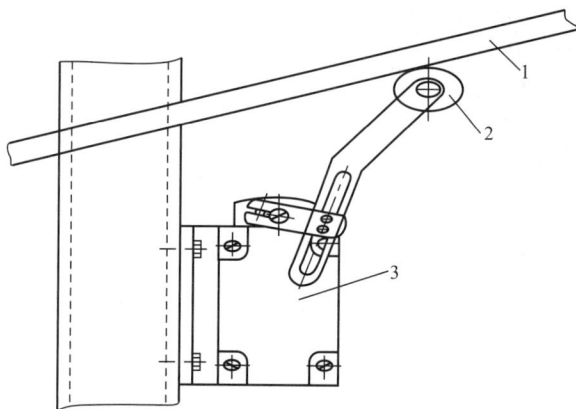

图 5-18 扶手带断带保护装置

1—扶手带；2—滚轮；3—行程开关

3. 梳齿板异物保护

当异物卡入，梳齿板与梯级或踏板发生碰撞时，自动扶梯或自动人行道应自动停止运行，防止卡入异物时，损坏梯级、踏板或者梳齿板的支承结构。

梳齿板异物保护装置如图 5-19 所示，一旦有异物卡阻梳齿时，梳齿板 1 向后或向上移动，利用一套机构使拉杆 2 向后移动，从而使行程开关 3 动作，达到断电停机的目的。

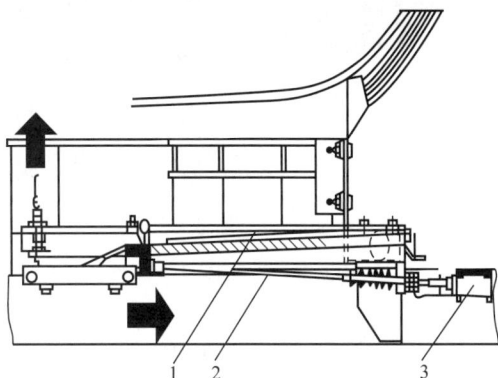

图 5-19　梳齿板异物保护装置

1—梳齿板；2—拉杆；3—行程开关

4. 围裙板保护

自动扶梯或自动人行道正常工作时，裙板与梯级间保持一定间隙，单边不大于 4mm，两边之和不大于 7mm。为保证乘客乘行自动扶梯的安全，应设置围裙板保护装置（图 5-20）。在裙板的背面安装 C 形板，离 C 形板一定距离处设置开关。当异物进入裙板与梯级之间的缝隙后，裙板发生变形，C形板也随之移动，达到一定位置后，碰击开关，自动扶梯立即停车。

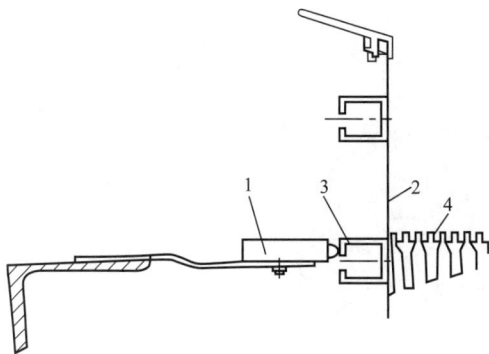

图 5-20　围裙板保护装置

1—开关；2—围裙板；3—C 形板；4—梯级

学习笔记

5. 超速保护和非操纵逆转保护

自动扶梯和自动人行道应在速度超过名义速度的1.2倍之前自动停止运行。如果采用速度限制装置（图5-21），该装置能在速度超过名义速度的1.2倍之前切断自动扶梯或自动人行道的电源。该装置动作后，只有手动复位故障锁定，并操作开关或检修控制装置，才能重新启动自动扶梯和自动人行道。即使电源发生故障或恢复供电，此故障锁定应始终保持有效。

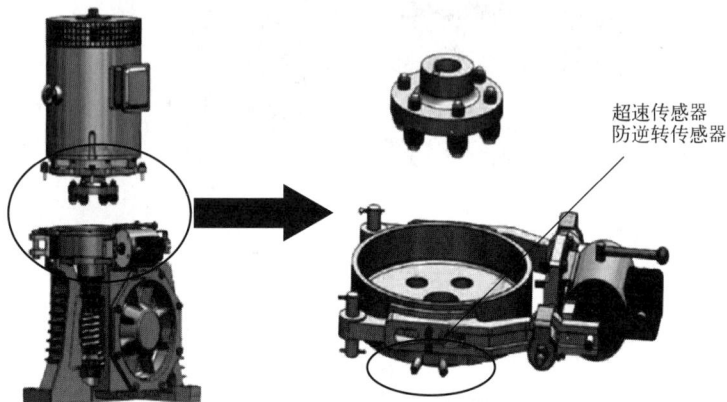

超速传感器
防逆转传感器

图 5-21　超速保护和非操纵逆转保护装置

自动扶梯或倾斜角不少于6°的倾斜式自动人行道应设置一个装置，使其在梯级、踏板或胶带改变规定运行方向时，自动停止运行。该装置动作后，只有手动复位故障锁定，并操作开关或检修控制装置，才能重新启动自动扶梯和自动人行道。即使电源发生故障或恢复供电，此故障锁定应始终保持有效。

6. 梯级踏板或胶带的驱动元件保护

直接驱动梯级、踏板或胶带的元件（如链条或齿条）的断裂或过分伸长，自动扶梯或自动人行道应自动停止运行。梯级链条防松断保护装置如图5-22所示。该装置动作后，只有手动复位故障锁定，并操作开关或检修控制装置才能重新启动自动扶梯和自动人行道。即使电源发生故障或恢复供电，此故障锁定应始终保持有效。

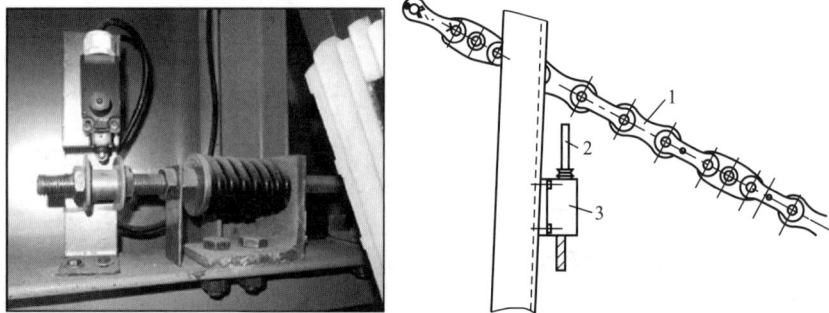

图 5-22　梯级链条防松断保护装置

1—驱动链条；2—检测杆；3—行程开关

当驱动链条 1 断裂后，触及行程开关 3 的检测杆 2，使行程开关动作，主电动机断电停机；同时，附加制动器的电磁铁有电，卡爪伸出，插入棘轮的齿槽内。由于附加制动器直接装在驱动主轴上，从而制动驱动主轴。

7. 驱动装置与转向装置之间的距离缩短保护

驱动装置与转向装置之间的距离发生过分伸长或缩短时，自动扶梯或自动人行道应当自动停止运行。

8. 梯级或踏板的下陷保护

梯级是载人的重要部件，一旦发生支架断裂、主轮破裂、踏板断裂等情况时，会造成梯级下沉，将会对人员造成极大伤害，因此需要一个梯级塌陷保护装置来阻止事故的发生（图 5-23）。

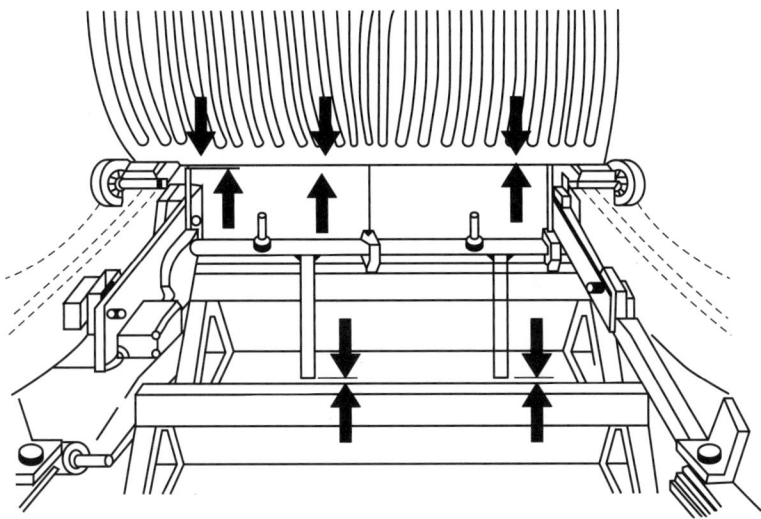

图 5-23　梯级塌陷安全保护装置

当梯级或踏板的任何部分下陷导致不再与梳齿啮合时，应当有安全装置使自动扶梯或自动人行道停止运行。该安全装置应设置在每个转向圆弧段之前，并在梳齿相交线之前有足够距离的位置，以保证下陷的梯级或踏板不能到达梳齿相交线。该装置动作后，只有手动复位故障锁定，并操作开关或检修控制装置才能重新启动自动扶梯和自动人行道。即使电源发生故障或恢复供电，此故障锁定应始终保持有效。

9. 梯级或踏板的缺失保护

自动扶梯和自动人行道应当能够通过装设在驱动站和回转站的装置检测梯级或踏板的缺失，并在缺口（由梯级或踏板缺失而导致的）到达梳齿板位置出现之前停止。该装置动作后，只有手动复位故障锁定，并操作开关或检修控制装置才能重新启动自动扶梯和自动人行道。即使电源发生故障或恢复供电，此故障锁定应始终保持有效。

📄 学习笔记

10. 检修盖板和上下盖板开启监控保护

检修盖板和楼层板应当配备一个监控装置（图 5-24）。当打开桁架区域的检修盖板和（或）移去或打开楼层板时，驱动主机应当不能启动或者立即停止。

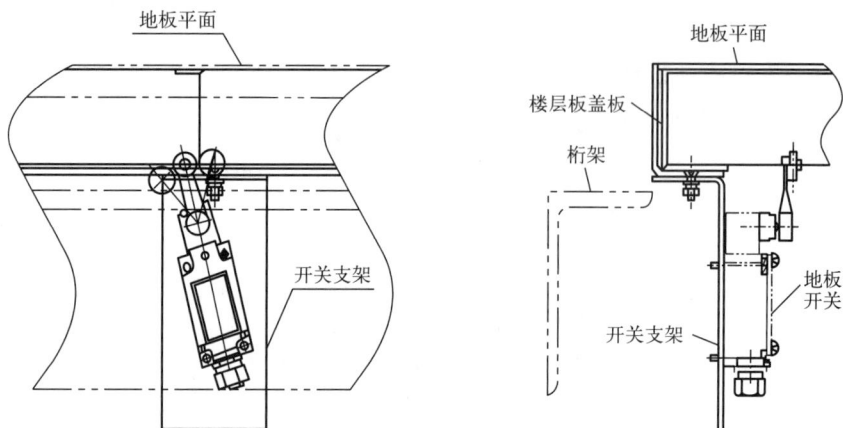

图 5-24　检修盖板和上下盖板开启监控保护装置

11. 扶手带速度监测保护

应当设置扶手带速度监测装置。在自动扶梯和自动人行道运行时，当扶手带速度偏离梯级、踏板或者胶带实际速度 15%，并且持续时间在 5～15s 范围内时，该装置应当使自动扶梯或自动人行道停止运行。

12. 制动器松闸故障保护

应当设置制动系统监控装置，当自动扶梯和自动人行道启动后制动系统没有松闸，驱动主机应当立即停止。该装置动作后，即使电源发生故障或者恢复供电，此故障锁定应当始终保持有效。

13. 附加制动器

在下列任何一种情况下，自动扶梯和倾斜式自动人行道应当设置一个或多个机械式（利用摩擦原理）附加制动器（图 5-25）。

图 5-25　摩擦盘式附加制动器

📑 学习笔记

① 工作制动器和梯级、踏板或者胶带驱动装置之间不是用轴、齿轮、多排链条、多根单排链条连接的；

② 工作制动器不是机-电式制动器；

③ 提升高度超过 6m；

④ 公共交通型。

14. 紧急停止开关

在驱动站和转向站均应设置紧急停止开关。对于驱动装置安装在梯级、踏板或胶带的载客分支和返回分支之间或安装在转向站外面的自动扶梯和自动人行道，则应在驱动装置附近另设置紧急停止开关。紧急停止开关应具有清晰且永久性的开、关位置标记，停止开关动作后，应能防止自动扶梯或自动人行道启动。

自动扶梯的紧急停止开关之间的距离应不大于30m。为保证上述距离要求，必要时应设置附加紧急停止开关。

八、电气拖动与控制系统要求及标准

1. 电气设备与安装

（1）照明和插座

电气照明装置和电源插座的电源应与驱动主机电源分开，并由单独的供电电缆或由接在自动扶梯或自动人行道电源总开关之前的分支电缆供电。电气照明装置和电源插座的电源，应能用一个独立的开关切断各相供电。

工作区域的照度应至少为200lx。

在驱动站和转向站都应设有停止开关，停止开关的动作应能切断驱动主机供电，使工作制动器制动，并有效地使自动扶梯或自动人行道停止运行。停止开关动作后，应能防止自动扶梯或自动人行道启动。

插座应是 2P＋PE 型（2极＋地线），250V，由主电源直接供电。

（2）接触器和接触器式继电器

为使驱动主机停止运转，主接触器应属于下列类别：AC-3，用于交流电动机；DC-3，用于直流机组。接触器式继电器应属于下列类别：AC-15，用于交流控制电路；DC-13，用于直流控制电路。

对于主接触器和接触式继电器，在满足标准要求的前提下，可假设：

a. 如果动断触点（常闭触点）中一个闭合，则全部动合触点断开；

b. 如果动合触点（常开触点）中一个闭合，则全部动断触点断开。

（3）电动机的保护

直接与电源连接的电动机应进行短路保护。采用手动复位的自动断路器应进行过载保护，该断路器应切断电动机的所有供电。

当过载检测取决于电动机绕组温升时，则保护装置可在绕组充分冷却后自动地闭合。如果电动机具有多个不同电路供电的绕组，则过载保护装置适用于每一绕组。

当自动扶梯或自动人行道的驱动电动机是由电动机驱动的直流发电机供电时，发电机的驱动电动机应设置过载保护。

（4）主开关

在驱动主机附近、转向站中或控制装置旁，应设置一个能切断电动机、制动器释放装置和控制电路电源的主开关。该开关不应切断电源插座或检查和维修所必需的照明电路的电源。如果自动扶梯或自动人行道的各主开关设置在一个机房内，则各台自动扶梯或自动人行道主开关应易于识别。

（5）电气配线

① 导线截面积。为了保证足够的机械强度，安全回路导线的名义截面积不应小于 $0.75mm^2$。

② 安装方法。如果自动扶梯或自动人行道的主开关或其他开关断开后，一些连接端子仍然带电，则它们应与不带电端子明显地隔开，并且当带电端电压大于 50V 时，应当标注适当的标记。

为保证机械防护的连续性，电缆防护套引入开关和设备的壳体内，或在电缆端部应有适当的保护套管。

设置在安全相关电路中的、不用工具即可拔出的连接器件和插装式装置，应设计成在重新插入时，绝不会插错。

（6）连接端子

如果连接端子偶然短路可能导致自动扶梯或自动人行道产生危险状态，则应完全地予以分离。

（7）静电防护

应采取适当措施来释放静电（例如静电刷）。

2. 电气故障的防护、控制

（1）电气故障

自动扶梯或自动人行道可能出现的电气故障有：无电压、电压降低、导线中断、电路的接地故障、电气元件的短路或断路、参数值或功能改变、接触器或继电器的可动衔铁不吸合或不完全吸合、接触器或继电器的可动衔铁不断开、触点不断开、触点不闭合、错相。

（2）电气安全装置

① 安全开关。安全开关的动作应使其触点强制地机械断开，甚至两触点熔接在一起也应强制地机械断开。

当所有触点断开元件处于断开位置时，且在有效行程内，动触点和驱动机构之间无弹性元件（例如弹簧）施加作用力，即为触点获得强制地机械断开。

外壳防护等级低于 IP4X 时，其电气间隙不应小于 3mm，爬行距离不应小于 4mm。断开后触点之间的距离不应小于 4mm。

② 安全电路。电气故障中的任一故障均不应导致危险状态的产生。

如果某一故障与第二个故障组合可能导致危险状态，那么最迟应在该故障元件参与的下一个操作程序时使自动扶梯或自动人行道停止运行。

在自动扶梯或自动人行道按照上述程序停止运行之前，第二个故障导致危险状态的可能性不予以考虑。

安全电路的平均失效间隔工作时间不应小于2.5年。

③ 电气安全装置的动作。当电气安全装置动作时，应能防止驱动主机启动或立即使其停机，工作制动器应起作用。

④ 电气安全装置的控制。控制电气安全装置的执行元件应经筛选，即使在连续操作产生机械力的条件下，也能正常工作。

对于冗余型安全电路，传感器元件应通过机械设计或几何布置，确保机械故障不会导致冗余能力的减弱或丧失。

3. 电气故障的控制

（1）自动扶梯或自动人行道的启动和投入使用

自动扶梯或自动人行道的启动或投入自动运行状态，应只能由被授权人员通过操作一个或数个开关（例如钥匙操作式开关、拆卸式手柄开关、护盖可锁式开关、远程启动装置）来实现，这些开关应能从梳齿和踏面相交线外部区域操作。

由使用者的进入而自动启动或加速的自动扶梯或自动人行道（待机运行），其运行方向应预先设定，并明显标识、清晰可见。在该使用者到达梳齿与踏面相交线时，自动扶梯或自动人行道应以不小于0.2倍的名义速度运行，然后以小于$0.5m/s^2$加速。

在由使用者进入而自动启动的自动扶梯或自动人行道上，如果使用者能从与预定运行方向相反的方向进入时，自动扶梯或自动人行道仍应按照预先设计的方向启动，运行时间不少于10s。

（2）停止运行

① 手动操作停止运行。在停止运行之前，操作开关的人员应有措施确保在操作之前没有人员正在使用自动扶梯或自动人行道。对于远程停止装置，同样应符合上述规定。

② 自动操作停止运行。控制系统应能使自动扶梯或自动人行道在使用者由预定运行方向相反的方向进行时，经过一段足够的时间（至少为预期输送使用者的时间再加10s）才能自动停止。

③ 手动操作紧急停止开关。在驱动站和转向站都应设有停止开关。对于驱动装置安装在梯级、踏板或胶带的载客分支和返回分支之间或安装在转向站外面的自动扶梯和自动人行道，则应在驱动装置附近另设停止开关。停止开关的动作应能切断驱动主机供电，使工作制动器制动，并有效地使自动扶梯或自动人行道停止运行。停止开关动作后，应能防止自动扶梯或自动人行道启动。

④ 由监测装置或电气安全装置触发的停止运行。当发生由下列监测装置或电气安全装置检测到的事件时，在按照再启动要求重新启动之前，驱动主机应不能启动或立即停止。

被检测事件包括：过载（通过自动断路器）、过载（基于温度升高而动作）、超速或运行方向的非操纵逆转、附加制动器动作、直接驱动梯级、踏板或胶带的元件断裂或过分伸长、驱动装置与转向装置之间距离伸长或缩短、梯级或踏板缺失、超出最大允许制停距离的1.2倍、装上可拆卸的手动

学习笔记

盘车装置等。

（3）运行方向的转换

只有当自动扶梯或自动人行道处于停机状态，并符合自动扶梯或自动人行道的启动和投入使用、自动操作停止运行的规定时，才能转向运行方向。

（4）再启动

① 使用开关进行再启动。每次停止运行之后，除自动操作停止运行外，只有通过开关或检修控制装置才可能重新启动。

在手动复位前，应查明停止的原因，检查停止装置并在必要时采取纠正措施。即使电源失电或电源恢复，故障锁应始终保持有效。

② 自动再启动的重复使用。如果由符合规定的手动操作紧急停止开关实现停止，自动扶梯或自动人行道在下述情况下，可不使用启动和投入使用规定的开关而重复使用自动再启动：

a. 在两端梳齿与踏面相交线，包括它们外侧 0.3m 的附加距离之间，应对梯级、踏板或胶带进行监测，且只有当这个区域内没有人和物时，自动再启动的重复使用才是有效的；

b. 使用者进入时使自动扶梯或自动人行道启动，至少在 10s 时间段内，监测装置在规定的区段内没有检测到人或物时，启动才是有效的；

c. 控制自动再启动的重复使用应符合电气安全装置规定，自检测传感元件允许单通道设计。

（5）检修装置

自动扶梯或自动人行道应当设置检修控制装置（图 5-26）。

a. 在驱动站和转向站内至少应提供一个用于便携式控制装置连接的检修插座。检修插座的设置应能使检修控制装置到达自动扶梯或自动人行道的任何位置。

b. 每个检修控制装置应当配置一个停止开关，停止开关应当：

（a）手动操作；

图 5-26　检修控制装置

（b）有清晰的位置标记；

（c）符合安全触点要求的安全开关；

（d）需要手动复位。

c. 检修控制装置上应当有明显识别运行方向的标识。

d. 控制装置的操作元件应能防止发生意外动作，自动扶梯或自动人行道的运行应当依靠持续操作。当使用检修控制装置时，其他所有启动开关都应不起作用。当连接一个以上的检修控制装置时，所有检修控制装置都应不起作用。

此外，自动扶梯还须粘贴必要的安全乘坐标识（图 5-27）。

图 5-27 自动扶梯安全乘坐标识

📝 学习笔记

🔧 知识贴士

部分国家和城市不再提倡"左行右立"，都站在右边会增加右边梯级链轮的磨损，降低设备使用寿命。

📖 案例分析

儿童逆行受伤，自担全责

儿童小高跟随其母亲杨女士去商场购物，孩子天性爱玩，没有跟母亲一起，自己在商场里面玩，他独自乘坐自动扶梯上二楼，在乘坐的过程中，小高突然逆行向下，左脚后跟不慎卡入电梯围裙板后导致受伤。在工作人员帮助下被送往医院住院治疗，这一住就是半个月，医院诊断其左足跟热压伤、创伤性皮肤坏死，同时部分跟腱损伤。其伤情经司法鉴定所鉴定，评定其护理期 60 日，营养期为 50 日。事后，这位母亲把商场和扶梯管理公司起诉到法院索赔 3.5 万元。

法院审理后认为，本案的焦点是商场是否尽到了安全保障义务。商场在电梯入口处、醒目处均张贴了提醒标语、图片，扶梯旁墙壁上的图片提醒带小孩的顾客可乘坐直升梯的提示，事故发生后商场工作人员及时将小高送至医院治疗，因此商场方尽到了安全保障义务。而小高年仅六周岁，是无民事行为能力人，其母亲带其至公共场所，作为监护人其应当保障小高的人身安全，但杨女士未尽到审慎的看护义务，放任小高独自乘坐自动扶梯且上下行走，引发事故，该事故的发生是杨女士监护

学习笔记

不力造成，法院遂判决驳回原告的诉讼请求。

根据民法典，宾馆、商场、银行、车站、机场、体育场馆、娱乐场所等经营场所、公共场所的经营者、管理者或者群众性活动的组织者，未尽到安全保障义务，造成他人损害的，应当承担侵权责任。本案中，商场尽到了该义务，因此无须担责。

同步测试

一、选择题

1. 根据 GB 16899—2011，自动扶梯"名义速度"，是指由制造商设计确定的，自动扶梯的梯级在（　　）情况下的运行速度。

A. 空载　　　　　　　B. 满载　　　　　　　C. 半载

2. 根据 GB 16899—2011，自动扶梯"额定速度"是自动扶梯和自动人行道在（　　）时的运行速度。

A. 空载　　　　　　　B. 满载　　　　　　　C. 半载

3. 自动扶梯倾斜角不大于 30°时，自动扶梯的名义速度不应大于（　　）m/s；倾斜角大于 30°但不大于 35°时，名义速度不应大于（　　）m/s。

A. 0.50　　　　　　　B. 0.75　　　　　　　C. 0.9　　　　　　　D. 1.1

4. 扶手装置的防误用装置不包括（　　）。

A. 防攀爬装置　　　　　　　　　　B. 阻挡装置

C. 防滑行装置　　　　　　　　　　D. 围裙板防夹装置

5. 围裙板设置在梯级、踏板或胶带的两侧，任何一侧的水平间隙不应大于（　　）mm，在两侧对称位置处测得的间隙总和不应大于（　　）mm。

A. 4　　　　　　　　B. 5　　　　　　　　C. 6　　　　　　　　D. 7

6. 梳齿板梳齿与踏板面（胶带）齿槽的啮合深度应至少为（　　）mm。

A. 4　　　　　　　　B. 5　　　　　　　　C. 6　　　　　　　　D. 7

7. 自动扶梯的梯级或自动人行道的踏板或胶带上方，垂直净高度不应小于（　　）m。

A. 1.8　　　　　　　B. 2.0　　　　　　　C. 2.3　　　　　　　D. 2.5

8. 工作制动器与梯级驱动装置之间的连接应优先采用非摩擦传动元件，非摩擦传动元件不包括（　　）。

A. 轴　　　　　　　B. 齿轮　　　　　　　C. 链条　　　　　　　D. 离合器

9. 名义速度 0.75m/s 的自动扶梯制停距离为（　　）m。

A. 0.20～1.00　　　　B. 0.30～1.30　　　　C. 0.40～1.50

10. 自动扶梯和自动人行道应在速度超过名义速度的（　　）倍之前自动停止运行。

A. 1.1　　　　　　　B. 1.15　　　　　　　C. 1.2　　　　　　　D. 1.3

11. 自动扶梯工作区域的照度应至少为（　　）lx。

A. 50　　　　　　　B. 100　　　　　　　C. 200　　　　　　　D. 250

12. 当扶手带速度偏离梯级实际速度（　　）且时间持续超过 15s 时，扶手带速度偏离保护装置起作用。

A. −10％　　　　　　B. ＋10％　　　　　　C. ＋15％　　　　　　D. −15％

13. 在额定频率和额定电压下，梯级沿运行方向空载时所测得的速度与名义速度之间的最大允许偏差为（　　）。

A. ±2％　　　　　　B. ±5％　　　　　　C. ±7％　　　　　　D. ±10％

14. 扶手带外缘与建筑物任何障碍物之间距离不大于（　　）mm 时，需设置防护挡板。

A. 200　　　　　　　B. 300　　　　　　　C. 400　　　　　　　D. 500

15. 在工作区段内的任何位置，从踏面测得的两个相邻梯级或两个相邻踏板之间的间隙不应大于（　　）mm。

A. 4　　　　　　　　B. 5　　　　　　　　C. 6　　　　　　　　D. 8

二、判断题

1. 自动人行道是机器，在停电或紧急状态下，也不能临时当作固定通道使用。（　　）

2. 如果踏板的宽度不大于 1.1m，且在出入口踏板进入梳齿板之前的水平距离不小于 1.6m 时，自动人行道的名义速度最大允许达到 0.9m/s。（　　）

3. 自动人行道的倾斜角不应大于 12°。（　　）

4. 扶手带的运行速度相对于梯级、踏板或胶带的实际速度允许快 2％。（　　）

5. 如果采用玻璃做成扶梯护壁板，这种玻璃应是钢化玻璃。（　　）

6. 自动扶梯可以设置多台驱动主机进行驱动。（　　）

7. 公共交通型自动扶梯必须设置附加制动器。（　　）

8. 自动扶梯盘车装置允许采用曲柄或多孔手轮。（　　）

9. 所有的扶手带均必须设置扶手带断带保护装置。（　　）

10. 自动扶梯的梯级缺失保护装置，应该在缺口（由梯级或踏板缺失而导致的）到达梳齿板位置出现之前停止。（　　）

11. 附加制动器的作用是防止当梯级链条断裂时，扶梯下行超速或发生逆转。（　　）

12. 停止装置可以设置在扶梯的两端、中间部位。（　　）

13. 在驱动主机附近、转向站中或控制装置旁，应设置一个能切断电动机、制动器释放装置、控制电路电源、照明电路的主开关。（　　）

14. 为了保证足够的机械强度，安全回路导线的名义截面积不应小于 0.75mm²。（　　）

15. 自动扶梯的梯级应至少用两根链条驱动，梯级的每侧应不少于一根。（　　）

三、简答题

1. 自动扶梯和自动人行道的名义速度有什么技术要求？

2. 自动扶梯和自动人行道扶手系统的防误用装置有什么技术要求？

3. 自动扶梯和自动人行道梯级或踏板的名义宽度有什么技术要求？对踏板宽度大于 1.0m 的自动人行道，其输送能力会不会增加？为什么？

4. 自动扶梯和自动人行道梯级、踏板与围裙板之间的间隙有什么技术要求？

5. 自动扶梯和自动人行道出入口通行区域有什么技术要求？

6. 自动扶梯和自动人行道工作制动器有什么技术要求？

7. 自动扶梯和自动人行道安全保护装置有哪些？

8. 自动扶梯和自动人行道照明与插座有什么技术要求？

答案扫一扫

附　　录

附录 A　曳引与强制驱动电梯监督检验和定期检验内容、要求与方法

项目及类别		检验内容与要求	检验方法
1 技术资料	1.1 制造资料 A	电梯制造单位提供了以下用中文描述的出厂随机文件： （1）制造许可证明文件，许可范围能够覆盖受检电梯的相应参数； （2）电梯整机型式试验证书，其参数范围和配置表适用于受检电梯； （3）产品质量证明文件，注有制造许可证明文件编号、产品编号、主要技术参数，限速器、安全钳、缓冲器、含有电子元件的安全电路（如果有）、可编程电子安全相关系统（如果有）、轿厢上行超速保护装置（如果有）、轿厢意外移动保护装置、驱动主机、控制柜的型号和编号，门锁装置、层门和玻璃轿门（如果有）的型号，以及悬挂装置的名称、型号、主要参数（如直径、数量），并且有电梯整机制造单位的公章或者检验专用章以及制造日期； （4）门锁装置、限速器、安全钳、缓冲器、含有电子元件的安全电路（如果有）、可编程电子安全相关系统（如果有）、轿厢上行超速保护装置（如果有）、轿厢意外移动保护装置、驱动主机、控制柜、层门和玻璃轿门（如果有）的型式试验证书，以及限速器和渐进式安全钳的调试证书； （5）电气原理图，包括动力电路和连接电气安全装置的电路； （6）安装使用维护说明书，包括安装、使用、日常维护保养和应急救援等方面操作说明的内容。 注 A-1：上述文件如为复印件则必须经电梯整机制造单位加盖公章或者检验专用章；对于进口电梯，则应当加盖国内代理商的公章或者检验专用章	电梯安装施工前审查相应资料
	1.2 安装资料 A	安装单位提供了以下安装资料： （1）安装许可证明文件和安装告知书，许可范围能够覆盖受检电梯的相应参数； （2）施工方案，审批手续齐全； （3）施工现场作业人员持有的特种设备作业人员证； （4）用于安装该电梯的机房（机器设备间）、井道的布置图或者土建工程勘测图，有安装单位确认符合要求的声明和公章或者检验专用章，表明其通道、通道门、井道顶部空间、底坑空间、楼层间距、井道内防护、安全距离、井道下方人可以到达的空间等满足安全要求； （5）施工过程记录和由电梯整机制造单位出具或者确认的自检报告，检查和试验项目齐全、内容完整，施工和验收手续齐全； （6）变更设计证明文件（如安装中变更设计时），履行了由使用单位提出、经电梯整机制造单位同意的程序； （7）安装质量证明文件，包括电梯安装合同编号、安装单位安装许可证明文件编号、产品编号、主要技术参数等内容，并且有安装单位公章或者检验专用章以及竣工日期。 注 A-2：上述文件如为复印件则必须经安装单位加盖公章或者检验专用章	审查相应资料。 （1）～（4）在报检时审查，（3）、（4）在其他项目检验时还应当审查；（5）、（6）在试验时审查；（7）在竣工后审查

项目及类别		检验内容与要求	检验方法
1 技术资料	1.3 改造、重大修理资料 A	改造或者重大修理单位提供了以下改造或者重大修理资料： （1）改造或者修理许可证明文件和改造或者重大修理告知书，许可范围能够覆盖受检电梯的相应参数。 （2）改造或者重大修理的清单以及施工方案，施工方案的审批手续齐全。 （3）加装或者更换的安全保护装置或者主要部件产品质量证明文件、型式试验证书以及限速器和渐进式安全钳的调试证书（如发生更换）。 （4）拟加装的自动救援操作装置、能量回馈节能装置、IC卡系统的下述资料（属于改造时）： ① 加装方案（含电气原理图和接线图）； ② 产品质量证明文件，标明产品型号、产品编号、主要技术参数，并且有产品制造单位的公章或者检验专用章以及制造日期； ③ 安装使用维护说明书，包括安装、使用、日常维护保养以及与应急救援操作方面有关的说明。 （5）施工现场作业人员持有的特种设备作业人员证。 （6）施工过程记录和自检报告，检查和试验项目齐全、内容完整，施工和验收手续齐全。 （7）改造或者重大修理质量证明文件，包括电梯的改造或者重大修理合同编号、改造或者重大修理单位的许可证明文件编号、电梯使用登记编号、主要技术参数等内容，并且有改造或者重大修理单位的公章或者检验专用章以及竣工日期。 注 A-3：上述文件如为复印件则必须经改造或者重大修理单位加盖公章或者检验专用章	审查相应资料。 （1）～（5）在报检时审查，（5）在其他项目检验时还应当审查；（6）在试验时审查；（7）在竣工后审查
	1.4 使用资料 B	使用单位提供了以下资料： （1）使用登记资料，内容与实物相符； （2）安全技术档案，至少包括 1.1、1.2、1.3 所述文件资料[1.2（3）和 1.3（5）除外]，以及监督检验报告、定期检验报告、日常检查与使用状况记录、日常维护保养记录、年度自行检查记录或者报告、应急救援演习记录、运行故障和事故记录等，保存完好（本规则实施前已经完成安装、改造或者重大修理的，1.1、1.2、1.3 所述文件资料如有缺陷，应当由使用单位联系相关单位予以完善，可不作为本项审核结论的否决内容）； （3）以岗位责任制为核心的电梯运行管理规章制度，包括事故与故障的应急措施和救援预案、电梯钥匙使用管理制度等； （4）与取得相应资质单位签订的日常维护保养合同； （5）按照规定配备的电梯安全管理和作业人员的特种设备作业人员证	定期检验和改造、重大修理过程的监督检验时审查；新安装电梯的监督检验进行试验时审查（3）、（4）、（5），以及（2）中所需记录表格制定情况[如试验时使用单位尚未确定，应当由安装单位提供（2）、（3）、（4）审查内容范本，（5）相应要求交接备忘录]
2 机房（机器设备间）及相关设备	2.1 通道与通道门 C	（1）应当在任何情况下均能够安全方便地使用通道。采用梯子作为通道时，必须符合以下条件： ① 通往机房（机器设备间）的通道不应当高出楼梯所到平面 4m； ② 梯子必须固定在通道上而不能被移动； ③ 梯子高度超过 1.50m 时，其与水平方向的夹角应当在 65°～75°之间，并且不易滑动或者翻转； ④ 靠近梯子顶端应当设置容易握到的把手。 （2）通道应当设置永久性电气照明。 （3）机房通道门的宽度应当不小于 0.60m，高度应当不小于 1.80m，并且门不得向机房内开启。门应当装有带钥匙的锁，并且可以从机房内不用钥匙打开。 门外侧有下述或者类似的警示标志： "电梯机器——危险 未经允许禁止入内"	审查自检结果，如对其有质疑，按照以下方法进行现场检验（以下 C 类项目只描述现场检验方法）：目测或者测量相关数据

项目及类别		检验内容与要求	检验方法
2 机房（机器设备间）及相关设备	2.2 机房（机器设备间）专用 C	机房（机器设备间）应当专用，不得用于电梯以外的其他用途	目测
	2.3 安全空间 C	（1）在控制柜前有一块净空面积，其深度不小于 0.70m，宽度为 0.50m 或者控制柜全宽（两者中的大值），净高度不小于 2m； （2）对运动部件进行维修和检查以及紧急操作的地方有一块不小于 0.50m×0.60m 的水平净空面积，其净高度不小于 2m； （3）机房地面高度不一并且相差大于 0.50m 时，应当设置楼梯或者台阶，并且设置护栏	目测或者测量相关数据
	2.4 地面开口 C	机房地面上的开口应当尽可能小，位于井道上方的开口必须采用圈框，此圈框应当凸出地面至少 50mm	目测或者测量相关数据
	2.5 照明与插座 C	（1）机房（机器设备间）设有永久性电气照明；在靠近入口（或者多个入口）处的适当高度设置一个开关，控制机房（机器设备间）照明。 （2）机房应当至少设置一个 2P+PE 型电源插座。 （3）应当在主开关旁设置控制井道照明、轿厢照明和插座电路电源的开关	目测，操作验证各开关的功能
	2.6 主开关 B	（1）每台电梯应当单独装设主开关，主开关应当易于接近和操作。无机房电梯主开关的设置还应当符合以下要求： ① 如果控制柜不是安装在井道内，主开关应当安装在控制柜内；如果控制柜安装在井道内，主开关应当设置在紧急操作和动态测试装置上； ② 如果从控制柜处不容易直接操作主开关，该控制柜应当设置能够分断主电源的断路器； ③ 在电梯驱动主机附近 1m 之内，应当有可以接近的主开关或者符合要求的停止装置，并且能够方便地进行操作。 （2）主开关不得切断轿厢照明和通风、机房（机器设备间）照明和电源插座、轿顶与底坑的电源插座、电梯井道照明、报警装置的供电电路。 （3）主开关应当具有稳定的断开和闭合位置，并且在断开位置时能用挂锁或者其他等效装置锁住，能够有效地防止误操作。 （4）如果不同电梯的部件共用一个机房，则每台电梯的主开关应当与驱动主机、控制柜、限速器等采用相同的标志	目测主开关的设置；断开主开关，观察、检查照明、插座、通风和报警装置的供电电路是否被切断
	2.7 驱动主机 B	（1）驱动主机上设有铭牌，标明制造单位名称、型号、编号、技术参数和型式试验机构的名称或者标志，铭牌和型式试验证书内容相符。 （2）驱动主机工作时无异常噪声和振动。 （3）曳引轮轮槽不得有缺损或者不正常磨损；如果轮槽的磨损可能影响曳引能力时，进行曳引能力验证试验。 （4）制动器动作灵活，制动时制动闸瓦（制动钳）紧密、均匀地贴合在制动轮（制动盘）上，电梯运行时制动闸瓦（制动钳）与制动轮（制动盘）不发生摩擦，制动闸瓦（制动钳）以及制动轮（制动盘）工作面上没有油污。 （5）手动紧急操作装置符合以下要求：	（1）对照检查驱动主机型式试验证书和铭牌； （2）目测驱动主机工作情况、曳引轮轮槽和制动器状况（或者由施工单位或者维护保养单位按照电梯整机制造单位规定的方法对制动器进行检查，检验人员现场观察、确认）； （3）定期检验时，认为轮槽的磨损可能影响曳引能力时，进行 8.11 要求的试验，对于轿厢面

续表

项目及类别		检验内容与要求	检验方法
2 机房（机器设备间）及相关设备	2.7 驱动主机 B	① 对于可拆卸盘车手轮，设有一个电气安全装置，最迟在盘车手轮装上电梯驱动主机时动作； ② 松闸扳手涂成红色，盘车手轮是无辐条的并且涂成黄色，可拆卸盘车手轮放置在机房内容易接近的明显部位； ③ 在电梯驱动主机上接近盘车手轮处，明显标出轿厢运行方向，如果手轮是不可拆卸的，可以在手轮上标出； ④ 能够通过操纵手动松闸装置松开制动器，并且需要以一个持续力保持其松开状态； ⑤ 进行手动紧急操作时，易于观察到轿厢是否在开锁区	积超过规定的载货电梯，还需要进行 8.12 要求的试验，综合 8.9、8.10、8.11、8.12 的试验结果验证轮槽磨损是否影响曳引能力； （4）通过目测和模拟操作验证手动紧急操作装置的设置情况
	2.8 控制柜、紧急操作和动态测试装置 B	（1）控制柜上设有铭牌，标明制造单位名称、型号、编号、技术参数和型式试验机构的名称或者标志，铭牌和型式试验证书内容相符	对照检查控制柜型式试验证书和铭牌
		（2）断相、错相保护功能有效，电梯运行与相序无关时，可以不设错相保护	断开主开关，在其输出端，分别断开三相交流电源的任意一根导线后，闭合主开关，检查电梯能否启动；断开主开关，在其输出端，调换三相交流电源的两根导线的相互位置后，闭合主开关，检查电梯能否启动
		（3）电梯正常运行时，切断制动器电流至少用两个独立的电气装置来实现，当电梯停止时，如果其中一个接触器的主触点未打开，最迟到下一次运行方向改变时，应当防止电梯再运行	根据电气原理图和实物状况，结合模拟操作检查制动器的电气控制
		（4）紧急电动运行装置应当符合以下要求： ① 依靠持续按压按钮来控制轿厢运行，此按钮有防止误操作的保护装置，按钮上或者其近旁标出相应的运行方向； ② 一旦进入检修运行，紧急电动运行装置控制轿厢运行的功能由检修控制装置所取代； ③ 进行紧急电动运行操作时，易于观察到轿厢是否在开锁区	目测；通过模拟操作检查紧急电动运行装置的功能
		（5）无机房电梯的紧急操作和动态测试装置应当符合以下要求： ① 在任何情况下均能够安全方便地从井道外接近和操作该装置； ② 能够直接或者通过显示装置观察到轿厢的运动方向、速度以及是否位于开锁区； ③ 装置上设有永久性照明和照明开关； ④ 装置上设有停止装置或者主开关	目测；结合相关试验，验证紧急操作和动态测试装置的功能
		（6）层门和轿门旁路装置应当符合以下要求： ① 在层门和轿门旁路装置上或者其附近标明"旁路"字样，并且标明旁路装置的"旁路"状态或者"关"状态。 ② 旁路时取消正常运行（包括动力操作的自动门的任何运行）；只有在检修运行或者紧急电动运行状态下，轿厢才能够运行；运行期间，轿厢上的听觉信号和轿底的闪烁灯起作用。 ③ 能够旁路层门关闭触点、层门门锁触点、轿门关闭触点、轿门门锁触点；不能同时旁路层门和轿门的触点；对于手动层门，不能同时旁路层门关闭触点和层门门锁触点。 ④ 提供独立的监控信号证实轿门处于关闭位置	目测旁路装置设置及标识；通过模拟操作检查旁路装置功能

续表

项目及类别		检验内容与要求	检验方法
2 机房 （机器 设备 间）及 相关 设备	2.8 控制 柜、紧 急操 作和 动态 测试 装置 B	（7）应当具有门回路检测功能，当轿厢在开锁区域内、轿门开启并且层门门锁释放时，监测检查轿门关闭位置的电气安全装置、检查层门门锁锁紧位置的电气安全装置和轿门监控信号的正确动作；如果监测到上述装置的故障，能够防止电梯的正常运行	通过模拟操作检查门回路检测功能
		（8）应当具有制动器故障保护功能，当监测到制动器的提起（或者释放）失效时，能够防止电梯的正常启动	通过模拟操作检查制动器故障保护功能
		（9）自动救援操作装置（如果有）应当符合以下要求： ① 设有铭牌，标明制造单位名称、产品型号、产品编号、主要技术参数，加装的自动救援操作装置的铭牌和该装置的产品质量证明文件相符； ② 在外电网断电至少等待 3s 后自动投入救援运行，电梯自动平层并且开门； ③ 当电梯处于检修运行、紧急电动运行、电气安全装置动作或者主开关断开时，不得投入救援运行； ④ 设有一个非自动复位的开关，当该开关处于关闭状态时，该装置不能启动救援运行	对照检查自动救援操作装置的产品质量证明文件和铭牌；通过模拟操作检查自动救援操作功能
		（10）加装的分体式能量回馈节能装置应当设有铭牌，标明制造单位名称、产品型号、产品编号、主要技术参数，铭牌和该装置的产品质量证明文件相符	对照检查分体式能量回馈节能装置的产品质量证明文件和铭牌
		（11）加装的 IC 卡系统应当设有铭牌，标明制造单位名称、产品型号、产品编号、主要技术参数，铭牌和该系统的产品质量证明文件相符	对照检查 IC 卡系统的产品质量证明文件和铭牌
	2.9 限速 器 B	（1）限速器上设有铭牌，标明制造单位名称、型号、编号、技术参数和型式试验机构的名称或者标志，铭牌和型式试验证书、调试证书内容相符，并且铭牌上标注的限速器动作速度与受检电梯相适应	对照检查限速器型式试验证书、调试证书和铭牌
		（2）限速器或者其他装置上设有在轿厢上行或者下行速度达到限速器动作速度之前动作的电气安全装置，以及验证限速器复位状态的电气安全装置	目测电气安全装置的设置情况
		（3）限速器各调节部位封记完好，运转时不得出现碰擦、卡阻、转动不灵活等现象，动作正常	目测调节部位封记和限速器运转情况，结合 8.4、8.5 的试验结果，判断限速器动作是否正常
		（4）受检电梯的维护保养单位应当每 2 年（对于使用年限不超过 15 年的限速器）或者每年（对于使用年限超过 15 年的限速器）进行一次限速器动作速度校验，校验结果应当符合要求	审查限速器动作速度校验记录，对照限速器铭牌上的相关参数，判断校验结果是否符合要求；对于额定速度小于 3m/s 的电梯，检验人员还需每 2 年对维护保养单位的校验过程进行一次现场观察、确认
	2.10 接地 C	（1）供电电源自进入机房（机器设备间）起，中性导体（N，零线）与保护导体（PE，地线）应当始终分开； （2）所有电气设备及线管、线槽的外露可以导电部分应当与保护导体（PE，地线）可靠连接	目测中性导体与保护导体的设置情况，以及电气设备及线管、线槽的外露可以导电部分与保护导体的连接情况，必要时测量验证

右上角：续表

项目及类别		检验内容与要求	检验方法
2 机房（机器设备间）及相关设备	2.11 电气绝缘 C	动力电路、照明电路和电气安全装置电路的绝缘电阻应当符合下述要求： | 标称电压/V	测试电压（直流）/V	绝缘电阻/MΩ
---	---	---
安全电压	250	≥0.25
≤500	500	≥0.50
>500	1000	≥1.00		由施工或者维护保养单位测量，检验人员现场观察、确认
	2.12 轿厢上行超速保护装置 B	（1）轿厢上行超速保护装置上设有铭牌，标明制造单位名称、型号、编号、技术参数和型式试验机构的名称或者标志，铭牌和型式试验证书内容相符； （2）控制柜或者紧急操作和动态测试装置上标注电梯整机制造单位规定的轿厢上行超速保护装置动作试验方法	对照检查上行超速保护装置型式试验证书和铭牌；目测动作试验方法的标注情况
	2.13 轿厢意外移动保护装置 B	（1）轿厢意外移动保护装置上设有铭牌，标明制造单位名称、型号、编号、技术参数和型式试验机构的名称或者标志，铭牌和型式试验证书内容相符； （2）控制柜或者紧急操作和动态测试装置上标注电梯整机制造单位规定的轿厢意外移动保护装置动作试验方法，该方法与型式试验证书所标注的方法一致	对照检查轿厢意外移动保护装置型式试验证书和铭牌；目测动作试验方法的标注情况
3 井道及相关设备	3.1 井道封闭 C	除必要的开口外井道应当完全封闭；当建筑物中不要求井道在火灾情况下具有防止火焰蔓延的功能时，允许采用部分封闭井道，但在人员可正常接近电梯处应当设置无孔的高度足够的围壁，以防止人员遭受电梯运动部件直接危害，或者用手持物体触及井道中的电梯设备	目测
	3.2 曳引驱动电梯顶部空间 C	（1）当对重完全压在缓冲器上时，应当同时满足以下要求： ① 轿厢导轨提供不小于 $0.1+0.035v^2$（m）的进一步制导行程； ② 轿顶可以站人的最高面积的水平面与位于轿厢投影部分井道顶最低部件的水平面之间的自由垂直距离不小于 $1.0+0.035v^2$（m）； ③ 井道顶的最低部件与轿顶设备的最高部件之间的间距（不包括导靴、钢丝绳附件等）不小于 $0.3+0.035v^2$（m），与导靴或者滚轮、曳引绳附件、垂直滑动门的横梁或部件的最高部分之间的间距不小于 $0.1+0.035v^2$（m）； ④ 轿顶上方有一个不小于 0.50m×0.60m×0.80m 的空间（任意平面朝下即可）。 注 A-4：当采用减行程缓冲器并且对电梯驱动主机正常减速进行有效监控时，$0.035v^2$ 可以用下值代替： ① 电梯额定速度不大于 4m/s 时，可以减少到 1/2，但是不小于 0.25m；	（1）测量轿厢在上端站平层位置时的相应数据，计算确认是否满足要求； （2）用痕迹法或者其他有效方法检验对重导轨的制导行程

续表

项目及类别		检验内容与要求	检验方法
3 井道及相关设备	3.2 曳引驱动电梯顶部空间 C	②电梯额定速度大于 4m/s 时，可以减少到 1/3，但是不小于 0.28m。 （2）当轿厢完全压在缓冲器上时，对重导轨有不小于 $0.1+0.035v^2$（m）的进一步制导行程	（1）测量轿厢在上端站平层位置时的相应数据，计算确认是否满足要求； （2）用痕迹法或者其他有效方法检验对重导轨的制导行程
	3.3 强制驱动电梯顶部空间 C	（1）轿厢从顶层向上直到撞击上缓冲器时的行程不小于 0.50m，轿厢上行至缓冲器行程的极限位置时一直处于有导向状态。 （2）当轿厢完全压在上缓冲器上时，应当同时满足以下条件： ① 轿顶可以站人的最高面积的水平面与位于轿厢投影部分井道顶最低部件的水平面之间的自由垂直距离不小于 1.0m； ② 井道顶部最低部件与轿顶设备的最高部件之间的自由垂直距离不小于 0.30m，与导靴或者滚轮、钢丝绳附件、垂直滑动门横梁等的自由垂直距离不小于 0.10m； ③ 轿厢顶部上方有一个不小于 0.50m×0.60m×0.80m 的空间（任意平面朝下即可）。 （3）当轿厢完全压在缓冲器上时，平衡重（如果有）导轨的长度能够提供不小于 0.30m 的进一步制导行程	（1）测量轿厢在上端站平层位置时的相应数据，计算确认是否满足要求； （2）用痕迹法或者其他有效方法检验平衡重导轨的制导行程
	3.4 井道安全门 C	（1）当相邻两层门地坎的间距大于 11m 时，其间应当设置高度不小于 1.80m、宽度不小于 0.35m 的井道安全门（使用轿厢安全门时除外）； （2）不得向井道内开启； （3）门上应当装设用钥匙开启的锁，当门开启后不用钥匙能够将其关闭和锁住，在门锁住后，不用钥匙能够从井道内将门打开； （4）应当设置电气安全装置以验证门的关闭状态	（1）目测或者测量相关数据； （2）打开、关闭安全门，检查门的启闭和电梯启动情况
	3.5 井道检修门 C	（1）高度不小于 1.40m，宽度不小于 0.60m； （2）不得向井道内开启； （3）应当装设用钥匙开启的锁，当门开启后不用钥匙能够将其关闭和锁住，在门锁住后，不用钥匙也能够从井道内将门打开； （4）应当设置电气安全装置以验证门的关闭状态	（1）目测或者测量相关数据； （2）打开、关闭检修门，检查门的启闭和电梯启动情况
	3.6 导轨 C	（1）每根导轨应当至少有 2 个导轨支架，其间距一般不大于 2.50m（如果间距大于 2.50m 应当有计算依据），安装于井道上、下端部的非标准长度导轨的支架数量应当满足设计要求； （2）导轨支架应当安装牢固，焊接支架的焊缝满足设计要求，锚栓（如膨胀螺栓）固定只能在井道壁的混凝土构件上使用； （3）每列导轨工作面每 5m 铅垂线测量值间的相对最大偏差，轿厢导轨和设有安全钳的 T 型对重导轨不大于 1.2mm，不设安全钳的 T 型对重导轨不大于 2.0mm； （4）两列导轨顶面的距离偏差，轿厢导轨为 0～+2mm，对重导轨为 0～+3mm	目测或者测量相关数据

续表

项目及类别	检验内容与要求	检验方法
3.7 轿厢与井道壁距离 B	轿厢与面对轿厢入口的井道壁的间距不大于0.15m，对于局部高度不大于0.50m或者采用垂直滑动门的载货电梯，该间距可以增加到0.20m。 　　如果轿厢装有机械锁紧的门并且门只能在开锁区内打开时，则上述间距不受限制	测量相关数据；观察轿厢门锁设置情况
3.8 层门地坎下端的井道壁 C	每个层门地坎下的井道壁应当符合以下要求：形成一个与层门地坎直接连接的连续垂直表面，由光滑而坚硬的材料构成（如金属薄板）；其高度不小于开锁区域的一半加上50mm，宽度不小于门入口的净宽度两边各加25mm	目测或者测量相关数据
3 井道及相关设备	3.9 井道内防护 C	（1）对重（平衡重）的运行区域应当采用刚性隔障保护，该隔障从底坑地面上不大于0.30m处，向上延伸到离底坑地面至少2.50m的高度，宽度应当至少等于对重（平衡重）宽度两边各加0.10m； 　　（2）在装有多台电梯的井道中，不同电梯的运动部件之间应当设置隔障，隔障应当至少从轿厢、对重（平衡重）行程的最低点延伸到最低层站楼面以上2.50m高度，并且有足够的宽度以防止人员从一个底坑通往另一个底坑，如果轿厢顶部边缘和相邻电梯的运动部件之间的水平距离小于0.50m，隔障应当贯穿整个井道，宽度至少等于运动部件或者运动部件的需要保护部分的宽度每边各加0.10m	目测或者测量相关数据
	3.10 极限开关 B	井道上下两端应当装设极限开关，该开关在轿厢或者对重（如果有）接触缓冲器前起作用，并且在缓冲器被压缩期间保持其动作状态。 　　强制驱动电梯的极限开关动作后，应当以强制的机械方法直接切断驱动主机和制动器的供电回路	（1）将上行（下行）限位开关（如果有）短接，以检修速度使位于顶层（底层）端站的轿厢向上（向下）运行，检查井道上端（下端）极限开关动作情况； 　　（2）短接上下两端极限开关和限位开关（如果有），以检修速度提升（下降）轿厢，使对重（轿厢）完全压在缓冲器上，检查极限开关动作状态； 　　（3）目测判断强制驱动电梯极限开关切断供电的方式
	3.11 井道照明 C	井道应当装设永久性电气照明。对于部分封闭井道，如果井道附近有足够的电气照明，井道内可以不设照明	目测

续表

项目及类别		检验内容与要求	检验方法
3 井道及相关设备	3.12 底坑设施与装置 C	（1）底坑底部应当平整，不得渗水、漏水； （2）如果没有其他通道，应当在底坑内设置一个从层门进入底坑的永久性装置（如梯子），该装置不得凸入电梯的运行空间； （3）底坑内应当设置在进入底坑时和底坑地面上均能够方便操作的停止装置，停止装置的操作装置为双稳态、红色、标以“停止”字样，并且有防止误操作的保护； （4）底坑内应当设置 2P＋PE 型电源插座，以及在进入底坑时方便操作的井道灯开关	目测；操作验证停止装置和井道灯开关功能
	3.13 底坑空间 C	轿厢完全压在缓冲器上时，底坑空间尺寸应当同时满足以下要求： （1）底坑中有一个不小于 0.50m×0.60m×1.0m 的空间（任一面朝下即可）； （2）底坑底面与轿厢最低部件之间的自由垂直距离不小于 0.50m，当垂直滑动门的部件、护脚板和相邻井道壁之间，轿厢最低部件和导轨之间的水平距离在 0.15m 之内时，此垂直距离允许减少到 0.10m；当轿厢最低部件和导轨之间的水平距离大于 0.15m 但不大于 0.50m 时，此垂直距离可按线性关系增加至 0.50m； （3）底坑中固定的最高部件和轿厢最低部件之间的自由垂直距离不小于 0.30m	测量轿厢在下端站平层位置时的相应数据，计算确认是否满足要求
	3.14 限速器绳张紧装置 B	（1）限速器绳应当用张紧轮张紧，张紧轮（或者其配重）应当有导向装置； （2）当限速器绳断裂或者过分伸长时，应当通过一个电气安全装置的作用，使电梯停止运转	（1）目测张紧和导向装置； （2）电梯以检修速度运行，使电气安全装置动作，观察电梯运行状况
	3.15 缓冲器 B	（1）轿厢和对重的行程底部极限位置应当设置缓冲器，强制驱动电梯还应当在行程上部极限位置设置缓冲器，蓄能型缓冲器只能用于额定速度不大于 1m/s 的电梯，耗能型缓冲器可以用于任何额定速度的电梯； （2）缓冲器上应当设有铭牌或者标签，标明制造单位名称、型号、编号、技术参数和型式试验机构的名称或者标志，铭牌或者标签和型式试验证书内容应当相符； （3）缓冲器应当固定可靠、无明显倾斜，并且无断裂、塑性变形、剥落、破损等现象； （4）耗能型缓冲器液位应当正确，有验证柱塞复位的电气安全装置； （5）对重缓冲器附近应当设置永久性的明显标识，标明当轿厢位于顶层端站平层位置时，对重装置撞板与其缓冲器顶面间的最大允许垂直距离，并且该垂直距离不超过最大允许值	（1）对照检查缓冲器型式试验证书和铭牌或者标签； （2）目测缓冲器的固定和完好情况；必要时，将限位开关（如果有）、极限开关短接，以检修速度运行空载轿厢，将缓冲器充分压缩后，观察缓冲器是否有断裂、塑性变形、剥落、破损等现象； （3）目测耗能型缓冲器的液位和电气安全装置； （4）目测对重越程距离标识；查验当轿厢位于顶层端站平层位置时，对重装置撞板与其缓冲器顶面间的垂直距离
	3.16 井道下方空间的防护 B	如果井道下方有人能够到达的空间，应当将对重缓冲器安装于一直延伸到坚固地面上的实心桩墩，或者在对重（平衡重）上装设安全钳	目测

续表

项目及类别		检验内容与要求	检验方法
4 轿厢 与对 重（平 衡重）	4.1 轿顶 电气 装置 C	（1）轿顶应当装设一个易于接近的检修运行控制装置，并且符合以下要求： ① 由一个符合电气安全装置要求，能够防止误操作的双稳态开关（检修开关）进行操作； ② 一经进入检修运行时，即取消正常运行（包括任何自动门操作）、紧急电动运行、对接操作运行，只有再一次操作检修开关，才能使电梯恢复正常工作； ③ 依靠持续按压按钮来控制轿厢运行，此按钮有防止误操作的保护装置，按钮上或者其近旁标出相应的运行方向； ④ 该装置上设有一个停止装置，停止装置的操作装置为双稳态、红色、标以"停止"字样，并且有防止误操作的保护； ⑤ 检修运行时，安全装置仍然起作用。 （2）轿顶应当装设一个从入口处易于接近的停止装置，停止装置的操作装置为双稳态、红色、标以"停止"字样，并且有防止误操作的保护。如果检修运行控制装置设在从入口处易于接近的位置，该停止装置也可以设在检修运行控制装置上。 （3）轿顶应当装设 2P＋PE 型电源插座	（1）目测检修运行控制装置、停止装置和电源插座的设置； （2）操作验证检修运行控制装置、安全装置和停止装置的功能
	4.2 轿顶 护栏 C	井道壁离轿顶外侧边缘水平方向自由距离超过 0.30m 时，轿顶应当装设护栏，并且满足以下要求： （1）由扶手、0.10m 高的护脚板和位于护栏高度一半处的中间栏杆组成； （2）当护栏扶手外缘与井道壁的自由距离不大于 0.85m 时，扶手高度不小于 0.70m，当该自由距离大于 0.85m 时，扶手高度不小于 1.10m； （3）护栏装设在距轿顶边缘最大为 0.15m 之内，并且其扶手外缘和井道中的任何部件之间的水平距离不小于 0.10m； （4）护栏上有关于俯伏或者斜靠护栏危险的警示符号或者须知	目测或者测量相关数据
	4.3 安全 窗（门） C	如果轿厢设有安全窗（门），应当符合以下要求： （1）设有手动上锁装置，能够不用钥匙从轿厢外开启，用规定的三角钥匙从轿厢内开启； （2）轿厢安全窗不得向轿厢内开启，并且开启位置不超出轿厢的边缘，轿厢安全门不得向轿厢外开启，并且出入路径没有对重（平衡重）或者固定障碍物； （3）其锁紧由电气安全装置予以验证	操作验证
	4.4 轿厢和 对重（平 衡重）间 距 C	轿厢及关联部件与对重（平衡重）之间的距离应当不小于 50mm	测量相关数据
	4.5 对重（平 衡重）块 B	（1）对重（平衡重）块可靠固定； （2）具有能够快速识别对重（平衡重）块数量的措施（例如标明对重块的数量或者总高度）	目测

项目及类别		检验内容与要求	检验方法
4 轿厢与对重（平衡重）	4.6 轿厢面积 C	（1）轿厢有效面积应当符合下述规定。下述各额定载重量对应的轿厢最大有效面积允许增加不大于所列值5%的面积。 表 对于汽车电梯，额定载重量应当按照单位轿厢有效面积不小于200kg/m² 计算。 注 A-5：①额定载重量，kg；②轿厢最大有效面积，m²；③一人电梯的最小值；④二人电梯的最小值；⑤额定载重量超过2500kg时，每增加100kg，面积增加0.16m²。对中间的载重量，其面积由线性插入法确定	测量计算轿厢有效面积
		（2）对于为了满足使用要求而轿厢面积超出上述规定的载货电梯，必须满足以下条件： ① 在从层站装卸区域总可看见的位置上设置标志，表明该载货电梯的额定载重量； ② 该电梯专用于运送特定轻质货物，其体积可保证在装满轿厢情况下，该货物的总质量不会超过额定载重量； ③ 该电梯由专职司机操作，并且严格限制人员进入	检查层站装卸区域额定载重量标志、电梯专用等措施
	4.7 轿厢内铭牌和标识 C	（1）轿厢内应当设置铭牌，标明额定载重量及乘客人数（载货电梯只标载重量）、制造单位名称或者商标；改造后的电梯，铭牌上应当标明额定载重量及乘客人数（载货电梯只标载重量）、改造单位名称、改造竣工日期等。 （2）设有 IC 卡系统的电梯，轿厢内的出口层选层按钮应当采用凸起的星形图案予以标识，或者采用比其他按钮明显凸起的绿色按钮	目测
	4.8 紧急照明和报警装置 B	轿厢内应当装设符合下述要求的紧急报警装置和紧急照明： （1）正常照明电源中断时，能够自动接通紧急照明电源。 （2）紧急报警装置采用对讲系统以便与救援服务持续联系，当电梯行程大于 30m 时，在轿厢和机房（或者紧急操作地点）之间也设置对讲系统，紧急报警装置的供电来本条（1）所述的紧急照明电源或者等效电源；在启动对讲系统后，被困乘客不必再做其他操作	接通和断开紧急报警装置的正常供电电源，分别验证紧急报警装置的功能；断开正常照明供电电源，验证紧急照明的功能
	4.9 地坎护脚板 C	轿厢地坎下应当装设护脚板，其垂直部分的高度不小于 0.75m，宽度不小于层站入口宽度	目测或者测量相关数据

表内数据：

$Q^①$	$S^②$	$Q^①$	$S^②$	$Q^①$	$S^②$	$Q^①$	$S^②$
100③	0.37	525	1.45	900	2.20	1275	2.95
180④	0.58	600	1.60	975	2.35	1350	3.10
225	0.70	630	1.66	1000	2.40	1425	3.25
300	0.90	675	1.75	1050	2.50	1500	3.40
375	1.10	750	1.90	1125	2.65	1600	3.56
400	1.17	800	2.00	1200	2.80	2000	4.20
450	1.30	825	2.05	1250	2.90	2500⑤	5.00

续表

项目及类别		检验内容与要求	检验方法
4 轿厢与对重（平衡重）	4.10 超载保护装置 C	设置当轿厢内的载荷超过额定载重量时，能够发出警示信号，并且使轿厢不能运行的超载保护装置。该装置最迟在轿厢内的载荷达到110%额定载重量（对于额定载重量小于750kg的电梯，最迟在超载量达到75kg）时动作，防止电梯正常启动及再平层，并且轿内有音响或者发光信号提示，动力驱动的自动门完全打开，手动门保持在未锁状态	进行加载试验，验证超载保护装置的功能
	4.11 安全钳 B	（1）安全钳上应当设有铭牌，标明制造单位名称、型号、编号、技术参数和型式试验机构的名称或者标志，铭牌和型式试验证书、调试证书内容应当相符； （2）轿厢上应当装设一个在轿厢安全钳动作以前或者同时动作的电气安全装置	（1）对照检查安全钳型式试验证书、调试证书和铭牌； （2）目测电气安全装置的设置
5 悬挂装置、补偿装置及旋转部件防护	5.1 悬挂装置、补偿装置的磨损、断丝、变形等情况 C	出现下列情况之一时，悬挂钢丝绳和补偿钢丝绳应当报废： ① 出现笼状畸变、绳股挤出、扭结、部分压扁、弯折； ② 一个捻距内出现的断丝数大于下表列出的数值时； （见下表） 注：上述断丝数的参考长度为一个捻距，约为6d（d表示钢丝绳的公称直径，mm）。 ③ 钢丝绳直径小于其公称直径的90%； ④ 钢丝绳严重锈蚀，铁锈填满绳股间隙。 采用其他类型悬挂装置的，悬挂装置的磨损、变形等不得超过制造单位设定的报废指标	（1）用钢丝绳探伤仪或者放大镜全长检测或者分段抽测；测量并判断钢丝绳直径变化情况。测量时，以相距至少1m的两点进行，在每点相互垂直方向上测量两次，四次测量值的平均值，即为钢丝绳的实测直径； （2）采用其他类型悬挂装置的，按照制造单位提供的方法进行检验
	5.2 端部固定 C	悬挂钢丝绳绳端固定应当可靠，弹簧、螺母、开口销等连接部件无缺损。 对于强制驱动电梯，应当采用带楔块的压紧装置，或者至少用3个压板将钢丝绳固定在卷筒上。 采用其他类型悬挂装置的，其端部固定应当符合制造单位的规定	目测，或者按照制造单位的规定进行检验
	5.3 补偿装置 C	（1）补偿绳（链）端固定应当可靠； （2）应当使用电气安全装置来检查补偿绳的最小张紧位置； （3）当电梯的额定速度大于3.5m/s时，还应当设置补偿绳防跳装置，该装置动作时应当有一个电气安全装置使电梯驱动主机停止运转	（1）目测补偿绳（链）端固定情况； （2）模拟断绳或者防跳装置动作时的状态，观察电气安全装置动作和电梯运行情况

断丝的形式	钢丝绳类型		
	6×19	8×19	9×19
均布在外层绳股上	24	30	34
集中在一或者两根外层绳股上	8	10	11
一根外层绳股上相邻的断丝	4	4	4
股谷（缝）断丝	1	1	1

续表

项目及类别		检验内容与要求	检验方法
5 悬挂装置、补偿装置及旋转部件防护	5.4 钢丝绳的卷绕 C	对于强制驱动电梯，钢丝绳的卷绕应当符合以下要求： （1）轿厢完全压缩缓冲器时，卷筒的绳槽中至少保留两圈钢丝绳； （2）卷筒上只能卷绕一层钢丝绳； （3）有措施防止钢丝绳滑脱和跳出	目测
	5.5 松绳（链）保护 B	如果轿厢悬挂在两根钢丝绳或者链条上，则应当设置检查绳（链）松弛的电气安全装置，当其中一根钢丝绳（链条）发生异常相对伸长时，电梯应当停止运行	轿厢以检修速度运行，使松绳（链）电气安全装置动作，观察电梯运行状况
	5.6 旋转部件的防护 C	在机房（机器设备间）内的曳引轮、滑轮、链轮、限速器，在井道内的曳引轮、滑轮、链轮、限速器及张紧轮、补偿绳张紧轮，在轿厢上的滑轮、链轮等与钢丝绳、链条形成传动的旋转部件，均应当设置防护装置，以避免人身伤害、钢丝绳或者链条因松弛而脱离绳槽或者链轮、异物进入绳与绳槽或者链与链轮之间。 对于允许按照 GB 7588—1995 及更早期标准生产的电梯，可以按照以下要求检验： ① 采用悬臂式曳引轮或者链轮时，有防止钢丝绳脱离绳槽或者链条脱离链轮的装置，并且当驱动主机不装设在井道上部时，有防止异物进入绳与绳槽之间或者链条与链轮之间的装置； ② 井道内的导向滑轮、曳引轮、轿架上固定的反绳轮和补偿绳张紧轮，有防止钢丝绳脱离绳槽和进入异物的防护装置	目测
6 轿门与层门	6.1 门地坎距离 C	轿厢地坎与层门地坎的水平距离不得大于 35mm	测量相关尺寸
	6.2 门标识 C	层门和玻璃轿门上设有标识，标明制造单位名称、型号，并且与型式试验证书内容相符	对照检查层门和玻璃轿门的型式试验证书和标识
	6.3 门间隙 C	门关闭后，应当符合以下要求： （1）门扇之间及门扇与立柱、门楣和地坎之间的间隙，对于乘客电梯不大于 6mm；对于载货电梯不大于 8mm，使用过程中由于磨损，允许达到 10mm。 （2）在水平移动门和折叠门主动门扇的开启方向，以 150N 的人力施加在一个最不利的点，前条所述的间隙允许增大，但对于旁开门不大于 30mm，对于中分门其总和不大于 45mm	测量相关尺寸
	6.4 玻璃门防拖曳措施 C	层门和轿门采用玻璃门时，应当有防止儿童的手被拖曳的措施	目测

续表

项目及类别		检验内容与要求	检验方法
6 **轿门** **与层门**	6.5 防止门 夹人的 保护装 置 B	动力驱动的自动水平滑动门应当设置防止门夹人的保护装置，当人员通过层门入口被正在关闭的门扇撞击或者将被撞击时，该装置应当自动使门重新开启	模拟动作试验
	6.6 门的运 行和导 向 B	层门和轿门正常运行时不得出现脱轨、机械卡阻或者在行程终端时错位；如果磨损、锈蚀或者火灾可能造成层门导向装置失效，应当设置应急导向装置，使层门保持在原有位置	目测（对于层门，抽取基站、端站以及至少 20%其他层站的层门进行检查）
	6.7 自动关 闭层门 装置 B	在轿门驱动层门的情况下，当轿厢在开锁区域之外时，如果层门开启（无论何种原因）应当有一种装置能够确保该层门自动关闭。自动关闭装置采用重块时，应当有防止重块坠落的措施	抽取基站、端站以及至少 20%其他层站的层门，将轿厢运行至开锁区域外，打开层门，观察层门关闭情况及防止重块坠落措施的有效性
	6.8 紧急开 锁装置 B	每个层门均应当能够被一把符合要求的钥匙从外面开启；紧急开锁后，在层门闭合时门锁装置不应当保持开锁位置	抽取基站、端站以及至少 20%其他层站的层门，用钥匙操作紧急开锁装置，验证其功能
	6.9 门的 锁紧 B	（1）每个层门都应当设有符合下述要求的门锁装置： ① 门锁装置上设有铭牌，标明制造单位名称、型号和型式试验机构的名称或者标志，铭牌和型式试验证书内容相符； ② 锁紧动作由重力、永久磁铁或者弹簧来产生和保持，即使永久磁铁或者弹簧失效，重力亦不能导致开锁； ③ 轿厢在锁紧元件啮合不小于 7mm 时才能启动； ④ 门的锁紧由一个电气安全装置来验证，该装置由锁紧元件强制操作而没有任何中间机构，并且能够防止误动作。 （2）如果轿门采用了门锁装置，该装置应当符合本条（1）的要求	（1）对照检查门锁型式试验证书和铭牌（对于层门，抽取基站、端站以及至少 20%其他层站的层门进行检查），目测门锁及电气安全装置的设置； （2）目测锁紧元件的啮合情况，认为啮合长度可能不足时测量电气触点刚闭合时锁紧元件的啮合长度； （3）使电梯以检修速度运行，打开门锁，观察电梯是否停止
	6.10 门的 闭合 B	（1）正常运行时应当不能打开层门，除非轿厢在该层门的开锁区域内停止或者停站；如果一个层门或者轿门（或者多扇门中的任何一扇门）开着，在正常操作情况下，应当不能启动电梯或者不能保持继续运行。 （2）每个层门和轿门的闭合都应当由电气安全装置来验证，如果滑动门是由数个间接机械连接的门扇组成，则未被锁住的门扇上也应当设置电气安全装置以验证其闭合状态	（1）使电梯以检修速度运行，打开层门，检查电梯是否停止； （2）将电梯置于检修状态，层门关闭，打开轿门，观察电梯能否运行； （3）对于由数个间接机械连接的门扇组成的滑动门，抽取轿门和基站、端站以及至少 20%其他层站的层门，短接被锁住门扇上的电气安全装置，使各门扇均打开，观察电梯能否运行

项目及类别		检验内容与要求	检验方法
6 轿门 与层 门	6.11 轿门开门限制装置及轿门的开启 B	（1）应当设置轿门开门限制装置，当轿厢停在开锁区域外时，能够防止轿厢内的人员打开轿门离开轿厢； （2）在轿厢意外移动保护装置允许的最大制停距离范围内，打开对应的层门后，能够不用工具（三角钥匙或者永久性设置在现场的工具除外）从层站处打开轿门	模拟试验；操作检查
	6.12 门刀、门锁滚轮与地坎间隙 C	轿门门刀与层门地坎，层门锁滚轮与轿厢地坎的间隙应当不小于 5mm；电梯运行时不得互相碰擦	测量相关数据
7 无机 房电 梯附 加检 验项 目	7.1 轿顶上或者轿厢内的作业场地 C	检查、维修驱动主机、控制柜的作业场地设在轿顶上或轿内时，应当具有以下安全措施： （1）设置防止轿厢移动的机械锁定装置。 （2）设置检查机械锁定装置工作位置的电气安全装置，当该机械锁定装置处于非停放位置时，能防止轿厢的所有运行。 （3）若在轿厢壁上设置检修门（窗），则该门（窗）不得向轿厢外打开，并且装有用钥匙开启的锁，不用钥匙能够关闭和锁住，同时设置检查检修门（窗）锁定位置的电气安全装置。 （4）在检修门（窗）开启的情况下需要从轿内移动轿厢时，在检修门（窗）的附近设置轿内检修控制装置，轿内检修控制装置能够使检查门（窗）锁定位置的电气安全装置失效，人员站在轿顶时，不能使用该装置来移动轿厢；如果检修门（窗）的尺寸中较小的一个尺寸超过 0.20m，则井道内安装的设备与该检修门（窗）外边缘之间的距离应不小于 0.30m	（1）目测机械锁定装置、检修门（窗）、轿内检修控制装置的设置； （2）通过模拟操作以及使电气安全装置动作，检查机械锁定装置、轿内检修控制装置、电气安全装置的功能
	7.2 底坑内的作业场地 C	检查、维修驱动主机、控制柜的作业场地设在底坑时，如果检查、维修工作需要移动轿厢或可能导致轿厢的失控和意外移动，应当具有以下安全措施： （1）设置停止轿厢运动的机械制停装置，使作业场地内的地面与轿厢最低部件之间的距离不小于 2m； （2）设置检查机械制停装置工作位置的电气安全装置，当机械制停装置处于非停放位置且未进入工作位置时，能防止轿厢的所有运行，当机械制停装置进入工作位置后，仅能通过检修装置来控制轿厢的电动移动； （3）在井道外设置电气复位装置，只有通过操纵该装置才能使电梯恢复到正常工作状态，该装置只能由工作人员操作	（1）对于不具备相应安全措施的，核查电梯整机型式试验证书或者报告书，确认其上有无检查、维修工作无须移动轿厢且不可能导致轿厢失控和意外移动的说明； （2）目测机械制停装置、井道外电气复位装置的设置； （3）通过模拟操作以及使电气安全装置动作，检查机械制停装置、井道外电气复位装置、电气安全装置的功能

续表

项目及类别		检验内容与要求	检验方法
7 无机房电梯附加检验项目	7.3 平台上的作业场地 C	检查、维修机器设备的作业场地设在平台上时，如果该平台位于轿厢或者对重的运行通道中，则应当具有以下安全措施： （1）平台是永久性装置，有足够的机械强度，并且设置护栏。 （2）设有可以使平台进入（退出）工作位置的装置，该装置只能由工作人员在底坑或者井道外操作，由一个电气安全装置确认平台完全缩回后电梯才能运行。 （3）如果检查、维修作业不需要移动轿厢，则设置防止轿厢移动的机械锁定装置和检查机械锁定装置工作位置的电气安全装置，当机械锁定装置处于非停放位置时，能防止轿厢的所有运行。 （4）如果检查、维修作业需要移动轿厢，则设置活动式机械止挡装置来限制轿厢的运行区间，当轿厢位于平台上方时，该装置能够使轿厢停在上方距平台至少 2m 处，当轿厢位于平台下方时，该装置能够使轿厢停在平台下方符合 3.2 井道顶部空间要求的位置。 （5）设置检查机械止挡装置工作位置的电气安全装置，只有机械止挡装置处于完全缩回位置时才允许轿厢移动，只有机械止挡装置处于完全伸出位置时才允许轿厢在前条所限定的区域内移动。 如果该平台不位于轿厢或者对重的运行通道中，则应当满足上述（1）的要求	（1）目测平台、平台护栏、机械锁定装置、活动式机械止挡装置的设置； （2）通过模拟操作以及使电气安全装置动作，检查机械锁定装置、活动式机械止挡装置、电气安全装置的功能
	7.4 附加检修控制装置 C	如果需要在轿厢内、底坑或者平台上移动轿厢，则应当在相应位置上设置附加检修控制装置，并且符合以下要求： （1）每台电梯只能设置 1 个附加检修控制装置；附加检修控制装置的型式要求与轿顶检修控制装置相同。 （2）如果一个检修控制装置被转换到"检修"，则通过持续按压该控制装置上的按钮能够移动轿厢；如果两个检修控制装置均被转换到"检修"位置，则从任何一个检修控制装置都不可能移动轿厢，或者当同时按压两个检修控制装置上相同方向的按钮时，才能够移动轿厢	（1）目测附加检修装置的设置； （2）进行检修操作，检查检修控制装置的功能
8 试验	8.1 平衡系数试验 B（C）	曳引电梯的平衡系数应当在 0.40～0.50 之间，或者符合制造（改造）单位的设计值	采用下列方法之一确定平衡系数： （1）轿厢分别装载额定载重量的 30%、40%、45%、50%、60% 进行上、下全程运行，当轿厢和对重运行到同一水平位置时，记录电动机的电流值，绘制电流-负荷曲线，以上、下行运行曲线的交点确定平衡系数； （2）按照本规则第四条的规定认定的方法。 注 A-6：本条检验类别 C 类适用于定期检验。 注 A-7：只有当本条检验结果为符合时方可进行 8.2～8.13 的检验

续表

项目及类别		检验内容与要求	检验方法
8 试验	8.2 轿厢上行超速保护装置试验 C	当轿厢上行速度失控时，轿厢上行超速保护装置应当动作，使轿厢制停或者至少使其速度降低至对重缓冲器的设计范围内；该装置动作时，应当使一个电气安全装置动作	由施工或者维护保养单位按照制造单位规定的方法进行试验，检验人员现场观察、确认
	8.3 轿厢意外移动保护装置试验 B	（1）轿厢在井道上部空载，以型式试验证书所给出的试验速度上行并触发制停部件，仅使用制停部件能够使电梯停止，轿厢的移动距离在型式试验证书给出的范围内； （2）如果电梯采用存在内部冗余的制动器作为制停部件，则当制动器提起（或者释放）失效，或者制动力不足时，应当关闭轿门和层门，并且防止电梯的正常启动	由施工或者维护保养单位进行试验，检验人员现场观察、确认
	8.4 轿厢限速器—安全钳试验 B	（1）施工监督检验。轿厢装载下述载荷，以检修速度下行，进行限速器—安全钳联动试验，限速器、安全钳动作应当可靠： ①瞬时式安全钳：轿厢装载额定载重量，对于轿厢面积超出规定的载货电梯，以轿厢实际面积按规定所对应的额定载重量作为试验载荷。 ②渐进式安全钳：轿厢装载 125% 额定载重量；对于轿厢面积超出规定的载货电梯，取 125% 额定载重量与轿厢实际面积按规定所对应的额定载重量两者中的较大值作为试验载荷；对于额定载重量按照单位轿厢有效面积不小于 $200\mathrm{kg/m^2}$ 计算的汽车电梯，轿厢装载 150% 额定载重量。 （2）定期检验。轿厢空载，以检修速度下行，进行限速器—安全钳联动试验，限速器、安全钳动作应当可靠	（1）施工监督检验：由施工单位进行试验，检验人员现场观察、确认。 （2）定期检验：轿厢空载以检修速度运行，人为分别使限速器和安全钳的电气安全装置动作，观察轿厢是否停止运行；然后短接限速器和安全钳的电气安全装置，轿厢空载以检修速度向下运行，人为动作限速器，观察轿厢制停情况
	8.5 对重（平衡重）限速器—安全钳试验 B	轿厢空载，以检修速度上行，进行限速器-安全钳联动试验，限速器、安全钳动作应当可靠	轿厢空载以检修速度运行，人为分别使限速器和安全钳的电气安全装置（如果有）动作，观察轿厢是否停止运行；短接限速器和安全钳的电气安全装置（如果有），轿厢空载以检修速度向上运行，人为动作限速器，观察对重（平衡重）制停情况
	8.6 运行试验 C	轿厢分别空载、满载，以正常运行速度上、下运行，呼梯、楼层显示等信号系统功能有效、指示正确、动作无误，轿厢平层良好，无异常现象发生。对于设有 IC 卡系统的电梯，轿厢内的人员无须通过 IC 卡系统即可到达建筑物的出口层，并且在电梯退出正常服务时，自动退出 IC 卡功能	（1）轿厢分别空载、满载，以正常运行速度上、下运行，观察运行情况； （2）将电梯置于检修状态以及紧急电动运行、火灾召回、地震运行状态（如果有），验证 IC 卡功能是否退出

续表

项目及类别		检验内容与要求	检验方法
8 试验	8.7 应急救援试验 B	（1）在机房内或者紧急操作和动态测试装置上设有明晰的应急救援程序； （2）建筑物内的救援通道保持通畅，以便相关人员无阻碍地抵达实施紧急操作的位置和层站等处； （3）在各种载荷工况下，按照本条（1）所述的应急救援程序实施操作，能够安全、及时地解救被困人员	（1）目测。 （2）在空载、半载、满载等工况（含轿厢与对重平衡的工况）下，模拟停电和停梯故障，按照相应的应急救援程序进行操作。定期检验时在空载工况下进行。由施工或者维护保养单位进行操作，检验人员现场观察、确认
	8.8 电梯速度 C	当电源为额定频率，电动机施以额定电压时，轿厢装载 50%额定载重量，向下运行至行程中段（除去加速和减速段）时的速度，不得大于额定速度的 105%，不宜小于额定速度的 92%	用速度检测仪器进行检测
	8.9 空载曳引检查 B	当对重压在缓冲器上而曳引机按电梯上行方向旋转时，应当不能提升空载轿厢	将上限位开关（如果有）、极限开关和缓冲器柱塞复位开关（如果有）短接，以检修速度将空载轿厢提升，当对重压在缓冲器上后，继续使曳引机按上行方向旋转，观察是否出现曳引轮与曳引绳产生相对滑动现象，或者曳引机停止旋转
	8.10 上行制动工况曳引检查 B	轿厢空载以正常运行速度上行至行程上部，切断电动机与制动器供电，轿厢应当完全停止	轿厢空载以正常运行速度上行至行程上部时，断开主开关，检查轿厢停止情况
	8.11 下行制动工况曳引检查 A(B)	轿厢装载 125%额定载重量，以正常运行速度下行至行程下部，切断电动机与制动器供电，轿厢应当完全停止	由施工单位（定期检验时由维护保养单位）进行试验，检验人员现场观察、确认； 注 A-8：本条检验类别 B 类适用于定期检验
	8.12 静态曳引检查 A(B)	对于轿厢面积超过规定的载货电梯，以轿厢实际面积所对应的 125%额定载重量进行静态曳引检查；对于额定载重量，按照单位轿厢有效面积不小于 200kg/m^2 计算的汽车电梯，以 150%额定载重量进行静态曳引检查；历时 10min，曳引绳应当没有打滑现象	由施工单位（定期检验时由维护保养单位）进行试验，检验人员现场观察、确认。 注 A-9：本条检验类别 B 类适用于定期检验

续表

项目及类别		检验内容与要求	检验方法
8 试验	8.13 制动 试验 A（B）	轿厢装载125%额定载重量，以正常运行速度下行时，切断电动机和制动器供电，制动器应当能够使驱动主机停止运转，试验后轿厢应无明显变形和损坏	（1）监督检验：由施工单位进行试验，检验人员现场观察、确认。 （2）定期检验：由维护保养单位每5年进行一次试验，检验人员现场观察、确认。 注A-10：对于曳引驱动电梯，本条可以与8.11一并进行。 注A-11：定期检验仅针对乘客电梯，并且检验类别为B类

注：TSG T7001—2023《电梯监督检验和定期检验规则》于2023年4月2日正式发布，过渡期1年，过渡期内仍然按此表实施检验，过渡期满后按新版要求进行检验。

附录B 自动扶梯与自动人行道监督检验和定期检验内容、要求与方法

项目及类别		检验内容与要求	检验方法
1 技术 资料	1.1 制造 资料 A	自动扶梯和自动人行道制造单位应提供以下用中文描述的出厂随机文件： ① 制造许可证明文件，其范围能够覆盖所提供自动扶梯与自动人行道的相应参数。 ② 自动扶梯与自动人行道整机型式试验合格证书或者报告书，其内容能够覆盖所提供的自动扶梯与自动人行道的相应参数。 ③ 产品质量证明文件，注有制造许可证明文件编号、该自动扶梯与自动人行道的产品出厂编号、主要技术参数，含有电子元件的安全电路和（或）可编程电子安全相关系统（如果有）、梯级、踏板、驱动主机、控制柜等安全保护装置和主要部件的型号，以及含有电子元件的安全电路和（或）可编程电子安全相关系统（如果有）、驱动主机、控制柜的编号等内容，并且在证明文件上有整机制造单位的公章或者检验合格章以及出厂日期。 ④ 含有电子元件的安全电路（如果有）、可编程电子安全相关系统（如果有）、梯级、踏板、驱动主机、控制柜等安全保护装置和主要部件的型式试验合格证；对于玻璃护壁板，还应当提供采用了钢化玻璃的证明。 ⑤ 驱动或者转向站及总体布置图。 ⑥电气原理图，包括动力电路和连接电气安全装置的电路。 ⑦安装使用维护说明书，包括安装、使用、日常维护保养和应急救援等方面操作说明的内容。 注A-1：上述文件如为复印件则应当经整机制造单位加盖公章或者检验合格章；对于进口自动扶梯和自动人行道，则应当加盖国内代理商的公章	自动扶梯与自动人行道安装施工前审查相应资料

续表

项目及类别		检验内容与要求	检验方法
1 技术资料	1.2 安装资料 A	安装单位提供了以下安装资料： ① 安装许可证和安装告知书，许可证范围能够覆盖所施工自动扶梯与自动人行道的相应参数； ② 施工方案，审批手续齐全； ③ 施工现场作业人员持有的特种设备作业人员证； ④ 施工过程记录和由整机制造单位出具或者确认的自检报告，检查和试验项目齐全、内容完整、真实准确，施工和验收手续齐全； ⑤ 变更设计证明文件（如安装中变更设计时），履行了由使用单位提出、经整机制造单位同意的程序； ⑥安装质量证明文件，包括自动扶梯与自动人行道安装合同编号、安装单位安装许可证编号、产品出厂编号、主要技术参数等内容，并且有安装单位公章或者检验合格章以及竣工日期。 注 A-2：上述文件如为复印件则应当经安装单位加盖公章或者检验合格章	审查相应资料。第①～③项在报检时审查，第③项在其他项目检验时还应查验；第④、⑤项在试验时查验；第⑥项在竣工后审查
	1.3 改造、重大维修资料 A	改造或者重大维修单位应提供了以下改造或者重大维修资料： ① 改造或者维修许可证和改造或者重大维修告知书，许可证范围能够覆盖所施工自动扶梯和自动人行道的相应参数。 ② 改造或者重大维修的清单以及施工方案，施工方案的审批手续齐全。 ③ 所更换的安全保护装置或者主要部件产品合格证、型式试验合格证书。 ④ 施工现场作业人员持有的特种设备作业人员证。 ⑤ 施工过程记录和自检报告，检查和试验项目齐全、内容完整、真实准确，施工和验收手续齐全；自检报告经审核人员签字和施工单位盖章。 ⑥改造后的整梯合格证或者重大维修质量证明文件，包括自动扶梯或自动人行道的改造或者重大维修合同编号、改造或者重大维修单位的施工许可证编号、自动扶梯与自动人行道使用登记编号、主要技术参数等内容，并且有改造或者重大维修单位的公章或者检验合格章以及竣工日期。 注 A-3：上述文件如为复印件则应当经改造或者重大维修单位加盖公章或者检验合格章	审查相应资料。第①～④项在报检时审查，第④项在其他项目检验时还应查验；第⑤项在试验时查验；第⑥项在竣工后审查
	1.4 使用资料 B	使用单位应提供了以下资料： ① 使用登记资料，内容与实物相符； ② 安全技术档案，至少包括 1.1、1.2、1.3 项所述文件资料（1.2 的③项和 1.3 的④项除外），以及监督检验报告、定期检验报告、日常检查与使用状况记录、日常维护保养记录、年度自行检查记录或者报告、运行故障和事故记录等，保存完好（本规则实施前已经完成安装、改造或重大维修的，1.1、1.2、1.3 项所述文件资料如有缺陷，应当由使用单位联系相关单位予以完善，可不作为本项审核结论的否决内容）； ③ 以岗位责任制为核心的自动扶梯与自动人行道运行管理规章制度，包括事故与故障的应急措施和救援预案等； ④ 与取得相应资格单位签订的日常维护保养合同； ⑤ 按照规定配备的电梯安全管理人员的特种设备作业人员证	定期检验和改造、重大维修过程的监督检验时查验①～⑤；新安装电梯的监督检验进行试验时查验③、④、⑤项，以及②项中所需记录表格制定情况（如试验时使用单位尚未确定，应当由安装单位提供②、③、④项查验内容范本，⑤项相应要求交接备忘录）

项目及类别		检验内容与要求	检验方法
2 驱动与转向站	2.1 维修空间 C	（1）在机房，尤其是在桁架内部的驱动站和转向站内，应具有一个没有任何永久固定设备的、站立面积足够大的空间，站立面积不小于 $0.3m^2$，其较短一边的长度不小于 0.5m。 （2）当驱动装置或制动器装在梯级、踏板或胶带的载客分支和返回分支之间时，在工作区段应提供一个水平的立足区域，其面积不小于 $0.12m^2$，最小边尺寸不小于 0.3m	审查自检结果，如对其有质疑，按照以下方法进行现场检验：目测；必要时测量相关数据
	2.2 防护 C	如果转动部件易接近或对人体有危险，应当设置有效的防护装置，特别是必须在内部进行维修工作的驱动站或转向站的梯级和踏板转向部分	目测
	2.3 照明 C	分离机房的电气照明应是永久性的和固定的。 在桁架内的驱动站、转向站以及机房中应提供可移动的电气照明装置	目测
	2.4 电源插座 C	桁架内的驱动站、转向站以及机房中应配备电源插座： ① 2P＋PE 型 250V，由主电源直接供电； ② 符合安全特低电压的供电要求（当确定无须使用 220V 的电动工具时）	目测，万用表检测；查验插座型号
	2.5 主开关 B	在驱动主机附近、转向站中或控制装置旁，应当设置一个能切断电动机、制动器释放装置和控制电路电源的主开关。 该开关应不能切断电源插座或检修与维修所必需的照明电路的电源。 主开关处于断开位置时应可被锁住或处于"隔离"位置，应在打开门或活板门后能方便地操纵	目测，断开主开关，检查照明、插座是否被切断
	2.6 辅助设备开关 C	当辅助设备（例如加热装置、扶手照明和梳齿板照明）分别单独供电时，应能单独切断。各相应开关应位于主开关近旁并有明显的标志	目测，操作试验
	2.7 停止开关设置 B	在驱动站和转向站都应设有停止开关，如果驱动站已经设置了主开关，可不设停止开关。对于驱动装置安装在梯级、踏板或胶带的载客分支和返回分支之间或设置在转向站外面的自动扶梯和自动人行道，则应在驱动装置区段另设停止开关。 停止开关应是红色双稳态的，应有清晰并且永久的标识	目测，操作试验
	2.8 电气绝缘 C	动力电路、照明电路和电气安全装置电路的绝缘电阻值应当符合下述要求： <table><tr><td>标称电压/V</td><td>测试电压（直流）/V</td><td>绝缘电阻/MΩ</td></tr><tr><td>安全电压</td><td>250</td><td>≥0.25</td></tr><tr><td>≤500</td><td>500</td><td>≥0.50</td></tr><tr><td>＞500</td><td>1000</td><td>≥1.00</td></tr></table>	由施工或者维护保养单位测量，检验人员现场观察、确认。 分别测量动力电路、照明电路和电气安全装置电路的绝缘电阻值
	2.9 接地 C	供电电源自进入机房或者驱动站、转向站起，中性线（N）与保护线（PE）应当始终分开	目测，必要时测量验证
	2.10 断错相保护 C	自动扶梯或自动人行道应设断、错相保护装置； 当运行与相序无关时，可以不装设错相保护装置	断开主开关，在电源输出端分别断开各相电源，再闭合主开关，启动自动扶梯或自动人行道，观察其能否运行；调换各相位，重复上述试验

续表

项目及类别		检验内容与要求	检验方法
2 驱动与转向站	2.11 中断驱动主机电源的控制 C	（1）驱动主机的电源应由两个独立的接触器来切断，接触器的触头应串接于供电电路中，如果自动扶梯或自动人行道停止时，接触器的任一主触头未断开，应当不能重新启动。 （2）交流或直流电动机由静态元件供电和控制时，可采用一个由以下元件组成的系统： ① 切断各相（极）电流的接触器。当自动扶梯或自动人行道停止时，如果接触器未释放，则自动扶梯或自动人行道应不能重新启动。 ② 用来阻断静态元件中电流流动的控制装置。 ③ 用来检验自动扶梯或自动人行道每次停止时电流流动阻断情况的监控装置。在正常停止期间，如果静态元件未能有效阻断电流的流动，监控装置应使接触器释放并应防止自动扶梯或自动人行道重新启动	（1）检查电气原理图是否符合要求。 （2）人为按住其中一个主接触头不释放、停车，检查自动扶梯或自动人行道是否重新启动
	2.12 释放制动器 C	能用手释放的制动器，应由手的持续力使制动器保持松开的状态	操作试验
	2.13 手动盘车装置 C	（1）如提供手动盘车装置，该装置应当容易接近，操作安全可靠。盘车装置不得采用曲柄或多孔手轮。 ★（2）如果手动盘车装置是拆卸式的，那么该装置安装上驱动主机之前或装上时，电气安全装置应当起作用	目测，操作试验
	2.14 紧急停止装置 B	（1）紧急停止装置应设置在位于自动扶梯或自动人行道出入口附近的、明显并且易于接近的位置。紧急停止装置应为红色，应有清晰并且永久的中文标识。 （2）为方便接近，必要时应当增设附加急停装置。急停装置之间的距离应当符合下述要求： ① 自动扶梯，不超过 30m； ② 自动人行道，不超过 40m	目测，操作试验
3 相邻区域	3.1 周边照明 C	自动扶梯或自动人行道周边，特别是在梳齿板的附近应有足够的照明。在地面测出的梳齿相交线处的光照度至少为 50lx	目测；必要时测量
	3.2 出入口 C	（1）在自动扶梯和自动人行道的出入口，应有充分畅通的区域。该畅通区的宽度至少等于扶手带外缘距离加上每边各 80mm，该畅通区纵深尺寸从扶手装置端部算起至少为 2.5m；如果该区域的宽度不少于扶手带外缘之间的距离的 2 倍加上每边各加上 80mm，则其纵深尺寸允许减少至 2m。 （2）如果人员在出入口可能接触到扶手带的外缘并且引起危险，则应采取适当的预防措施。例如： ① 设置固定的阻挡装置以阻止乘客进入该空间； ② 在危险区域内，由建筑结构形成的固定护栏至少增加到高出扶手带 100mm，并且位于扶手带外缘 80～120mm	目测；测量相关数据
	3.3 垂直净高度 C	自动扶梯的梯级或自动人行道的踏板或胶带上方，垂直净高度不应小于 2.30m。该净高度应当延续到扶手转向端端部	目测；测量相关数据

续表

项目及类别		检验内容与要求	检验方法
3 相邻区域	3.4 防护挡板 B	如果建筑物的障碍物会引起人员伤害时，则应采取相应的预防措施。特别是在与楼板交叉处以及各交叉设置的自动扶梯或自动人行道之间，应当设置一个高度不应小于0.30m，无锐利边缘的垂直固定封闭防护挡板，位于扶手带上方，且延伸至扶手带外缘下至少25mm（扶手带外缘与任何障碍物之间距离大于等于400mm的除外）	目测；测量相关数据
	3.5 扶手带外缘距离 C	墙壁或其他障碍物与扶手带外缘之间的水平距离在任何情况下均不得小于80mm，与扶手带下缘的垂直距离均不得小于25mm	目测；测量相关数据
	3.6 扶手带距离 C	相互邻近平行或交错设置的自动扶梯或自动人行道，扶手带之间的距离应不小于160mm	目测；测量相关数据
4 扶手装置和围裙板	4.1 扶手带 C	扶手带开口处与导轨或扶手支架之间的距离在任何情况下均不允许超过8mm	目测；测量相关数据
	4.2 扶手防爬/阻挡/防滑行装置 C	★（1）为防止人员跌落而在自动扶梯和自动人行道的外盖板上装设的防爬装置应当符合：防爬装置位于地平面上方（1000±50）mm，下部与外盖板相交，平行于外盖板方向上的延伸长度不应小于1000mm，并确保在此长度范围内无踩脚处。该装置的高度至少与扶手带表面齐平。 ★（2）当自动扶梯或者自动人行道与墙相邻，并且外盖板的宽度大于125mm时，在上、下端部应当安装阻挡装置以防止人员进入外盖板区域。当自动扶梯或者自动人行道为相邻平行布置，并且共用外盖板的宽度大于125mm时，也应当安装这种阻挡装置。该装置应当延伸到高度距离扶手带下缘25～150mm。 ★（3）当自动扶梯或者倾斜式自动人行道和相邻的墙之间装有接近扶手带高度的扶手盖板，并且建筑物（墙）和扶手带中心线之间的距离大于300mm时，或者相邻自动扶梯或者倾斜式自动人行道的扶手带中心线之间的距离大于400mm时，应当在扶手盖板上装设防滑行装置。该装置应当包含固定在扶手盖板上的部件，与扶手带的距离不小于100mm，并且防滑行装置之间的间隔距离不大于1800mm，高度不小于20mm。该装置应当无锐角或锐边	目测；测量相关数据
	4.3 扶手装置要求 C	朝向梯级、踏板或胶带一侧扶手装置部分应光滑、平齐。其压条或镶条的装设方向与运行方向不一致时，其凸出高度不应超过3mm，应当坚固并具有圆角或倒角的边缘。围裙板与护壁板之间的连接处的结构应无产生勾绊的危险	目测；测量相关数据
	4.4 护壁板之间的空隙 C	护壁板之间的空隙不应大于4mm，其边缘应呈圆角或倒角状	目测；测量相关数据
	4.5 围裙板接缝 B	自动扶梯或自动人行道的围裙板应当垂直、平滑，板与板之间的接缝应为对接缝。对于长距离的自动人行道，在其跨越建筑伸缩缝部位的围裙板的接缝可采取其他特殊连接方法来替代对接缝	目测

续表

项目及类别		检验内容与要求	检验方法
4 扶手装置和围裙板	4.6 梯级、踏板或胶带与围裙板间隙 B	自动扶梯或自动人行道的围裙板设置在梯级、踏板或胶带的两侧，任何一侧的水平间隙不应大于 4mm，且两侧对称位置处的间隙总和不应大于 7mm。 　如果自动人行道的围裙板设置在踏板或胶带之上时，则踏板表面与围裙板下端间所测得的垂直间隙不应超过 4mm；踏板或胶带产生横向移动时，不允许踏板或胶带的侧边与围裙板垂直投影间产生间隙	目测；测量相关数据
	4.7 防夹装置 C	在自动扶梯的围裙板上应当装设围裙板防夹装置。 　（1）由刚性和柔性部件（例如，毛刷、橡胶型材）组成； 　（2）从围裙板垂直表面起的突出量最小为 33mm，最大为 50mm； 　（3）刚性部件应有 18～25mm 的水平突出，柔性部件的水平突出应为最小 15mm，最大 30mm； 　（4）在倾斜区段，围裙板防夹装置的刚性部件最下缘与梯级前缘连线的垂直距离应在 25mm 和 30mm 之间； 　（5）在过渡区段和水平区段，围裙板防夹装置的刚性部件最下缘与梯级表面最高位置的距离应在 25mm 和 55mm 之间； 　（6）刚性部件的下表面应与围裙板形成向上不小于 25°的倾斜角，其上表面应与围裙板形成向下不小于 25°的倾斜角； 　（7）围裙板防夹装置的末端部分应逐渐缩减并与围裙板平滑相连，围裙板防夹装置的端点应位于梳齿与踏面相交线前（梯级侧）不小于 50mm，最大 150mm 的位置	目测；测量相关数据
5 梳齿与梳齿板	5.1 梳齿与梳齿板 C	梳齿板梳齿或踏面齿应当完好，不得有缺损。梳齿板梳齿与踏板面齿槽的啮合深度至少为 4mm，间隙不应超过 4mm	目测；测量相关数据
6 监控和安全装置	6.1 扶手带入口保护 B	在扶手转向端的扶手带入口处应设置手指和手的保护装置，该装置动作时，驱动主机应当不能启动或立即停止	模拟动作试验
	6.2 梳齿板保护 B	当异物卡入，梳齿板与梯级或踏板发生碰撞时，自动扶梯或自动人行道应自动停止运行	拆下中间部位的梳齿板，用工具使梳齿板向后或者向上移动（或者前后、上下），检查安全装置是否动作，自动扶梯或自动人行道能否启动
	6.3 超速保护 B	（1）自动扶梯和自动人行道应在速度超过名义速度的 1.2 倍之前自动停止运行。如果采用速度限制装置，该装置能在速度超过名义速度的 1.2 倍之前切断自动扶梯或自动人行道的电源。 　如果自动扶梯或自动人行道的设计能防止超速，则可不考虑上述要求。 　★（2）该装置动作后，只有手动复位故障锁定，并操作开关或检修控制装置才能重新启动自动扶梯和自动人行道。即使电源发生故障或恢复供电，此故障锁定应始终保持有效	（1）通过审查整机型式试验报告和其他相关随机文件，判断是否需要设置超速保护装置。 　（2）对于设置超速保护装置的，由施工单位或维护保养单位按制造厂提供的方法进行试验，检验人员现场观察、确认
	6.4 非操纵逆转保护 B	（1）自动扶梯或倾斜角不少于 6°的倾斜式自动人行道应设置一个装置，使其在梯级、踏板或胶带改变规定运行方向时，自动停止运行。 　★（2）该装置动作后，只有手动复位故障锁定，并操作开关或检修控制装置才能重新启动自动扶梯和自动人行道。即使电源发生故障或恢复供电，此故障锁定应始终保持有效	由施工单位或维保单位按制造厂提供的方法进行试验，检验人员现场观察、确认

续表

项目及类别		检验内容与要求	检验方法
6 监控和安全装置	6.5 梯级、踏板或胶带的驱动元件保护 B	（1）直接驱动梯级、踏板或胶带的元件（如链条或齿条）如果断裂或过分伸长，自动扶梯或自动人行道应自动停止运行。 ★（2）该装置动作后，只有手动复位故障锁定，并操作开关或检修控制装置才能重新启动自动扶梯和自动人行道。即使电源发生故障或恢复供电，此故障锁定应始终保持有效	模拟驱动元件断裂或者过分伸长的状况，检查动作装置能否使安全装置动作，并且使设备停止运行；根据故障锁定原理，检查故障锁定功能是否有效
	6.6 驱动装置与转向装置之间的距离缩短保护 B	驱动装置与转向装置之间的距离发生过分伸长或缩短时，自动扶梯或自动人行道应当自动停止运行	模拟驱动装置与转向装置之间的距离伸长或者缩短的状况，检查动作装置能否使安全装置动作，并且使设备停止运行
	6.7 梯级或踏板的下陷保护 B	（1）当梯级或踏板的任何部分下陷导致不再与梳齿啮合，应当有安全装置使自动扶梯或自动人行道停止运行。该安全装置应设置在每个转向圆弧段之前，并在梳齿相交线之前有足够距离的位置，以保证下陷的梯级或踏板不能到达梳齿相交线。 ★（2）该装置动作后，只有手动复位故障锁定，并操作开关或检修控制装置才能重新启动自动扶梯和自动人行道。即使电源发生故障或恢复供电，此故障锁定应始终保持有效。 本条不适用于胶带式自动人行道	卸除1～2个梯级或踏板，将缺口检修运行至安全装置处： ①检查安全装置离梳齿相交线的距离是否大于工作制动器的最大制停距离； ②检查动作装置能否使安全装置动作，并且使设备停止运行； ③根据故障锁定原理，检查故障锁定功能是否有效
	6.8 梯级或踏板的缺失保护 B	★（1）自动扶梯和自动人行道应当能够通过装设在驱动站和回转站的装置检测梯级或踏板的缺失，并在缺口（由梯级或踏板缺失而导致的）到达梳齿板位置出现之前停止。 ★（2）该装置动作后，只有手动复位故障锁定，并操作开关或检修控制装置才能重新启动自动扶梯和自动人行道。即使电源发生故障或恢复供电，此故障锁定应始终保持有效	（1）卸除1个梯级或踏板，将缺口运行至返回分支内与回转段下部相接的直线段位置，正常启动设备上行和下行，分别检查缺口到达梳齿板位置之前，设备是否停止运行。 （2）根据故障锁定原理，检查故障锁定功能是否有效
	6.9 扶手带速度偏离保护 B	★应当设置扶手带速度监控装置，在自动扶梯和自动人行道运行时，当扶手带速度偏离梯级、踏板或者胶带实际速度−15%且时间持续超过15s时，该装置应当使自动扶梯或自动人行道停止运行	由施工单位或维护保养单位按制造厂提供的方法进行试验，检验人员现场观察、确认
	6.10 多台连续且无中间出口的自动扶梯或自动人行道停止保护 B	多台连续且无中间出口或中间出口被建筑出口（例如闸门、防火门）阻挡的自动扶梯或自动人行道，其中的任意一台停止运行时其他各台应同时停止	停止其中一台自动扶梯或自动人行道，其他应当同时停止，或由施工单位或维护保养单位按制造厂提供的方法进行试验，检验人员现场观察、确认

续表

项目及类别		检验内容与要求	检验方法
6 监控和安全装置	6.11 检修盖板和上下盖板保护 B	★检修盖板和上下盖板应配备一个监控装置。当打开桁架区域的检修盖板和（或）移去或打开楼层板时，驱动主机应当不能启动或者立即停止	打开盖板，应不能启动
	6.12 制动器松闸故障保护 B	★（1）应当设置制动系统监控装置，当自动扶梯和自动人行道启动后制动系统没有松闸，驱动主机应当立即停止。 ★（2）该装置动作后，即使电源发生故障或者恢复供电，此故障锁定应当始终保持有效	由施工单位或维护保养单位按制造厂提供的方法进行试验，检验人员现场观察、确认
	6.13 附加制动器 B	在下列任何一种情况下，自动扶梯和倾斜式自动人行道应当设置一个或多个机械式（利用摩擦原理）附加制动器： ① 工作制动器和梯级、踏板或者胶带驱动装置之间不是用轴、齿轮、多排链条、多根单排链条连接的； ② 工作制动器不是机-电式制动器； ③ 提升高度超过 6m； ④ 公共交通型	目测，由施工单位或维护保养单位按制造厂提供的方法进行试验，检验人员现场观察、确认
7 检修装置	7.1 检修控制装置的设置 C	（1）在驱动站和转向站内至少应提供一个用于便携式控制装置连接的检修插座，检修插座的设置应能使检修控制装置到达自动扶梯或自动人行道的任何位置。 （2）每个检修控制装置应当配置一个停止开关，停止开关应当： ① 手动操作； ② 有清晰的位置标记； ③ 符合安全触点要求的安全开关； ④ 需要手动复位。 （3）检修控制装置上应当有明显识别运行方向的标识	目测检查
	7.2 检修控制装置的操作 C	（1）控制装置的操作元件应能防止发生意外动作，自动扶梯或自动人行道的运行应当依靠持续操作。 （2）当使用检修控制装置时，其他所有启动开关都应不起作用。 ★（3）当连接一个以上的检修控制装置时，所有检修控制装置都应不起作用。 ★（4）检修运行时，电气安全装置（除了 6.7、6.8、6.9、6.10、6.11 和 6.12 提到的以外）应有效	手动试验
8 自动启动、停止	8.1 待机运行 C	采用待机运行（自动启动或加速）的自动扶梯或自动人行道，当乘客到达梳齿和踏面相交线之前，应当已经启动和加速	目测检查
	8.2 运行时间 C	采用自动启动的自动扶梯或自动人行道，当乘客从预定运行方向相反的方向进入时，自动扶梯或自动人行道仍应按预先确定的方向启动，运行时间应不少于 10s。 当乘客通过后，自动扶梯或自动人行道应有足够的时间（至少为预期乘客输送时间再加上 10s）才能自动停止运行	测量检查
9 标志	9.1 使用须知 B	在自动扶梯或自动人行道入口处应当设置使用须知的标牌，标牌须包括以下内容： ① 应拉住小孩； ② 应抱住宠物；	外观检查

续表

项目及类别		检验内容与要求	检验方法
9 标志	9.1 使用须知 B	③ 握住扶手带； ④ 禁止使用非专用手推车（无坡度自动人行道除外）。 这些使用须知，应尽可能用象形图表示	外观检查
	9.2 产品标识 C	应当至少在自动扶梯或者自动人行道的一个出入口的明显位置，设有标注下列信息的产品标识： ① 制造厂的名称； ② 产品型号； ③ 产品编号； ④ 制造年份	目测检查
10 运行检查	10.1 速度偏差 C	在额定频率和额定电压下，梯级、踏板或胶带沿运行方向空载时所测的速度与名义速度之间的最大允许偏差为±5%	用秒表、卷尺、同步率测试仪等仪器测量梯级、踏板或胶带的速度，检查是否符合要求
	10.2 扶手带的运行速度偏差 C	扶手带的运行速度相对于梯级、踏板或胶带的实际速度的允差为0～2%	用同步率测试仪器分别测量左右扶手带和梯级速度，检查是否符合要求
	10.3 制停距离 B	自动扶梯或自动人行道的制停距离： （1）空载和有载向下运行的自动扶梯： 额定速度　　制停距离范围 0.50m/s　　0.20～1.00m 0.65m/s　　0.30～1.30m 0.75m/s　　0.40～1.50m （2）空载和有载水平运行或有载向下运行的自动人行道： 额定速度　　制停距离范围 0.50m/s　　0.20～1.00m 0.65m/s　　0.30～1.30m 0.75m/s　　0.40～1.50m 0.90m/s　　0.55～1.70m	制停距离应从电气制动装置动作时开始测量。 ① 仪器测量； ② 标记测量。 自动扶梯监督检验时进行有载制动试验，自动人行道的监督检验仅进行空载制动试验即可。 定期检验只做空载试验

注 A-4 修改为：标有★的项目，对于允许按照 GB 16899—1997 及更早期标准生产的自动扶梯和自动人行道，相应项目可以不检验，或者可以按照《自动扶梯及自动人行道监督检验规程》（国质检锅〔2002〕360 号）进行检验。

附录 C　电梯土建井道图

附图 A　乘客电梯井道图

附图B 病床电梯井道图

主要技术参数

合同号				编号	L1			负责人		
订门货单位								签名		
项目名称				台数	1			年 月 日		

电梯类别	医用电梯	额定速度与相关的参数					
额定载荷	1600kg/21人						
控制方式	集选	额定速度/(m/s)	1.0	1.5	1.75		
开门方式	中分门	电机额定功率/kW	11	17	19		
开门规格	1100×2100(宽×高)	电机额定电流/A	25	40	40		
轿厢规格	1400×2400×2500(宽×深×高)	最低相邻地坑间距	2700				
曳引机	MCG300~1600~100	最小顶层高度	4400	4500			
额定速度	1.0m/s	最小底坑深度	1500	1600			
层站门数	6/6/6						
曳引比	2：1						
照明电源	220V 50Hz						
动力电源	380V/50Hz三相五线 三相电源						
井道结构	砖混	混凝土					
支梯反力/kN	R1 160 R2 130 R3 90 R4 40 R5 30						

技术要求：

*****电梯股份有限公司

	设计		
	审核		
	批准		
标记 处数	签名	日期	
图号	电梯土建总布置图		页码

注：本图为售前图，不作为生产和安装模板。

借（通）用图号登记	TH	21000
	H	15000
旧底图总号	5	4500
	4	3000
底图总号	3	3000
	2	3000
签字	1	3000
日期	-1	3000
	PP	1500

附图C 观光电梯井道图

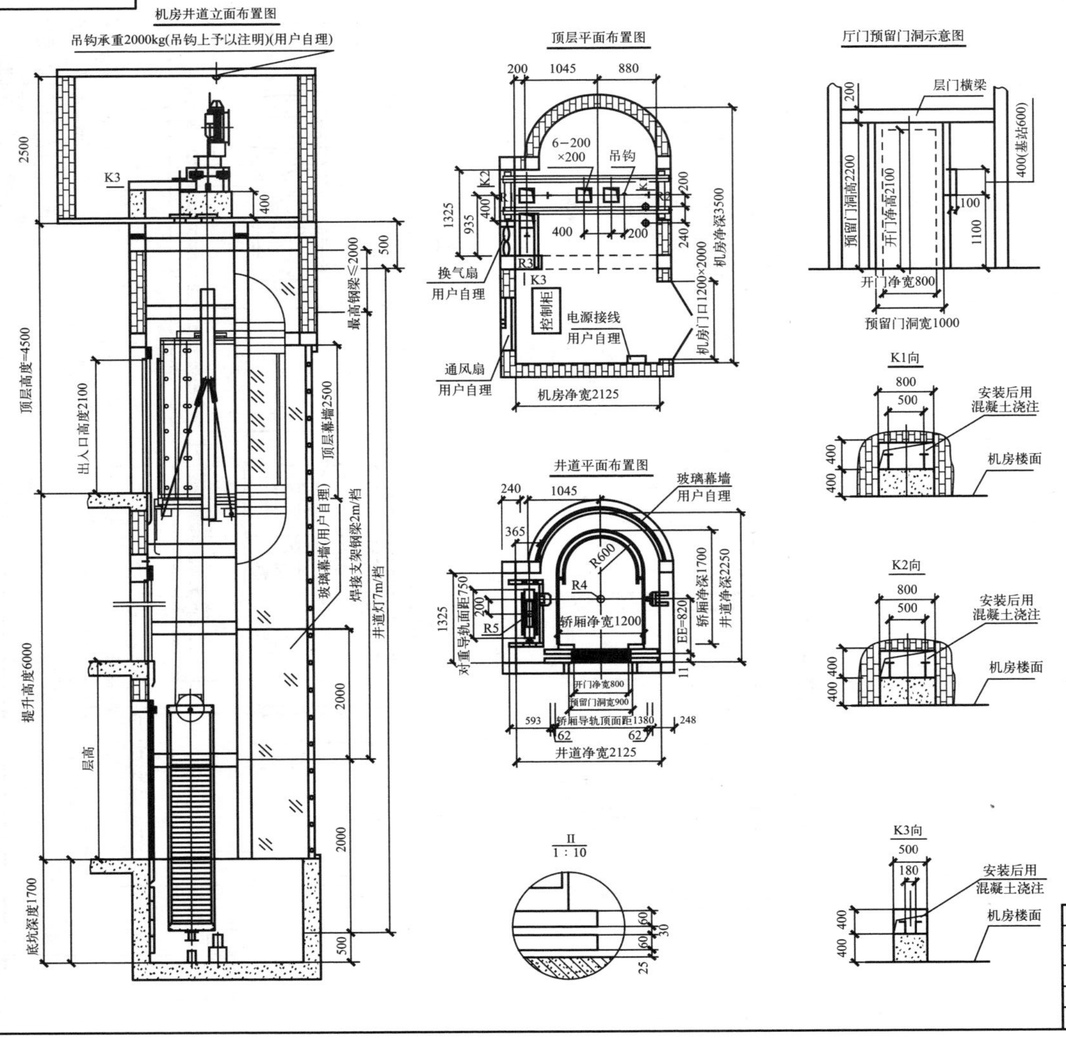

参数表

客户名称							台数	1
客户单位	合同号						电话	
确认签章	代理商						电话	
	编号							

电梯类别	圆形观光电梯				电梯型号			
额定载重量	800kg				额定速度	1.0m/s		
控制方式	微机控制				层站门数	3/3/3		
开门方式	中分门				曳引比	2:1		
轿厢规格	1200×1700mm				门规格	300×2100mm		
曳引机型	MCG150-800-100				电机功率	TK5A		
轿厢导轨	T75/B				对重导轨	无		
承重梁	20#工字钢				有无牛腿	钢井壁		
井道结构	砖混	全混凝土						√
支承反力/kN	R1 45	R2 30	R3 10	R4 80	R5 65			

技术要求

1. 电梯井道水平尺寸是用铅垂线测量的最小净空尺寸，允许误差值为：
   (1)高度<30m时的井道0～+25mm；
   (2)30m<高度<60m的井道0～+35mm。
2. 每台电梯应单独设有一个切断该电梯的主电源开关。主电源开关应安装在机房内入口处能触及到1.3～1.5m的位置上。如几台电梯共用时一机房多台电梯房内入口处装电源开关手柄，如几台地铁与楼板主电源分开，并且要装地电阻应小。主电源开关应易于识别。
3. 动力电应为380V±7%，50Hz，地铁与楼板三相五线制，照明电为220V。
4. 主电源开关容量为220V。
5. 机房照明电源应为本电源与主电源开关分开。
6. 曳引机承重量在承重梁内的水平长度应超过墙中心c220mm，且左右不小于75mm。
7. 机房内钢绳与楼板孔周边设计为c20～40mm，通风孔周围应一流c50mm以上的隔断。
8. 电源应为电缆半米；电缆与楼板应之等长的合适线应删除处。
9. 底坑的地面应应至少安装c500Nm的载荷重。
10. 底坑中部c1强度最大300mm,导轨要安装牢固墙过墙中铅及高度为c30及c180的圆坑上预留
    4-φ12强度最大300mm,导轨电梯安装牢固墙中铅墙安装后再进行连接。
11. 底坑内不得施水和渗水。底坑底部宜光滑平整。
12. 全部留下层标准安装层尺寸，未来安装层后再进行连接。
13. 按装标准底坑深度尺寸、未装要求必须按高于150mm。

	井道总高	12200
	底坑深度	6000
	顶层高度	4500
	3F	3000
	2F	3000
	1F	3000
	底坑深度	1700

不同梯速的顶层高度和底坑深度的最小要求

****电梯股份有限公司

电梯土建总布置图

	梯道	
	底坑深度/mm	
	顶层高度/mm	
	版本	
设计	图号	
审核		

厅门顶留门洞示意图

K1向

K2向

K3向

顶层平面布置图

机房平面布置图

II 1:10

机房井道立面布置图

吊钩承重2000kg(吊钩上手以注明)用户自理

编图		旧底图总号	
编校		底图总号	
		签字	
		日期	

附图D 载货电梯井道图

机房平面布置图

井道平面布置图

机房井道立面布置图

电梯土建总体布置图

主要技术参数						
电梯型号	L7(1号厂房5#)					
电梯类别	载货电梯					
额定载荷	2000 kg		额定速度	0.5 m/s		
控制方式	VVVF		层站门数	5/5/5		
开门方式	中分双折门		轿厢规格	1800×2200×2200（宽×深×高）		
曳引机	Y1210-2000-0.5		曳引比	2∶1		
动力电源	380V 50Hz(三相压反)		照明电源	220V 50Hz		
井道结构	砖混		钢架	R5		

技术要求：

电梯土建总体布置图

附图E　自动扶梯井道图

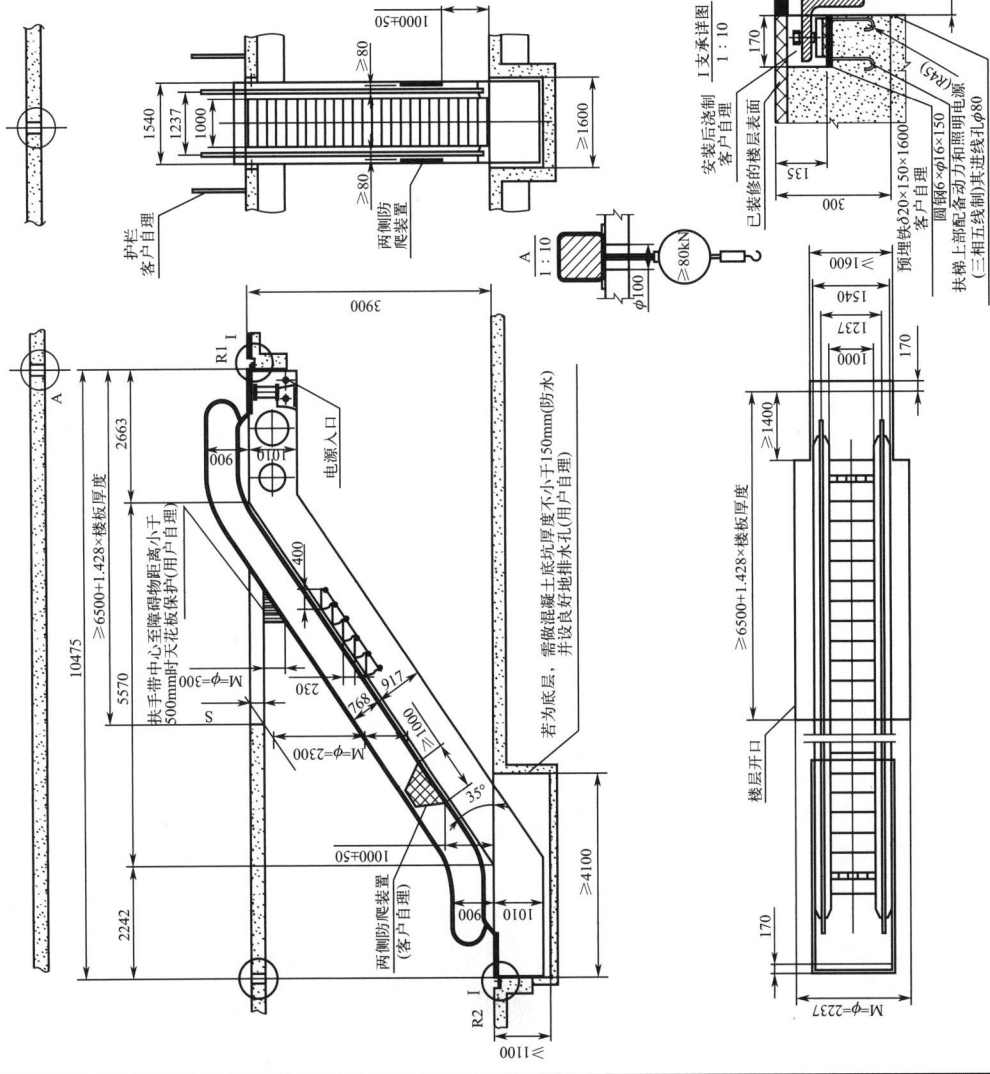

技术要求

1 根据安全规范，对于梯级宽度600 mm的扶梯，桁架必须加长417 mm。
2 在R1、R2的上方，应分别设有起重用结构，其承载力不小于R1、R2。
3 当扶梯装于一楼以上时，地坑取消，土建下部结构与上部对称。
4 在自动扶梯出入口处应有无障碍通道区域，其宽度不小于1237mm，在扶梯的上、下出入口，从扶手转向端部算起，至少应有1.5m（宽）2.5m（深）的供乘客出入的自由区域，其地面光照度应不小于50lx。
5 动力电源规格为三相380 VAC±7%、50Hz、40A。照明电源规格为单相220 VAC、15A，用户提供一个接地电阻不大于4Ω的接地端，动力电源布线应按三相五线制（客户自理）。

型号	提升高度 H/mm	井道全长 L/mm	净重 /kN	单台支承反力			电机功率 /kW
				R1 /kN	R2 /kN		
FSL 35 B1000 6000人/小时 速度0.5m/s	3900	10475	67	65	58		7.5

图纸确认：用户单位完全同意按此图规格尺寸制造
<公司盖章>

确认：	
日期：	
项目名称：	
合同号：	

绘制	
设计	
审核	

自动扶梯土建布置图

共　页　第　页

*****电梯股份有限公司

I 支承详图　1：10

安装后浇制　客户自理

已装修的楼层表面

预埋线δ20×150×1600（客户自理）

圆钢φ6×φ16×150

扶梯上部配备动力和照明电源（三相五线制）其进线孔φ80

参考文献

[1] 国家市场监督管理总局. 电梯制造与安装安全规范　第 1 部分：乘客电梯和载货电梯：GB/T 7588.1—2020 [S]. 北京：中国标准出版社，2020.

[2] 国家市场监督管理总局. 自动扶梯和自动人行道的制造与安装安全规范：GB 16899—2011 [S]. 北京：中国标准出版社，2011.

[3] 国家市场监督管理总局. 电梯制造与安装安全规范　第 2 部分：电梯部件的设计原则、计算和检验：GB/T 7588.2—2020 [S]. 北京：中国标准出版社，2020.

[4] 国家市场监督管理总局. 电梯监督检验和定期检验规则：TSG T7001—2023 [S]. 北京：中国标准出版社，2023.

[5] 国家市场监督管理总局. 电梯技术条件：GB/T 10058—2023 [S]. 北京：中国标准出版社，2023.

[6] 国家市场监督管理总局. 电梯试验方法：GB/T 10059—2023 [S]. 北京：中国标准出版社，2023.

[7] 国家市场监督管理总局. 电梯安装验收规范：GB/T 10060—2023 [S]. 北京：中国标准出版社，2023.

[8] 楼晓春，王正伟. 电梯检测技术 [M]. 北京：高等教育出版社，2022.